北京交通大学"高铁经济"专题系列丛书

大时代—高速度—大经略
——中国高速铁路经济可持续发展

丁慧平 赵启兰 著

中国财经出版传媒集团
中国财政经济出版社

图书在版编目（CIP）数据

大时代-高速度-大经略：中国高速铁路经济可持续发展/丁慧平，赵启兰著. ——北京：中国财政经济出版社，2019.11

ISBN 978-7-5095-9335-6

Ⅰ.①大… Ⅱ.①丁… Ⅲ.①高速铁路-影响-中国经济-经济可持续发展-研究 Ⅳ.①F124

中国版本图书馆 CIP 数据核字（2019）第 239092 号

责任编辑：李筱文　　　　　　责任校对：李　丽
封面设计：思梵星尚

中国财政经济出版社 出版

URL：http://www.cfeph.cn
E-mail：cfeph@cfemg.cn

（版权所有　翻印必究）

社址：北京市海淀区阜成路甲28号　邮政编码：100142
营销中心电话：010-88191537
北京财经印刷厂印装　各地新华书店经销
710×1000毫米　16开　16.25印张　271 000字
2019年11月第1版　2019年11月北京第1次印刷
定价：52.00元
ISBN 978-7-5095-9335-6
（图书出现印装问题，本社负责调换）
本社质量投诉电话：010-88190744
打击盗版举报热线：010-88191661　QQ：2242791300

序

  高速铁路作为新兴的快速、规模化交通工具,是人类交通发展史上的一项重大成就,是人类交通科技创新历史进程的里程碑。"经营天下,略有四海,故曰经略。"高速铁路响应时代的召唤,顺应"经营天下、略有四海"对速度的期望,肩负大经略路通天下的使命,开创了当今世界铁路的新纪元。

  如何认知高速铁路对当今中国乃至世界发展所带来的深远影响,始终是一个仁者见仁,智者见智的话题。尤其是中国高速铁路的发展经历了与发达国家截然不同的历程,又是什么赋予了中国高速铁路如此的生命力,是值得耐人寻味且发人深省的。然而,对于高速铁路经济是否可持续,同样也是一个的令人困惑的疑虑。作者近十年来一直对中国高速铁路赖以生存及发展的制度基础、经济逻辑和市场环境进行观察和思考,探索在不同的国度环境、不同的政治、经济体制下高速铁路可能的发展情境。此书成稿源于作者多年来对中国高速铁路发展的思考和研究探索,本着实事求是的精神,希冀与广大读者分享,知识通天下。

  高速铁路的发展起始于20世纪50年代,迄今已经历了半个多世纪,具备快速、便捷、安全、舒适的特点,在发达国家和中国得到了快速发展,成为世界铁路发展的新潮流、新趋势。高速铁路不仅打通了地域壁垒,还打破时间的束缚,成为现代交通经济发展的必然趋势,推动着整个时代的变革。

  后来者居上,中国以举世瞩目的速度进入高速铁路大规模发展时期,迈入了高铁时代。与发达国家相比,中国高速铁路起步较晚,后来者直追,以最快的速度打造了高速铁路网,在最近的十来年期间,中国已发展成为世界上高速铁路系统技术最全、集成能力最强、运营里程最长、运行速度最高、在建规模最大的国家。在中国高速铁路快速发展的进程中,技术创新引领中国高铁走向高端,走向世界,对国内满足了民众快速规模化的交通需求,对国际展现了中国高铁的技术实力,秉承持续创新,形成了中国高铁发展的世界效应,成为中国倡导"一带一路"的外交名片。

自主创新是中国高速铁路发展的必由之路。通过引进、消化、吸收国外先进技术,实施再创新,中国高速铁路已经拥有了完全自主知识产权,自主创新发展之路使中国成为世界上高速铁路里程最长、运营场景最丰富、自然环境适应性最强的国家,中国高速铁路建设不断取得新突破,取得了一系列辉煌成就。2008年正值北京成功举办奥运会之际,中国第一条高速铁路京津城际高铁登台亮相,是中国高速铁路的里程碑,标志着中国高铁开始步入世界高铁的历史舞台;2011年京–沪高速铁路成功穿行于北京至上海两个特大城市之间,打造了中国高铁的黄金通道,开创了中国高铁的新纪元;2012年北京至广州高速铁路全线贯通,开拓了中国高铁旅游的新时空;2014年兰州至乌鲁木齐高速铁路首开了横穿雪山风区和大漠戈壁之记录,途中尽揽西部风光;2015年哈尔滨至齐齐哈尔高速铁路开启了穿越中国高寒季节性冻土地区的新时代,北国大地尽显银龙疾驰;2017年西安至成都高速铁路冲破群山峻岭,横贯隧道天堑,从此蜀道不再难。中国高铁展现了自主创新进程中的坚实步伐,带动了高新技术产业链和产业群,催生了丰硕的科技创新成果,为推动中国科技发展作出战略开启,也为中国实现科技立国、创新强国的发展战略做出长远铺垫。

高速铁路以其风驰电掣的运行速度打造出了快速、规模化的交通出行方式,为人类现代生活注入了新元素和新的活力,成为当今社会的时代标志。高速铁路的鲜明特征在于对大众交通出行极具普惠价值,顺应了快速规模化的出行需求,填补了"交通需求色谱"中位于普速铁路(价格敏感)与民航(时间敏感)之间的过渡需求层次的供给空白,兼顾了公益价值与时间价值,两者价值交融重叠提升了旅客服务价值。在令众人感受到普惠价值的同时,高速铁路体现出惠至与民的实质本色。

在中国,高速铁路显著缩短了沿线的旅途时间,衍生出了"小时经济圈""同城效应""区域经济一体化"等新型社会经济特征,对于助力城市群融合、带动沿线旅游及相关产业发展、推动周边区域社会经济的发展、提升民众生活和社会发展水平产生了深远的影响,带来居民生活与思维方式的变革。

高速铁路带来的普惠价值也体现在"一带一路"所倡导的互利共赢的普惠之中,不仅会大大缩短各个国家间的时空距离,而且会产生巨大的辐射效应,促进国际互联互通与经济融合。未来中国将助推世界高速铁路的建设和全球经济发展,借助于高速铁路冲破地域壁垒的强势动能,"一带一路"倡议所开发和带动的"共同市场"也会越来越繁荣,这对中国高铁是一份荣誉也是一份重任。

作为重要的交通基础设施之一，高速铁路具有高投入、投资回收期长、高负债结构、公共交通服务属性等特点，其经济可持续发展无疑成为所面临的不可回避的难题。建设高速铁路，如何平衡其经济效益和社会效益是一个极具挑战性的世界难题。高速铁路具有兼具公益性和商品性的混合经济属性特征，在为大众旅客提供交通服务的同时还提供了时间价值，顺应并满足旅客节省时间、便捷及舒适的需求。但在中国，区域经济发展不平衡导致了区域需求不平衡，由此对高速铁路的经济可持续形成的困扰不容忽视。认知高速铁路经济属性的内涵，旨在帮助从客观经济规律的角度认知对于高速铁路，为什么会有支撑其发展的市场空间，为什么会有其赖以生存的土壤？在其对社会产生巨大效益的同时，为什么还会有自身的经营亏损以及导致的经济窘境？应对高额投资导致负债瓶颈所带来的挑战，是中国高速铁路经济可持续进程中所面对的关键问题中的重中之重。如何在高速铁路的正外部效应与其经济可持续之间寻求平衡，在现实中仍是尚待破解的难题与困惑。只有重视客观经济规律，走均衡发展之路，才是平衡经济可持续发展之道。实践是检验真理的唯一标准。

中国高铁走可持续发展之路是必然的选择，实现经济可持续是增强高速铁路可持续发展能力的基础。可持续发展提出的三维视角理念，即经济、环境、社会三要素的平衡发展，也是指引高速铁路实现三者之间的平衡互动、和谐共处，向经济可持续、绿色化、智慧化的方向发展，这正是高速铁路发展的未来。

随着大数据、信息化时代的到来，伴随着互联网技术的发展与时俱进，智能化技术层出不穷，"互联网+"创新思维溢出，物联网、云计算、移动互联和大数据等新兴热点技术得到日益广泛的应用，数字信息在互联网背景下不断产生变革，呈现出感知化、物联化和智能化的特点，对高速铁路的发展起到了推波助澜的作用，助推高速铁路"智慧化"创新。高速铁路也期盼着在未来能借助于大数据平台大幅提升服务能力的智能化水平，从服务功能、运营网络体系、协作模式创新、数字信息化、绿色环保等方面营造智慧高铁。大数据技术与智能技术相互融合为智慧高铁提供了平台基础，开拓了智慧高铁的发展空间，智慧高铁将是未来引领快速规模化交通服务潮流的领头羊。

本书旨在为广大读者提供认知高速铁路可持续发展的知识读本，阐述高速铁路经济可持续的逻辑思维和理念，通过中国高铁发展的历程和实践阐释高速铁路的使命和普惠价值，诠释中国高速铁路成功发展的内在逻辑，为传播对高速铁路经济可持续发展的认知提供分享。

在对高速铁路经济功能的阐述和逻辑认知方面，书中运用了大量图表进行表述和说明以便于读者理解，并结合具体案例诠释了高速铁路经济可持续发展的逻辑机理，使本书对立论原理与思维逻辑的阐释更为翔实。

本书的成功出版得益于作者主持中国铁路总公司及原铁道部科技发展计划研究项目，以及在撰写内容、研究资料获取方面所给予的鼎力支持，也得益于北京交通大学的支持。本书在撰写过程中参考了相关国内外文献资料，在此谨向有关学者和朋友表示深切的感谢。书中难免有不妥之处，敬请读者提出指正。

付梓之际，在此由衷感谢李远慧博士、孙长松博士、张梦龙博士对本书写作的建设性建议和思想交流，丰富了本书的理念思维和内涵逻辑，同时也一并感谢闫著博士、陈向博博士、王颖娇和刘傲雪为此书的成稿所做出的不懈努力。还要感谢我的家人，正是他们的悉心照顾和支持，此书才得以终墨脱藁。

作者
2019 年 7 月于北京

目　录

第一章　高速铁路：时代变革的动力 ························· 1
　　高速铁路发展史 ····································· 1
　　中国的高铁时代 ···································· 11
　　高速铁路推动时代变革 ······························ 26

第二章　高速铁路：速度发展传播普惠价值 ··················· 36
　　高速铁路传播普惠价值 ······························ 36
　　高速铁路贡献社会效益 ······························ 41
　　高速铁路与科技创新协同发展 ························· 54

第三章　高速铁路：中国经济转型创新的载体 ················· 59
　　高速铁路网络经济 ·································· 59
　　高速铁路：中国铁路全新发展模式 ····················· 63
　　中国高速铁路发展路漫漫 ···························· 82

第四章　高速铁路的经济属性：公益性还是商品性？············ 91
　　高速铁路的经济属性定位 ···························· 91
　　高速铁路的经济属性构成 ···························· 96
　　探索高速铁路经济 ·································· 99

第五章　高速铁路：社会经济发展转型的时代动力 ············ 107
　　高速铁路助力供给侧改革 ··························· 107
　　高速铁路驱动产业链发展 ··························· 111
　　高速铁路延伸消费链 ······························· 117

第六章　高速铁路效益：外部效应与经济可持续平衡机制 …… 125
高速铁路的正外部性与社会效益 …… 125
交通位移速度与时间价值的经济平衡 …… 137
高速铁路收益最大化模式 …… 142
高速铁路的经济可持续发展 …… 152

第七章　高速铁路发展：市场定位 …… 165
高速铁路满足市场需求的时空特征 …… 165
中国高速铁路发展的机遇与挑战 …… 167
中国高速铁路发展定位 …… 172

第八章　高速铁路定价机制：成本—时间—社会效益三维视角 …… 186
高速铁路定价影响要素 …… 186
高速铁路净现值盈亏分析 …… 192
高速铁路定价决策机制 …… 199

第九章　中国高铁创新驱动：创新科技与创新人文之旅 …… 206
中国高铁硬实力：中国高铁的钢骨脊梁 …… 206
中国高铁软实力：人文价值融合创新精神 …… 211
中国高铁双轮驱动：科技创新与普惠价值创新并驾齐驱 …… 218

第十章　绿色·智慧高速铁路——时代的呼唤 …… 220
中国高速铁路可持续发展 …… 220
打造中国绿色高速铁路 …… 223
智慧高铁：高速铁路的未来 …… 232

参考文献 …… 245

第一章　高速铁路：时代变革的动力

高速铁路作为新兴的快速、规模化交通工具，是当今世界交通发展史上的一项重大成就，是人类交通科技创新进程的里程碑。"经营天下，略有四海，故曰经略。"高速铁路响应时代的召唤，肩负大经略路通天下的使命，开创了当今时代高速度规模化交通的先河。

高速铁路的问世给世界交通的发展带来了巨大的影响，是时代变革的驱动力。高速铁路具备安全可靠、快速高效、规模化的特点，在许多发达国家和中国得到了快速发展，成为世界铁路发展的新潮流。从日本建成第一条新干线开始，到欧洲国家布局高速铁路网络，再到中国奋起直追，至今历时50多年，如今商业运行时速已达350公里。中国后来者居上，以令人瞩目的速度进入高速铁路大规模建设和发展时期，迈入了高铁时代。这一时期，中国铁路建设实现了快速发展，其六次大提速为高速铁路的引进奠定了坚实基础，中国高速铁路从"四纵四横"网络规划到基本建成主骨架后提出"八纵八横"，进而实现"十纵十横"的发展目标，高速铁路网在升级过程中不断进行自主创新，实现了从引进技术到中国创造的跨越式发展。高速铁路不仅打通了地域壁垒，还打破时间的束缚，成为现代经济社会发展的必然趋势，推动着整个时代的变革。

高速铁路发展史

高速铁路的发展是全球性的，对技术、经济和社会产生的影响是深远的。根据国际铁路联盟（UIC）统计，截至2017年，世界上已有中国、日本、德国、法国、瑞典、英国、意大利、西班牙、俄罗斯、土耳其、韩国、比利时、荷兰、瑞士等23个国家建成并运营高速铁路。纵观铁路的发展历史，可以看到工业革命的爆发，蒸汽动力的诞生，催生了人类对交通运输及出行的需求，从欧洲蔓延至世界各地的铁路热潮一步步对世界发展产生了深远的影响。随着电气化变革来临，人类对交通出行速度又产生了进一步的要求，高速铁路随之诞生于20世纪中叶，仅半个多世纪，高速铁路的发展已经历了数次变革，成为当代人出行的重要交通方式，填补了交通需求在兼具速度与规模化方面的空白。

一、世界铁路发展历程

铁路发展的历史可以追溯到19世纪初，早在1825年英国便已建成并开通了斯托克顿至达灵顿的铁路——世界上第一条铁路，这条铁路于1825年9月27日通车，全长40公里，轨距为1.435米。在英国爆发工业革命时期，乔治·史蒂芬森发明的铁路蒸汽机车就在这条铁路上运行。由史蒂芬森亲自驾驶着名为"动力一号"的蒸汽机车，满载550名乘客行驶在世界第一条铁路上，由达灵顿开往斯托克顿，行驶速度为24km/h，开创了铁路发展历史的先河（见图1-1、图1-2）。

图1-1 蒸汽机车发明家乔治·史蒂芬森

图1-2 蒸汽机车

资料来源：http：//techcn.com.cn/index.php?doc-view-136526.html。

建成第一条铁路后，19世纪50年代是英国修建铁路的高峰时期，在30年期间便基本建成了国家的主要铁路线路。与此同时，世界上其他国家的铁路发展也逐步兴起。在世界第一条铁路建成一年后，法国于1826年9月开始修建圣埃蒂安—安泰基矿山铁路，并于1828年10月投入使用。法国的第二条铁路是1832年建成的圣埃蒂安—圣沙蒙—里沃—德日耶—日沃尔—里昂铁路，值得一提的是这条铁路是复线铁路，全长58公里。从19世纪下半叶到20世纪初，法国铁路得到快速发展，已经修建了基本覆盖全国的铁路网。但随着世界大战爆发，法国铁路遭受了严重损毁，在经历两次世界大战的炮火洗礼后，法国铁路通过实施电气化改造计划，逐步恢复重建了铁路产业。

在 19 世纪 30 年代，世界上多个国家都建成了国内第一条铁路。美国于 1827 年开始建设巴尔的摩至俄亥俄的铁路，历时 3 年该铁路于 1830 年 5 月建成通车，全长 21 公里。到 19 世纪中期，铁路已成为美国最先进的交通运输方式，总里程已达 14 400 公里。美联邦政府制定了包括出让土地、税收减免等一系列优惠政策，为铁路建设的发展打开了空间。同时，铁路的开通也为美国经济增长提供了巨大推动力，铁路运营带动了技术发展和产业转型升级，并且集结了大量的私人资本，为美国西部开发提供资源。

德国的第一条铁路于 1835 年 12 月正式通车，从纽伦堡到菲尔特，仅 6 公里长。之后的 30 年，德国铁路与很多国家一样经历了集中建设时期，到 1865 年德国铁路总里程已经达到 14 690 公里。在蒸汽机车运行半个世纪之后，德国建造了世界上第一条商业化运营的电气化铁路和第一台电力机车。德国的电气化铁路、电力机车和高速铁路一直处于世界领先地位。

1837 年的俄国还处于沙皇时期，俄国建造的第一条铁路——圣彼德波—沙皇村铁路全长 26 公里。随着俄国经济改革，大力发展铁路建设，到 1913 年俄国建造铁路 71 700 公里。随后俄国经过十月革命进入苏联时期，也开始走向电气化发展的道路。但世界大战对苏俄铁路的摧毁是十分惨重的，第一次世界大战期间俄国遭到破坏的铁路网超过 60%，机车超过 90%；第二次世界大战期间，苏联约 85 000 公里的铁路遭到破坏，其中欧洲部分的铁路被彻底损毁，40% 的车辆和一半机车也遭毁坏。"二战"之后，苏联将国家基建投资的 16% 都用于恢复和发展铁路运输。

铁路兴起的高潮源自欧洲大陆，到 19 世纪中叶许多欧洲国家已经建成了自己的铁路网，而亚洲国家才开始建造自己的第一条铁路。1853 年，印度的第一条铁路正式建成通车，从孟买到塔纳，全程 34 公里。此时的印度处于英国的殖民统治阶段，其铁路建造标准采用的是英标，这为后来印度铁路的宽轨特征奠定了基础。此外，印度在边远落后地区也修建了窄轨和米轨铁路。直到正式独立之前，印度已有超过 50 000 公里的铁路网。

而为世界带来第一条高速铁路的亚洲国家——日本，其第一条正式铁路，京滨铁路，于 1872 年才建成，由新桥开往横滨，全长 29 公里。从 19 世纪 80 年代开始，日本掀起了私人修建铁路的热潮，短短 10 年私人铁路公司就达 50 家，到 20 世纪初日本政府颁布《铁道国有法》，将部分私有铁路收归国有。

中国的铁路发展历史则要回溯到 1876 年，第一条正式运营的铁路——吴淞铁路，由英国商人在上海修建，全长 15 公里。到 1881 年，清政府许可在唐山至胥各庄修建开平矿务局为运煤需要的唐胥铁路，这是中国第一条政府批准建设的铁路,全长9.7公里。到了19世纪末外国列强通过各种手段在中国强修铁路,国民政府也修建了部分铁路线。在这一时期中,中国近代铁路工程专家,杰出的爱国铁路工程师詹天佑,于1905年担任京张(北京—张家口)铁路总工程师,并于1909年提前完成这项艰巨工程。辛亥革命后,詹天佑又任汉粤川铁路会办兼总工程师、督办等,克服种种困难,修建了从武昌至长沙36.5公里的铁路,为中国铁路事业做出突出贡献。截至1949年新中国成立前,全国铁路总里程为2.18万公里。由于当时的技术装备多为国外制造,铁路装备数量少、质量低、管理混乱,中国铁路一度被称为"万国铁路博览会"。[①]

从19世纪初到20世纪,一百多年的铁路发展史也是世界近代发展史,从工业革命到两次世界大战见证了铁路的兴起与遭受的重创。铁路建设的发展经历了电气化变革,铁路提速也逐渐成为铁路发展需研究的重要课题。

二、世界第一条高速铁路——东海道新干线

20世纪初,世界各国开始研制高速铁路列车。高速铁路被定义为:列车在铁道上运行速度超过200km/h的铁路。在20世纪前期,达到这一运行速度的火车屈指可数,日本的东海道新干线列车则被称为史上第一个正式运营的高速铁路。1964年,日本率先开通了东海道新干线,运行速度为210km/h,开启了世界建造高速铁路的历史。

日本东海道新干线于1964年10月1日正式投入运营,在当时是全球第一条全程高速铁路,投入运营也适逢东京举办第18届夏季奥运会,成为当时世界瞩目的铁道线路。由于当时从东京到大阪的老东海道铁路的运载能力已达到饱和,加之20世纪50年代日本争取到东京奥运会的主办权,在第二次世界大战之后为了经济复苏,急需修建新的铁路来承载日益增长的客运量,1959年4月5日,日本东海道新干线建设正式动工。

东海道新干线由东京始发,途经新富士、名古屋等站,最后抵达新大阪,全程515.4公里,共计17站,如图1-3所示,通车时运营速度达到210km/h。东海道新干线的建成将原先东京到大阪6个半小时的车程缩短至4个小时,人们出行速度大大提升,甚至可以当日往返于两个城市。

东海道新干线的建成将重要的商业经济带和中心城市连接起来,大大缩

---

① 罗庆中、常山:《世界铁路》,科学出版社2017年版。

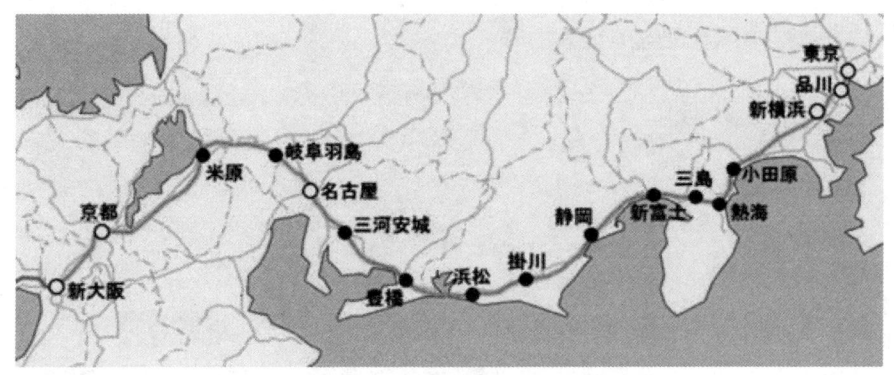

图 1-3 日本东海道新干线

资料来源：https：//baike.sogou.com/v3821085.htm。

短了其间的通行时间，有效提升了物流速度并促进新的产业带形成，这对当时还在战后复苏的日本来说是具有战略意义的一条重要铁路。新干线的建造带动了日本机械制造业和土木建筑等原材料业的发展，更重要的是促进了地区之间人才的交流，加速了信息传递，缩小了地区之间的差异，提供了大量的工作岗位，使得失业人数下降。[①]

在东海道新干线开通后的 40 年期间，日本的新干线线路不断扩张，逐渐覆盖了日本本州及九州岛的大部分地区。截至 2016 年，日本共开通了 7 条标轨新干线，包括从东京到新大阪的"东海道新干线"、新大阪到博多的"山阳新干线"、大宫到新泻的"上越新干线"、高崎到金泽的"北陆新干线"、东京到新青森的"东北新干线"、博多到鹿儿岛中央的"九州新干线"、新青森到新函馆北斗的"北海道新干线"，线路总长 2 765 公里，如图 1-4 所示。其中，东北新干线的运营速度最高，达到 320km/h。

日本新干线的开通促使高铁沿线城市的社会经济、产业发展和空间结构等方面均因交通运输方式的改变而发生了显著变化。对比高铁开通前后，从东京到大阪的时间由两天缩减到仅 18 小时，旅费由人均半年的收入缩减到人均一个月的收入，而若乘坐现今的新干线，只需一天的收入，耗时只需两小时。新干线与 19 世纪 90 年代的旧式火车相比，"时间距离"缩短为 1/9，"经济距离"缩小至约 1/25。[②]

新干线对日本经济发展的影响是不言而喻的。新干线的建设构成了一个

[①] 浅论日本初期新干线 https：//wenku.baidu.com/view/bad45226b80d6c85ec3a87c24028915f804d848d.html。

[②] 张季风："新干线与日本经济"，《日本学刊》，2003 年第 19—38 页。

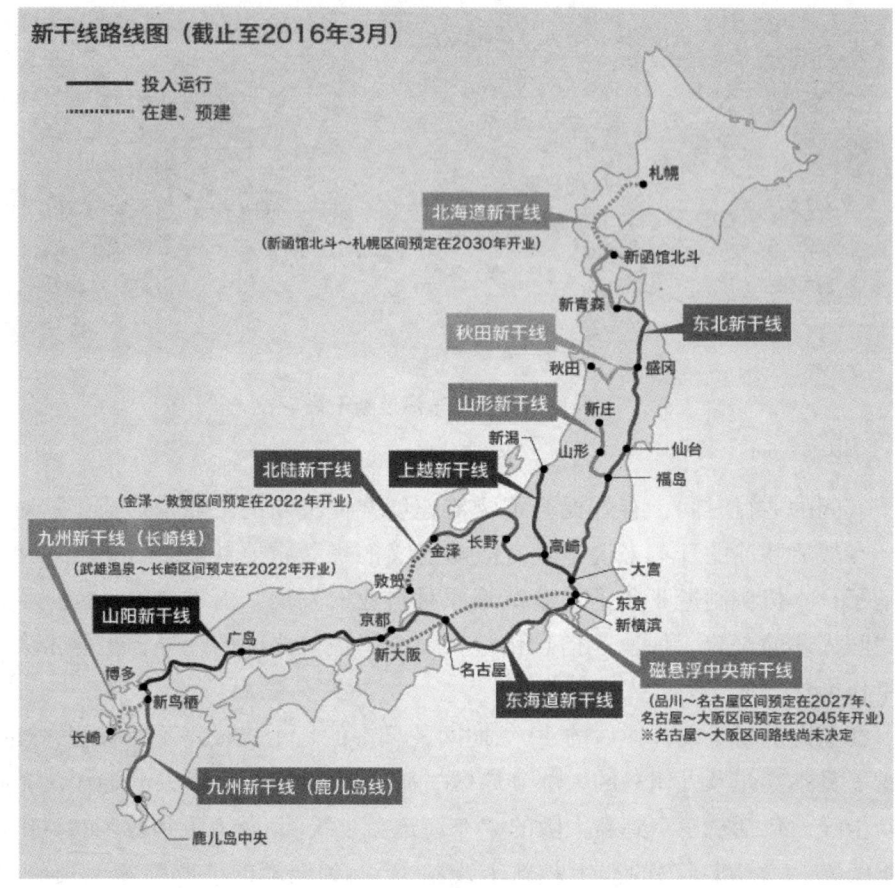

图1-4　日本新干线路线图

资料来源：http://www.sohu.com/a/152222628_620847。

日本国本土内人员交互的巨型网络，不仅加速了人员及信息的流动，加速了技术的传播，还带动其他有关产业如土木建筑、机械制造、原材料等的发展，从而正向拉动日本经济。以东海道新干线和山阳新干线为例，其每年输送乘客2亿人次，由此产生食宿、旅游等消费支出约5万亿日元，增加就业50万人。同时根据资料统计表明，沿线的企业及商业发展速度也大大高于其他地区。以1982年开通的东北新干线为例，自开通后沿线城市的企业增加了45%，人口增加了30%，大大超过了日本其他地区（其他地区增加企业为15%，增加人口为10%）。① 一些中小城市如挂川、小田原等城市抓住了新干线吸引旅游需求的发展机遇，积极融入区域产业分工和协作，成效显著。挂

---

① 佚名："日本新干线效益与体制之变"，《财经文摘》，2010年第38—39页。

川在1988年修建了新站点后，新干线极大地促进了当地经济发展，连续4年就业增长率达8%，商业产出增长率达38%，工业产出增长率达39%。[①]

三、打通地域壁垒的高速铁路网络

高速铁路发展的起步阶段是20世纪50年代中期到90年代初期，这一时期，诞生了世界历史上第一条正式运营的高速铁路——日本东海道新干线，世界其他发达国家，尤其是在欧洲，同时也在全力研制高速铁路。

随着高速铁路技术研究开发与应用的不断深入，高速铁路技术体系不断完善。在日本新干线技术体系继续发展的同时，法国、德国、意大利也先后形成了各具特色的高速铁路技术体系和系列化产品，分别于1981年、1991年、1992年开通了本国第一条高速铁路，并开始制定和逐步实施庞大的高速铁路发展规划。[②]到20世纪90年代中期，一些欧洲发达国家逐步建造跨国高速铁路，致力于打造欧洲高速铁路网络。其中，发展较为迅速的"四大巨头"为法国、德国、意大利和西班牙，成为高铁之国的后起之秀。

法国从20世纪70年代开始研究发展高速铁路，法国高速列车（TGV）是世界上继日本新干线之后的第二条商业运营的高速铁路系统，连接巴黎和里昂，开通于1981年，当时最高运营速度达到270km/h，由此拉开了法国高速铁路史的里程碑。20世纪80年代开始，法国以巴黎为中心建设了四条高速铁路，分别向西南、北方和东部地区延伸，并建设了围绕巴黎的环线。20世纪50年代，法国已经通过电气化改造大大提升了传统铁路的运行速度，对速度的提升已经达到了高速铁路的标准。当时巴黎到里昂的客运和货运量基本达到饱和，既有铁路已难以满足运输需求，因此缓解运输压力是法国建设高速铁路线路的主要动因。截至2017年，法国高铁线路长达2 647公里，服务于马赛、波尔多、里昂等各大城市，最高时速为320km/h，以TGV运营为主。

德国高速铁路（ICE）呈网状分布，由新线1 088公里及既有提速线路组成，形成4 800公里的服务范围，由ICE系列高速动车组担当客运任务，ICE运营偏向于网络覆盖式，且按客货混跑的原则设计。

意大利作为欧洲高铁发展的先驱之一，第一条高速铁路是由罗马开往佛罗伦萨，于1992年建成。意大利高速铁路采用最新型的ETR500高速列车，

---

① 日本新干线案例 http：//www.doc88.com/p-5903949752408.html。
② 国家铁路局：中国高速铁路/发展历程/扩大发展阶段 http：//www.nra.gov.cn/ztzl/hyjc/gstl_/sjgstl/fzlc/201602/t20160216_21059.html。

称之为"意大利欧洲之星",铁路网规模架构为"T字形",南北向从米兰出发分别连接东海岸和西海岸,东西向在都灵、米兰和威尼斯之间运行。

西班牙高速列车(AVE)都由国铁运营,以 AVE 作为其"铭牌",是西班牙第一条标准轨距的高速铁路,于 1992 年塞维拉世博会时期为缩短首都马德里与塞维拉之间的运行时间而建设。西班牙境内的高速铁路主要有:Alaris、Alvia、Anant 和 Euromed 等。

为了适应欧洲社会发展和满足人们生活水平提高的需要,欧洲在旅客运输方面重点关注安全、快速、经济、舒适等方面。欧洲议会运输委员会在 1981 年 12 月首次提出建设一个欧洲一体化的高速铁路运输网的想法。1986 年 4 月欧洲运输部长会议举行了欧洲铁路网高速运输研讨会,重点讨论了高速铁路线的技术特征,各欧洲国家部分高速线路联合建设形成高速铁路网的可能性,以及各国铁路间联合运行方式等问题,并于 1989 年初提出了建设一个统一的欧洲高速铁路网规划,目标是新建或修建 1.9 万公里,时速达到 250km/h 以上的高速铁路网,以及 1.1 万公里的交通线和支线,旨在将欧洲所有主要城市连接起来。[①]

欧盟交通运输理事会在 2012 年通过了旨在推进欧洲核心交通运输网建设的跨欧洲交通运输网指导规则。该指导规则致力于消除跨境运输的瓶颈,提升基础设施,优化跨境人员与物资运输的流程等,从而将欧洲现有的公路、铁路、机场和运河等零散的交通手段整合成统一的交通运输网,即"跨欧洲交通运输网"。

交通运输是欧盟经济的血脉,如果血脉不畅通,欧盟的经济活力将进一步减弱。欧盟将在 2030 年前完成欧洲核心交通运输网,包括 86 个连接铁路与公路的主要港口、37 个有铁路通向城市中心的机场、1.5 万公里高速铁路(主要是对既有铁路线升级改造)、35 个降低运输瓶颈的跨境项目等。[②]

欧洲高速铁路网的建设将打通欧盟区域的交通壁垒,正如欧盟委员会所讲,交通运输关乎整个欧洲联盟的经济发展前景。各国之间的地域壁垒将被高铁链接打破,交通运输将联系各国的经济区域,加速物流速度,也更加有利于人员流动,有助于欧盟成员国贸易融合。

在中国,自党的十八大以来,高速铁路推进"一带一路"建设不断走向深入。如今走向世界的"一带一路"建设取得了丰硕成果。在中国倡议、世

---

① 吕忠扬、李文兴:"国外高铁建设发展对我国高铁可持续发展的启示",《物流技术》,2013 年第 5 期,第 18—20 页。

② 欧盟推进一体化交通运输网建设 http://www.chinanews.com/gj/2012/03-23/3766134.shtml。

界共享的理念推动下，21世纪丝绸之路经济带获得各国的赞誉，在"一带一路"经济带的宏伟而远大的目标中，铁路建设是带动物质、人文交流的基础性平台，铁路建设自然成为众多发展中国家的首要选项。"要想富，先修路"，顺应经济全球化趋势的发展，高速铁路将起到打通多国地域壁垒、疏通国际交通运输的引领作用，并且凭借优质的综合效能成为满足快速、规模化交通需求的最具竞争力的运输方式。

随着近些年中国铁路的快速发展，技术创新促使中国高铁走向高端，走向世界，中国高铁凭借过硬的技术实力对内满足了民众日益提高的交通需求，对外展现了中国的大国风范，成为中国拓展"一带一路"的一张"烫金"外交名片。在亚洲地区，中老铁路、中泰铁路、印尼雅万高铁都有中国铁路的技术支持，这也标志着中国高铁从"引进来"成功实现了"走出去"的目标。中国与周边国家通过拉通高铁实现互联互通，将高速铁路网络跨境延伸，成为联通丝绸之路沿线国家的高铁纽带，并且将商品、文化一路传承，这也是"一带一路"所倡导的"合作共赢"真正的内涵所在。未来中国将继续助推世界高铁建设和全球经济发展，借助于高铁冲破地域壁垒的强势动能，"一带一路"倡议所开发和带动的"共同市场"也会越来越繁荣，这对中国高铁而言是一份荣誉也是一份重任。

四、高速铁路打破时间的束缚

高速铁路发展到20世纪末时，日本、欧洲等发达国家建成了大量高速铁路线路，完成了高速铁路的扩大发展阶段，而自21世纪开始的快速发展阶段，中国高铁走上了世界舞台。

与发达国家相比，中国建造高速铁路属于起步较晚，后来者直追，在这10年间，中国已发展成为世界上高速铁路系统技术最全、集成能力最强、运营里程最长、运行速度最高、在建规模最大的国家。当然，这也归功于中国广袤的疆域和多样的地理环境，高速铁路可以自由地驰骋在祖国辽阔的疆土上，任凭其以所能及的速度奔驰而无需跨越国界。无论如何，中国高速铁路的快速发展为世界高速铁路发展注入了强大动力，对其他国家产生了强大的示范作用，形成了中国高铁发展的世界效应。

在当下，中国国家铁路局对高速铁路的定义包含三个层面的内涵：一是设计开行时速高于250km/h（含预留）；二是初期的运营时速高于200km/h；三是客运列车专线铁路。2002年12月的秦皇岛至沈阳的客运专线"中华之星"动车组开创了"中国铁路第一速"——321.5km/h。对高速铁路的定义内涵中最直观的是速度要求。高速铁路的速度究竟有多快,从之前介绍的铁路发展历史可以发现:世界上第一条铁路——英国斯托克顿到达灵顿的铁路的速度是24km/h,而140年后诞生的第一条高速铁路的速度便达到了210km/h。从第一条高速铁路诞生到现在,仅仅过去了半个世纪,高速列车随着技术创新不断提速,如图1-5列举了世界上最快的高速铁路。

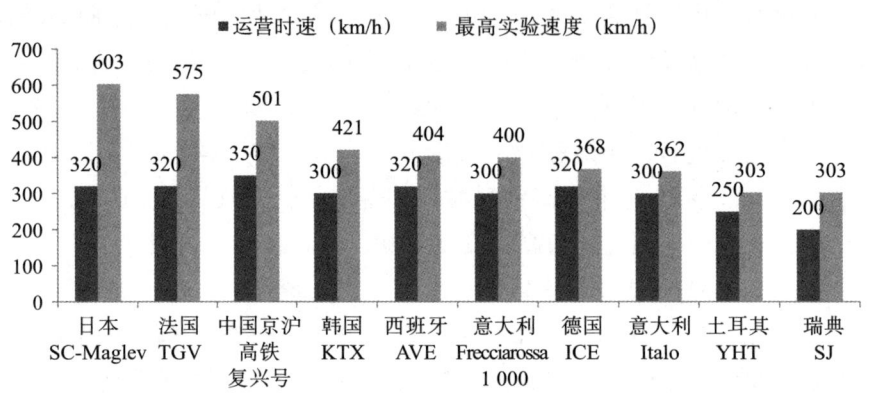

图1-5　2017年全球速度最快十大高速铁路

资料来源:前瞻产业研究院整理。

日本是世界上最早发展高速铁路的国家,在高速铁路运营速度方面拥有世界领先的技术。日本磁悬浮高速列车SC-Maglev最高试验速度可达603km/h,目前居世界第一。截至2017年4月,日本新干线高速铁路里程为3 041公里,在建新干线里程为402公里,计划修建的新干线高速铁路里程为179公里。

1971年,法国政府批准了TGV东南线的建设。2017年,法国高速TGV最高测试速度达到575km/h,运行速度达到320km/h,在世界位居第二。截至2017年4月,法国投入运营的TGV高速铁路长达2 142公里,在建线路634公里,规划线路里程为1 786公里。

令世界最为震惊的是中国高速铁路的发展。近年来,作为后起之秀,中国高铁发展迅速。2017年中国高铁的最高测试速度达到501km/h,位居世界第三,仅次于日本和法国;而京沪高速铁路"复兴号"的运营速度可达350km/h,排名世界第一。

此外,世界十大高速列车中还有韩国的KTX、西班牙的AVE、意大利的Frecciarossa 1 000和Italo、德国的ICE、土耳其的YHT和瑞典的SJ。当代高速铁路的最快时速已经达到了600公里以上,高铁技术已经能够让铁路运输与航空运输比拼速度,真正意义上冲破了时间的束缚。

中国的高铁时代

中国高速铁路的发展源于中国民众对交通提速的需求。早在改革开放初期,国家领导人邓小平出访日本乘坐了新干线列车,当时的中国尚未拥有研发、设计和建设高速铁路的能力,但产生了对提速的向往。直到20世纪90年代,在世界高速铁路发展历史经历了扩张发展阶段之后,中国决定将高速铁路项目提上日程。

一、中国铁路的六次大提速

20世纪90年代,中国已经经历了十几年的改革开放,人们对交通的需求也日益增强,从高速公路的需求转向了对铁路提速的展望。1995年,原铁道部成立提速领导小组,并先后在沪宁线、京秦线开行了"先行号"和"秦皇岛号"快速列车。随后在1997年正式实施中国铁路的第一次全面大提速,到2007年先后进行了六次铁路大提速,如图1-6所示。

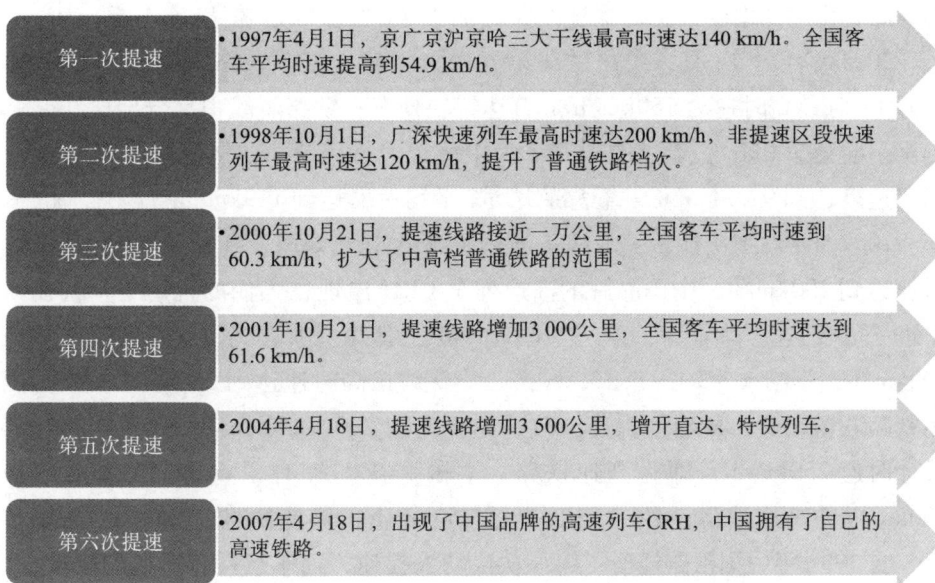

图1-6 中国铁路六次大提速时间轴

1997年4月1日，中国第一次铁路大提速主要在京广、京沪、京哈三条干线上实施。允许速度超过120km/h的线路延长为1 398公里，超过140km/h的线路延长为588公里，超过160km/h的线路延长为752公里。首次开行了准快速列车和夕发朝至列车78组，快速列车40组，京广、京沪和京哈三大干线最高时速达到140km/h。全国客车平均时速由1993年初的48.1km/h提升到54.9km/h。

1998年10月1日中国正式实施第二次大提速，广深快速列车最高时速达到200km/h，非提速区段快速列车时速最高为120km/h，提升了普速铁路档次。三条干线时速超过120km/h的线路延长为6 449公里，超过140km/h的线路延长为3 522公里，超过160km/h的线路延长为1 104公里。

2000年10月21日，中国实施了第三次大提速，提速线路接近一万公里，铁路客车平均时速达到60.3km/h。列车七个等级调整为三个，扩大了中高级普速铁路的数量，主要实施于陇海、兰新、京九和浙赣线，允许时速超过120km/h的线路延长为9 581公里，超过140km/h的线路延长为6 458公里，超过160km/h的线路保持为1 104公里。

2001年10月21日，中国实施第四次大提速，主要在京九线、武昌—成都线、京广线南段、浙赣线、哈尔滨线实施。允许时速120km/h以上的线路延长至13 166公里，超过140km/h的线路延长至9 779公里，超过160km/h的线路仍保持1 104公里。提速线路增加3 000公里，时速达到61.6km/h。

2004年4月18日，中国铁路第五次大提速，提速线路增加3 500公里，增开19对最高时速为160km/h的直达特快列车；铁路干线中部分地段线路基础满足时速200km/h要求的即升级为中级快速铁路，引进外国动车组；特快列车速度达到92.8km/h，直达特快列车平均速度达到119km/h。

2007年4月18日，中国铁路进行了第六次大提速，开行的52对动车组时速达到200km/h，中国品牌的高速列车CRH出现在人们的视野中，快速铁路进一步迅速发展。武九、沪昆、京包、京九、浙赣等铁路速度提升至200km/h，京哈、京沪、京广、胶济、秦沈线最高时速达到250km/h。根据国际铁路联盟定义，既有线提速或改造达到时速200—250km/h，新建线路达到设计时速250km/h，即为高速铁路。中国一夜间拥有了6 003公里时速为200km/h的高速铁路，846公里时速达250km/h的高速铁路。①

自1997年中国铁路经历了第一次成功大提速，列车运行时速达到140km/h

---

① 中国铁路大提速 https://baike.so.com/doc/6628820-6842621.html。

之后，在后续的五次大提速中，中国铁路已经做好了迎接高铁时代的准备。这几次大提速带来了 K 字头、T 字头、Z 字头、D 字头等不同类别的列车，如表 1-1 所示，呈现了中国铁路厉兵秣马，为步入高铁时代做准备的前 10 年期间所经历的快速发展的景象，也使国民深切感受到了铁路系列大提速带来的显著变革。

表 1-1　　　　　　　　不同列车类型及运行速度情况

列车类别	运行速度
快速列车（K）	主要使用 25B、25G 型客车，运行速度不超过 120km/h
特快列车（T）	主要使用 25K 型客车，运行速度不超过 140km/h
直达列车（Z）	使用 25T 型客车，运行速度不超过 160km/h
时速不高于 250km/h 的动车组（D）	在既有线路运行速度不超过 200km/h
时速不高于 380km/h 不低于 300km/h 的动车组（G）	目前最高运行速度不超过 300km/h

中国的实践证明，实施铁路六次大提速，技术上可行，安全上可靠，经济上合理，标志着中国铁路既有线提速水平已跻身于世界先进行列。当时，世界上只有十多个国家铁路客运列车的最高运营速度达到了时速 200km/h。

第六次大提速推出的三大系列客运产品服务，让广大旅客喜出望外。第一系列推出 416 列城际动车组快速客车，主要集中在环渤海、长三角、珠三角三大城市群，以郑州市、武汉市为中心的中原城市群，以沈阳市、长春市、哈尔滨市为中心的东北城市群，西北城市群以西安市为中心，适应大型城市群之间的高密度客流需求。第二系列增加了一站直达和夕发朝至列车。新增 7 对一站直达特快列车，由原来的 19 对增加到 26 对。同时，夕发朝至旅客列车增加 32 列，总数达到 337 列。第三系列增加了传统的普通旅客列车。增开 52 对中长途普通旅客列车，其中西部地区增加 29 对，占增加总数的 55.8%。井冈山首次开行至海南省西环、北京、上海、深圳的火车，上海、广州线路开行从三亚至北京、上海、广州的火车。这次提速更科学地协调速度、密度和重量三个要素，在提高列车速度的同时，努力压缩列车间隔时间，提速动车组干线列车追踪间隔 5 分钟，其他干线客车 6 分钟，货车 7 分钟，进一步提高了干线列车的密度。

时速 200km/h 及以上动车组的开行，在当时已创造了中国旅客列车的新速度。以京哈、京沪线为例，北京至哈尔滨全程运行 7 小时 58 分，比原运行图上的最快客车压缩 2 小时 32 分钟；北京至沈阳北 3 小时 59 分，压缩 1 小时 33 分钟；北京至上海 9 小时 59 分，压缩 1 小时 59 分钟；北京至济南 3 小时

25分,压缩43分钟;北京至青岛5小时48分,压缩1小时42分钟。①国际经验表明,在开行高速铁路的几个发达国家,高速铁路改变了它们交通运输格局的构架,也改变了人们的生活方式,让人们的出行更加便捷,生活半径不断扩展。

二、从"四纵四横"到"十纵十横"高速铁路网

进入21世纪后,中国加快了高速铁路建设步伐,经历了四次铁路大提速后,国家颁布了高速铁路的系统规划。《中长期铁路网规划》也历经了几次修订,规划网络也从"四纵四横"升级到"十纵十横"。

2004年1月,国家批复的《中长期铁路网规划》中指出扩大铁路网规模,完善运输结构。到2020年,营业里程达10万公里,电气化率和复线率达50%,实现在主要繁忙干线上的客货分线,技术装备上追赶世界先进水平,更好地服务于国民经济和社会发展。②

2007年11月,国家在《综合交通网中长期发展规划》中确定高速铁路的进一步发展目标,到2020年,营业里程达12万公里,复线率和电气化率分别达50%和60%。2008年10月,国家批准《中长期铁路网规划(2008年调整)》,指出到2020年,营业里程达12万公里,客运专线达1.6万公里,复线率和电气化率分别达50%和60%。基本建成结构完善、布局合理的铁路网,主要技术装备达到或接近世界先进水平。③同时,在规划中重点规划了"四纵四横"的高速铁路主骨架以及在经济发达和人口稠密地区间的城际铁路客运系统,如图1-7和表1-2所示。

在"四纵"高速铁路规划中,北京—上海客运专线贯通京津至长江三角洲东部沿海经济发达地区,北京—武汉—广州—深圳客运专线连接华北和华南地区,北京—沈阳—哈尔滨(大连)客运专线连接东北和关内地区,上海—杭州—宁波—福州—深圳客运专线连接长江、珠江三角洲和东南沿海地区。在"四横"高速铁路规划中,徐州—郑州—兰州客运专线连接西北和华东地区,杭州—南昌—长沙—贵阳—昆明客运专线连接西南、华中和华东地

---

① 王雄:《中国速度:中国高速铁路发展纪实》,外文出版社2016年版。
② 国家铁路局:国家批复《中长期铁路网规划》http://www.nra.gov.cn/755_1023/wggstlghqk/2004/201312/t20131227_4106.html。
③ 国家铁路局:中国高速铁路发展规划 http://www.nra.gov.cn/ztzl/hyjc/gstl_/zggstL/gh/201602/t20160216_21068.html。

第一章 高速铁路：时代变革的动力

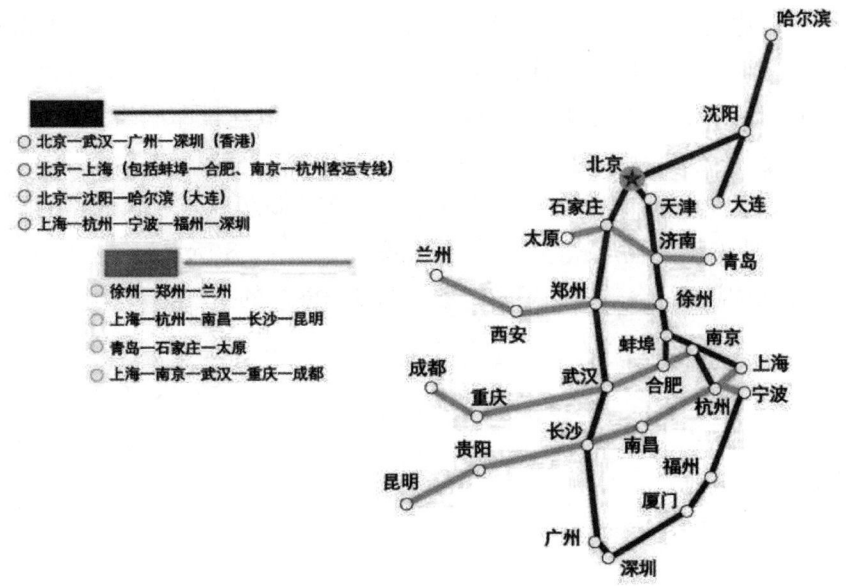

图 1-7 中国"四纵四横"高速铁路网

资料来源：http://www.gaotieditu.com/。

表 1-2　　　　　　　　中国"四纵四横"高速铁路

"四纵"	北京—上海客运专线
	北京—武汉—广州—深圳客运专线
	北京—沈阳—哈尔滨（大连）客运专线
	上海—杭州—宁波—福州—深圳客运专线
"四横"	徐州—郑州—兰州客运专线
	杭州—南昌—长沙—贵阳—昆明客运专线
	青岛—石家庄—太原客运专线
	南京—武汉—重庆—成都客运专线

区，青岛—石家庄—太原客运专线连接华北和华东地区，南京—武汉—重庆—成都客运专线连接西南和华东地区。同时，在此基础上，建设南昌—九江、柳州—南宁、绵阳—成都—乐山、哈尔滨—齐齐哈尔、哈尔滨—牡丹江、长春—吉林、沈阳—丹东等客运专线，扩大客运专线覆盖面。在环渤海、长江三角洲、珠江三角洲、长株潭、成渝、中原城市群、武汉城市圈、关中城镇群、海峡西岸城镇群等经济发达和人口稠密地区建设城际铁路客运系统，覆盖区域内主要城镇。

根据中长期铁路网规划，通过建设京沈、商合杭、京张、南昌至赣州等高速铁路，建成以京沪、京广、京哈、沿海、陇海、太青、沪昆、沪汉蓉为主骨架的"四纵四横"高速铁路网，同时配套建成贵广、合福等高速铁路延伸线，形成触角丰富、路网通达、运力强大的中国高速铁路网络。①

为顺应中国经济的高速发展，高铁发展与时俱进，2016年7月，国家发展改革委、交通运输部、中国铁路总公司联合发布了新版《中长期铁路网规划》，勾画出"八纵八横"高速铁路网的宏伟蓝图（如图1-8所示）。这是一份兼顾需求、经济效应与社会效应的规划，是"四纵四横"的拓展与升华版。②

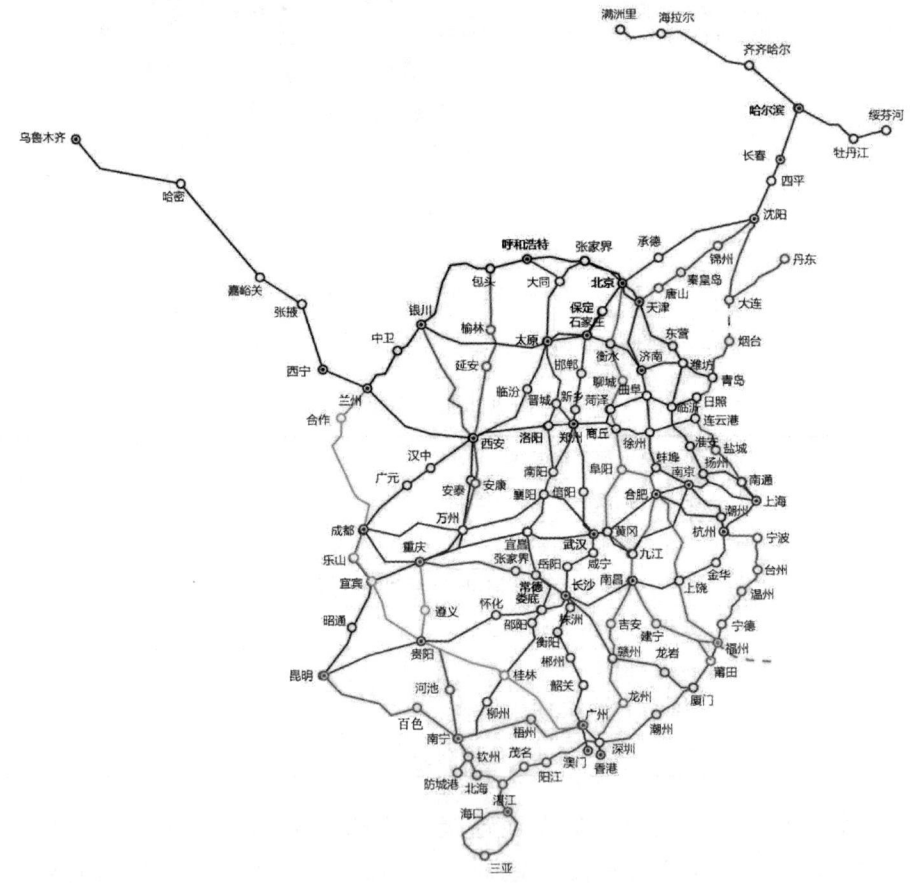

图1-8 中国"八纵八横"高速铁路网

资料来源：http://m.gaotieditu.com/。

---

① 中长期铁路网规划（2008年调整）http://www.china.com.cn/guoqing/2012-11/02/content_26987418.htm。

② 八纵八横：大手笔续筑铁路强国梦 http://www.gov.cn/xinwen/2016-07/24/content_5094197.htm。

"八纵八横"主要内容及与"四纵四横"的关系如表1-3所示。

表1-3　　　　　　　"八纵八横"通道

	线路通道名称	途径主要城市	全线开通日期	与"四纵四横"的关系
八纵通道	沿海通道	大连（丹东）—秦皇岛—天津—东营—潍坊—青岛（烟台）—连云港—盐城—南通—上海—宁波—福州—厦门—深圳—湛江—北海（防城港）	待定	东南沿海客运专线的双向延伸（北至丹东，南至防城港）
	京沪通道	北京—天津—济南—南京—上海（杭州）	主线2011年已通车，复线（经扬州）待定	既有线京沪高速铁路的复线
	京港（台）通道	北京—衡水—菏泽—商丘—阜阳—合肥—安庆—黄梅—九江—南昌—赣州—深圳—香港（九龙）	待定	新辟通道
	京哈—京港澳通道	哈尔滨—长春—沈阳—北京—石家庄—郑州—武汉—长沙—广州—深圳—香港	主线2019年（北京—沈阳段），支线（至澳门）待定	既有线京哈客运专线和京广深港高速铁路和结合线，加上广珠澳支线
	呼南通道	呼和浩特—大同—太原—长治—晋城—焦作—郑州—襄阳—常德—益阳—娄底—邵阳—永州—桂林—南宁	待定	新辟通道
	京昆通道	北京—石家庄—太原—西安—成都（重庆）—昆明	待定	新辟通道
	包（银）海通道	包头—延安—西安—重庆—贵阳—南宁—湛江—海口（三亚）	待定	新辟通道
	兰（西）广通道	兰州（西宁）—临夏—合作—绵阳（安州区）—广汉—成都—眉山—乐山—宜宾—毕节—贵阳—都匀—桂林—贺州—佛山—广州	待定	新辟通道

续表

	线路通道名称	途径主要城市	全线开通日期	与"四纵四横"的关系
八横通道	绥满通道	绥芬河—牡丹江—哈尔滨—齐齐哈尔—海拉尔—满洲里	待定	新辟通道
	京兰通道	北京—呼和浩特—银川—兰州	待定	新辟通道
	青银通道	青岛—济南—石家庄—太原—银川	2017年12月28日（济南—石家庄段）	青太客运专线向西延伸（至银川）
	陆桥通道	连云港—徐州—郑州—西安—兰州—西宁—乌鲁木齐	待定（徐州—兰州段已于2017年完工）	徐兰客运专线的双向延伸（东至连云港；西经兰新铁路至乌鲁木齐）
	沿江通道	上海—南京—合肥—武汉—重庆—成都	待定	建立在沪汉蓉快速客运通道基础上的复线
	沪昆通道	上海—杭州—南昌—长沙—贵阳—昆明	2016年12月28日	即沪昆高速铁路
	厦渝通道	厦门—龙岩—赣州—长沙—常德—张家界—黔江—重庆	待定	新辟通道
	广昆通道	广州—南宁—昆明	2016年12月28日	新辟通道

资料来源：https：//baike.so.com/doc/6882403-7099893.html。

升级为"八纵八横"之后，中国高铁网络预计到2020年高速铁路将达到3万公里，覆盖80%以上的大城市，远期铁路网规模将达到20万公里左右，其中高速铁路4.5万公里左右。全国铁路网全面连接20万以上人口城市，高速铁路网基本连接省会城市和其他50万以上人口的大中城市，实现相邻大中城市间1—4小时交通圈，城市群内半小时至2小时交通圈。到2030年，中国铁路版图将基本实现"省会高铁连通、地市快速通达、县域基本覆盖"。城市之间的竞争本质是争夺客流、物流与资金流，高速铁路就是通达所有这些"流"的重要基础设施。[1]

中国社会、经济的飞跃发展给国家综合交通运输体系带来了挑战，也对

---

[1] "八纵八横"高铁新框架，开创城市未来新格局 http：//www.sohu.com/a/224529781_488812。

中国全国高速铁路发展提出了更高要求。2017年2月3日,《国务院关于印发"十三五"现代综合交通运输体系发展规划的通知》,提出中国需要在东部和西部建立一个"十纵十横"综合运输通道,通过南北方向运行,加快实施关键通道连接和扩展,加强中部、西部和东北部走廊的建设。①事实上,中长期铁路规划的"八纵八横"在很大意义上已经转变成"十纵十横"的高速铁路,以珲春至长春、银川至福州为新的横向线路,纵向线路新增银川至重庆高铁,烟台至重庆高铁,如表1-4所示,展示了中国高铁作为国家基础设施建设骨架主体的发展新格局。

表1-4 中国"十纵十横"综合运输通道

	线路通道名称	途经主要城市
纵向综合运输通道	沿海运输通道	起自同江,经佳木斯、哈尔滨、长春、沈阳、大连、秦皇岛、天津、烟台、青岛、连云港、南通、上海、宁波、福州、厦门、汕头、广州、湛江、海口、至防城港、至三亚
	北京至上海运输通道	起自北京,经天津、济南、蚌埠、南京、上海、至杭州
	北京至港澳台运输通道	起自北京,经衡水、菏泽、商丘、阜阳、黄冈、九江、南昌、赣州、深圳、至香港(澳门);支线经合肥、黄山、福州、至台北
	黑河至港澳运输通道	起自黑河,经齐齐哈尔、通辽、沈阳、北京、石家庄、郑州、武汉、长沙、广州、至香港(澳门)
	二连浩特至湛江运输通道	起自二连浩特,经集宁、大同、太原、洛阳、襄阳、宜昌、怀化、至湛江
	包头至防城港运输通道	起自包头(满都拉),经延安、西安、重庆、贵阳、南宁,至防城港
	临河至磨憨运输通道	起自临河(甘其毛都),经银川、平凉、宝鸡、重庆、昆明,至磨憨、至河口
	北京至昆明运输通道	起自北京,经太原、西安、成都(重庆),至昆明
	额济纳至广州运输通道	起自额济纳(策克),经酒泉(嘉峪关)、西宁(兰州)、成都、泸州(宜宾)、贵阳、桂林,至广州
	烟台至重庆运输通道	起自烟台,经潍坊、济南、郑州、南阳、襄阳,至重庆

---

① "十三五"现代综合交通运输体系发展规划 http://www.mot.gov.cn/zxft2017/scssw/xiangguanziliao/201705/t20170519_2206123.html。

续表

	线路通道名称	途经主要城市
横向综合运输通道	绥芬河至满洲里运输通道	起自绥芬河，经牡丹江、哈尔滨、齐齐哈尔，至满洲里
	珲春至二连浩特运输通道	起自珲春，经长春、通辽、锡林浩特，至二连浩特
	西北北部运输通道	起自天津（唐山、秦皇岛），经北京、呼和浩特、临河、哈密、吐鲁番、库尔勒、喀什，至吐尔尕特、至伊尔克什坦、至红其拉甫；西端支线自哈密，经将军庙，至阿勒泰（吉木乃）
	青岛至拉萨运输通道	起自青岛，经济南、德州、石家庄、太原、银川、兰州、西宁、格尔木，至拉萨
	陆桥运输通道	起自连云港，经徐州、郑州、西安、兰州、乌鲁木齐、精河，至阿拉山口、至霍尔果斯
	沿江运输通道	起自上海，经南京、芜湖、九江、武汉、岳阳、重庆、成都、林芝、拉萨、日喀则，至亚东、至樟木
	上海至瑞丽运输通道	起自上海（宁波），经杭州、南昌、长沙、贵阳、昆明，至瑞丽
	汕头至昆明运输通道	起自汕头，经广州、梧州、南宁、百色，至昆明
	福州至银川运输通道	起自福州，经南昌、九江、武汉、襄阳、西安、庆阳，至银川
	厦门至喀什运输通道	起自厦门，经赣州、长沙、重庆、成都、格尔木、若羌，至喀什

资料来源：https://finance.qq.com/a/20170301/054148.htm。

三、中国高速铁路自主创新之路

2004年以来，中国高铁逐步实现从"引进技术"到"中国制造"，再到"中国创造"的跨越式发展。蕴含更多自主创新技术的中国高铁，已然成为世界上高铁建造的引领者之一。尤其是，在被称作"高铁之心"的牵引电传动系统和"高铁之脑"的网络控制系统两大核心技术方面实现百分之百"中国创造"，成为中国高铁列车制造商具备核心创造能力的最好诠释。

自主创新乃是中国铁路快速发展的必由之路。中国高铁通过在引进、消化、吸收国外先进技术的基础上实施再创新，掌握了集设计、线路施工、车辆装备、列车控制、运营管理等一整套高铁技术，已经拥有完全自主知识产权，形成了比较完备的高铁技术标准。这种强大的系统集成能力，使中国具备了为国际市场提供"一揽子"解决方案的能力。①

如果从20世纪90年代由原铁道部提出的"京沪高速铁路线路方案构想报告"正式在国务院立项起,到2019年,中国在高铁领域的探索和实践已经历了25个年头。在这历时25年跨世纪征程中,中国实现了超过2.9万公里里程的高铁运营线路,构建了世界上最庞大的高速铁路网络。与此同时,在高铁技术领域中国也已经跻身世界前列——"和谐号"380系列高速列车已实现核心技术自主化,而在2017年中国铁路总公司研制推出的"复兴号"高速列车中,中国化标准占比已经达到了84%。

在中国高铁技术整体自主化过程中,中国高铁创新大致可以分为四个阶段:第一阶段是孕育阶段,从1993年由原铁道部提出"京沪高速铁路线路方案构想报告",并正式在国务院立项开始到2004年。在这个阶段,中国开始研究高铁,了解高铁,并开始尝试制造高铁核心装备,典型代表有中国自己研发的"大白鲨""中华之星"。第二阶段是引进消化吸收阶段,从2004年开始,以原铁道部公开招标为标志,此后,中国陆续引进了日本、德国、法国、加拿大几个国家的高铁技术,并生产出了CRH1\2\3\5系高速动车组列车。第三阶段是自主创新阶段,2008年2月,原铁道部与科技部联合签署了《中国高速列车自主创新联合行动计划合作协议》,目标就是要自主研发体现世界最高水平,包括高速列车在内的中国高速铁路技术。在这一阶段,形成了中国高铁核心装备和系统的技术路线,完成了拥有自主知识产权的"和谐号"380系列高速列车的研发、生产、交付和大规模运营。第四阶段是持续创新阶段,2012年以后,中国高铁步入了持续创新阶段,其标志是国家高速列车科技发展"十二五"重点专项,与之衔接的是已经实施的国家"十三五"重点研发计划中的先进轨道交通重点专项。在这一阶段,研发了时速500km/h的高速列车,时速400km/h的高速检测列车和时速200km/h的混合动力高速列车。"十三五"期间,中国高速铁路制定了两大目标:其一是研发时速400km/h,可以跨国互联互通的高速列车。其中的难点在于不同国家的铁轨、牵引供电、通信信号等标准是不同的,这给高速铁路跨国互联互通带来了挑战。其二是研发时速600km/h的磁悬浮交通系统,应对高速度、大容量、点对点的运输需求,这方面国际竞争也非常激烈。②

中国高速铁路的自主创新发展之路,使中国已经成为世界上高速铁路建

---

① 高铁:"中国创造"的崭新名片 http://ex.cssn.cn/djch/djch_djchhg/zggdxlbdly_91788/201612/t20161202_3299464.shtml。

② 高铁自主创新之路是如何走出来的? https://www.sohu.com/a/198172457_115124。

设里程最长、运营速度最高、运营场景最丰富、对自然环境适应性最强的国家，在高铁线路建设中不断取得新的突破。2008年，北京至天津之间的城际高速闪亮登场，为北京成功举办2008年奥运会提供了现代轨道交通。京津城际高速是中国开通的第一条高速铁路，是中国高铁的里程碑，标志着中国高铁开始步入世界高铁的历史舞台。2011年，北京至上海的京—沪高速铁路开通运营，开拓了中国两个特大城市间的生活新时空。与此同时，开创了中国高铁旅游新纪元。2012年，北京至广州高速铁路全线贯通，旅客可在8小时行程期间感受和欣赏窗外的色彩变换和自然风景交替。2014年，兰州至乌鲁木齐高速铁路开通运营，旅客在途中能够尽揽雪山风景和沙漠戈壁映衬的西部风光。2015年，海南国际旅游岛高速铁路环岛运营，让国际友人享受着高铁和大海的美丽邂逅。2012年和2015年，相继开通的哈尔滨至大连、哈尔滨至齐齐哈尔的高速铁路穿越高寒季节性冻土地区，自此中国北端的冬季上演了银色飞龙。2017年，西安至成都高速铁路投入运营，从此蜀道不再难，古人叹息"蜀道难，难于上青天"留给后人无限感慨，回味无穷。2017年9月21日，"复兴号"中国标准动车组按时速350公里在北京至上海的高速铁路正式运营，从追赶到领跑的征程上，"复兴号"成为中国高铁迈出的关键一步。

中国高铁自主创新，硕果累累，高铁各长大干线陆续贯通，展现了中国高铁自主创新之路的坚实步伐。一道道银色长龙驰骋在中国广袤辽阔的大地上，跨越大桥江河，宛如银龙凌空飞舞，穿梭于隧道峻岭之中，尽显气势磅礴如虹，风驰电掣般地靓丽风采，瞬间而过，渐远消失于天际之间。

四、中国高铁"走出去"——国际化之旅引领国际高铁

高铁国际化，是一种基于交通基础设施、服务于国民经济发展的国际互联互通模式，旨在通过打造国家间的高速交通网络、便利的经济贸易网络，实现"一带一路"沿线国家产业转型升级、经济稳健增长，并加强区域间互联互通和产业链衔接，促进区域一体化发展。高铁国际化并非传统意义上的走出去卖火车、包工程，它涵盖了设备出口、施工建设、投融资、运营管理以及标准认定等多方面的全方位产业链。

中国高铁之所以可成为一条重要的国际交往纽带，与其在国家基础设施建设中的重要地位和所拥有的巨大影响力密不可分。中国高铁走出国门参与世界各国的高速铁路建设，积极参与改善当地交通环境，盘活当地经济，带动社会、文化等多方面的发展，有其无可比拟的优势；在交通基础设施方面表现为运输安全、节能环保；运行速度快，运载能力强；性价比高，土地利

用率高，满足快速规模化交通出行。自 2013 年以来，随着中国提出"一带一路"倡议及亚投行成立，互联互通基础设施建设越来越受到国际关注和重视；随着知名度的提升，"中国高铁"也成为国家领导人出访交流中展示的新型外交名片。中国高铁"走出去"的步伐逐步加快，不断刷新着世界的认知。2016 年被媒体称为中国高铁"走出去"的爆发元年，中国高铁的合作区域已经延伸到亚、非、欧等五大洲数十个国家，合作模式逐渐升级，开始参与进入老牌高铁强国竞争之列。

2009 年，中国高铁"走出去"初步设定三大方向：通过俄罗斯进入欧洲的欧亚高铁；从乌鲁木齐出发，经过中亚最终到达德国的中亚线；还有从昆明出发连接东南亚国家，一直抵到新加坡的泛亚铁路网。[①] 2010 年，原铁道部共成立了 16 个境外铁路项目协调组，旨在针对不同的国家在装备制造、技术支持等方面参与海外项目竞标，同时要避免国内厂商在国际市场上的恶性竞争。然而，天有不测风云，"7·23"事故之后，这些协调组不复存在。历史事件常发生于偶然与必然的因果之间，不确定因素的客观存在不以人的意志为转移。"7·23"事故的不幸发生对中国高铁带来了挑战，同时也提出了警示，告诫速度与保障安全质量之间的平衡铁律是不容忽视的。中国高铁的快速迈进步伐需要更加沉稳而坚实，"走出去"的国际化步伐更需如此，只有做好充分的准备，方能在机遇来临之时不至于擦肩而过，因为上帝只将幸运（机会）带给有准备的人。

在"一带一路"倡议的促进下，基础设施互联互通建设成为各国的共识，中国高铁有了拥抱"走出去"的更好时机。2012 年开始，随着中泰项目的推进，中国高铁重新恢复活力，积极参与了一系列国际高铁项目，如图 1-9 展示了中国高铁国际化市场开拓进程。

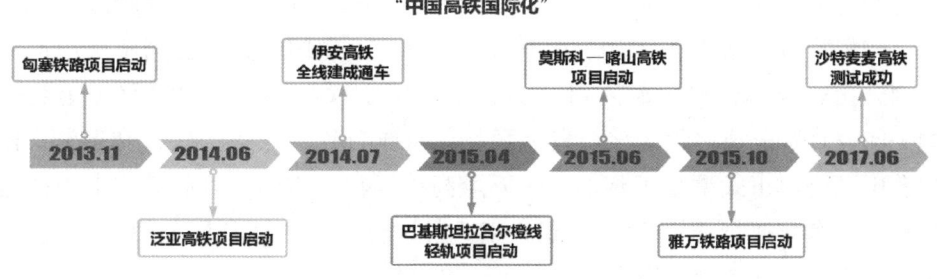

图 1-9　中国高铁国际化市场开拓进程

---

① 人民铁道网：中国高铁"走出去"路线图 http://www.peoplerail.com/rail/show - 456 - 251088 - 1. html。

匈塞铁路项目：2013年11月25日，中国、匈牙利与塞尔维亚三国总理在布加勒斯特共同宣布，将合作建设连接贝尔格莱德和布达佩斯的匈塞铁路。匈塞铁路是中国高铁进入欧盟的第一个项目，连接匈牙利首都布达佩斯和塞尔维亚首都贝尔格莱德，全长350公里，其所在的欧亚大陆结合部的中东欧地区也是"一带一路"的重要板块，对于中国高铁、中国技术"走出去"起到了巨大的推进作用。

土耳其伊安高铁项目：2014年7月25日，伊安高铁全线建成通车。遵循欧盟标准，堪称"八年抗战"的伊安高速铁路经由土耳其安卡拉至伊斯坦布尔，全程总长500多公里。伊安高铁建设分为两期：第一期路段由安卡拉至埃斯基谢希尔段，于2003年动工，2009年初通车。第二期路段多山路，建设难度大，全长158公里，由中国高铁工程建设的龙头企业中国铁建公司牵头，与土耳其公司组成联合公司中标承建。当时是2005年，是中国公司在欧洲拿下的第一宗高铁生意。中标后经融资、勘测、制定设计方案等程序，于2010年正式动工。这是中国公司在海外组织承揽实施的第一个电气化高速铁路项目，对推动中国高铁"走出去"具有重要的战略意义。

巴基斯坦拉合尔橙线轻轨项目：2015年4月20日，中方在巴基斯坦的重大项目拉合尔橙线轻轨在中巴两国领导人的见证下完成签约换文仪式。该项目线路全长27公里，共设26座车站。

莫斯科—喀山高铁项目：2015年6月18日，由中国公司中铁二院与俄罗斯公司组成联合体，就中标的莫斯科—喀山高铁项目的勘察设计部分与俄罗斯铁路公司正式签约。据公布的数据，该段铁路设计时速最高将达到400km/h，是名副其实的地面铁路"第一速度"。[①]莫斯科—喀山高铁将成为发展中俄之间铁路交通的先导工程，对俄罗斯经济发展及丝绸之路的复兴意义重大。

印尼雅万铁路项目：2015年10月16日，由中国铁路总公司牵头组成的中国公司联合体，与印尼公司牵头的印尼国企联合体，正式签署了组建中国—印尼合资公司协议。该合资公司将负责雅万铁路项目的建设和运营，标志着中国公司正式赢得了雅加达—万隆高铁项目。借助雅万高铁，中国高速铁路将在东南亚全面走出去。2019年5月，首条隧道瓦利尼隧道顺利贯通，标志着雅万高铁的顺利进展。

沙特麦麦高铁项目：2017年6月，沙特成功完成麦麦高铁列车测试，最高时速达300km/h。该项目于2009年启动，预计使用年限120年。麦麦高铁

---

① 世界铁路"第一速度" http://news.163.com/15/0619/06/ASF17CE000014AED.html。

是沙特第一条双线电气化高速铁路，由中国公司承建，中国公司克服了当地恶劣的高温气候，创造条件按时完成了该项目的工程建设，保证了高铁的顺利开通。全长 450.25 公里，设计最高时速 360km/h，起点位于伊斯兰教朝觐圣地麦加，终点为另一座伊斯兰教圣地麦地那。这一项目在 2005 年荣获"2014—2015 年度沙特优秀中资项目"。①

泛亚高铁项目：泛亚高铁项目落实于 2006 年 11 月 10 日，亚洲 18 个国家在韩国釜山正式签署了《亚洲铁路网政府间协定》。项目于 2014 年 6 月开工，从云南西部钻山建造一条长约 30 公里的隧道通往缅甸，再从缅甸向东，伸出一条支线去往泰国，另一条主线则经由老挝、越南、马来西亚通往新加坡。这条高铁线路将成为中国通往东南亚诸国的一条便捷通道。此外，中国也在规划建设欧亚高铁、中亚高铁及泛亚高铁三条战略性跨境高铁线路。欧亚高铁是中国正在计划建设连接欧洲的 2 条欧亚高铁和 1 条昆明到新加坡的东南亚高铁，整个高铁线路预计覆盖 17 个国家。中亚高铁网将把中国乌鲁木齐与中亚的哈萨克斯坦、乌兹别克斯坦和土库曼斯坦等国连接起来，预计覆盖 17 个国家。②

同时，在非洲，中国也在进行高速铁路相关的重大项目，积极与非洲互帮互助发展铁路建设，为提升非洲国家运力以促进其经济发展做出巨大贡献。中国早在 20 世纪 70 年代援建非洲的坦赞铁路，成为中国铁路出海的最初尝试。在 2015 年 12 月，中国再次为坦桑尼亚和赞比亚援助了坦赞铁路的专用机车和客车，该铁路已建成几十年，中国政府在着力于筹备对其修护和改造工程。坦赞铁路的升级将是中国铁路在非洲升级换代的标志。与此同时，中国铁建公司承建的尼日利亚铁路现代化项目第一标段——阿布贾至卡杜纳铁路宣告全线铺通。2017 年 5 月 31 日，中国路桥公司中标承建的肯尼亚蒙巴萨至内罗毕的铁路通车，这条铁路是肯尼亚独立以来最大的基础设施建设项目，也是中国帮助肯尼亚建设的第一条全线中国标准的标轨铁路，同时也是肯尼亚为实现 2030 年发展愿景的"旗舰工程"。中国在非洲援建铁路，不仅对非洲经济发展起到支撑作用，也有利于中非共同进步。③

---

① 中国高铁"走出去"十大项目盘点 https：//www.sohu.com/a/76611730_171332。
② 欧亚高铁 https：//baike.so.com/doc/5109924-5338672.html。
③ 中国高铁"走出去"十大项目盘点 https：//www.sohu.com/a/76611730_171332。蒙内铁路 https：//baike.so.com/doc/7911188-8185283.html。

高速铁路推动时代变革

在广袤的中华大地上，纵横交错的高速铁路网在不断延伸，为中华民族复兴伟业谱写着壮丽诗篇。到 2018 年底，中国铁路运营里程超过了 13.1 万公里，其中高速铁路突破 2.9 万公里，超过世界高铁总里程的 2/3。中国高速铁路"四纵四横"主骨架提前建成，高铁旅客发送量连续 5 年保持两位数增长。中国高铁也已经迈出国门走向世界舞台，成为中国外交的一张崭新名片。交通强国，铁路先行，纵观世界铁路的发展史以及全球高铁的发展历程，中国高速铁路的成功飞跃是中华民族伟大复兴征程的真实写照，带领中国进入可持续发展的高铁大时代。

一、快速出行规模化

在高速铁路出现之前，汽车、普速铁路、航空等方式担当了人们异地出行交通工具的主要角色。自 2008 年中国第一条高速铁路——京津城际高速铁路开通运营到现在，中国愈加"变小"了，高铁所带来的巨大的时空观变化，影响着越来越多的人选择高铁出行这一便捷快速的方式，生活半径和活动范围明显拓宽和扩大，生活方式和生活节奏也逐渐发生着变化。

"快速"成为高速铁路最大的亮点和优势。与普速铁路和传统公路运输相比，高速铁路的快速运行极大地节省了旅客的时间成本，且更具舒适性和安全性。与选择航空运输方式需要去郊外机场乘坐相比，高速铁路更具便捷性，节约了人们的时间和成本。因此，在快节奏的生活状态下，人们对出行时间的要求提高，同时对交通出行的性价比也有了更高要求。高速铁路的运输方式体现了快速且规模化的特点，普遍受到大众欢迎，这一现象在中短途距离运输中更为突出。京津城际高速将两地间 120 公里的路程时间压缩到半个小时，京沪高铁的开通使得北京到上海 1 463 公里的旅程只需 5 个小时便可以完成。

高速铁路兼顾时间价值与公益价值，表现出诸多普惠功能，带来居民生活和思维方式的变革。高速铁路的出现大大提升了不同城市、不同区域之间的可达性，因此人们对"时间"的感知也在发生变化，快速出行的便捷性促进了各区域间大量人口流动。由此，一些新型社会现象萌生，如很多人选择以"职住分离"的形式，频繁乘坐高铁往返于工作地与居住区域之间，也成就了大批"跨市上班""跨省上班"的工薪阶层;又如"说走就走的旅行"成为一种日常现象,有了高铁作为快速出行工具,沿线城市间的高铁趋于越来越"公交化",异地工作的人们也可以"常回家看看"。以往每年的春运作为中国民众最大规模的迁徙活动,一直是难以解决的一道难题,而高铁的出现极大地缓解了春运压力,其速度快,开行对数多,在春运期间满足了短时间内人们大量出行的需求。

高铁介入人们的生活使之出行从节约时间和舒适度上显著提高了层次,加之愉悦的乘坐快感,更多的人偏好高铁出行。随着高速铁路网的拓展和延伸,一种新式快速出行的规模化格局开始形成,众多出行者会选择高铁,高铁也成为现代社会的一个重要标志,其所带来的普惠价值让更多人受益。

图1-10 京沪线上高速列车风一般的疾驰横跨大江大河

资料来源:冯凯摄影;中国铁路北京局集团有限公司融媒体中心。

图1-11 《集结》:中国高铁动车组整装待发

资料来源:冯凯摄影;中国铁路北京局集团有限公司融媒体中心。

二、创新驱动"中国制造"向"中国创造"转变

中国高速铁路是中国人民梦想与科技创新的结合体,是科技创新使梦想变成了现实。中国高铁经历了追梦、梦醒、追赶,成功实现了从"跟跑"到"并跑"再到"领跑"的跨越,令世界刮目相看,中国的高铁技术也实现了从"中国制造"到"中国创造"的创新进程。

高速铁路的创新是一个系统工程,涉及高铁的整个产业链。从上游高铁工程项目建设,中游列车制造及相关设备,到下游营运、客流服务、高铁快运等服务业相关产业,相互配合驱动高铁创新发展。在中国高铁产业链中,从制造向创造转变最突出的环节是高速铁路的建设工程和装备制造。

高速铁路的建设具有挑战性,在不同地区和地理条件下建设难度各异,给技术创新带来了诸多难题和挑战。然而,挑战的背后更多的是催生创新奇迹。2008年,京津城际高速开通运营,成为中国第一条具有自主知识产权和世界一流水平的高速铁路,是中国高速铁路建设史上的一座里程碑,自此之后,中国高速铁路的建设陆续进入自主创新和持续创新时代。每一条新建高铁都有其背后的创新亮点,中国高铁新建线路不断创造着高速铁路史上的各种"世界之最":武广高铁成为世界上一次建成里程最长、工程类型最复杂的高速铁路;京沪高铁成为世界上一次建成路线最长、技术标准最高的高速铁路;京广高铁是世界上运营里程最长的高速铁路;哈大高铁成为世界上第一条投入运营的新建高寒地区长距离高速铁路。除此之外,兰新高铁成为一次性建成通车里程最长,同时也是首条穿越沙漠大风区的高速铁路,并有"世界高铁第一高隧道"之称;西成高铁也成为首条穿越艰险山脉的高速铁路。

动车组的制造及内置设备的创新,体现在动车组保有量及密度的快速增长,自主化率的不断提升,也体现在以"和谐号"和"复兴号"为代表的高铁列车的不断改良。"和谐号"是中国最早开行速度达到350km/h的动车组,使中国铁路客运的技术水平达到世界的顶尖程度。由"和谐号"到"复兴号"是中国高铁"后发先至"的重大飞跃,标志着中国高铁正式跨入了"中国标准动车组"的新时代。"复兴号"标准动车组基于中国自主研发的高速动车组设计制造平台,是具有完全自主知识产权的新一代高速列车,其占比84%的"中国标准"构建出中国高铁的核心竞争优势,并提升了话语权。

高速铁路作为中国高端产业制造的一张名片,催生了相关行业的发展,共享高铁这块"蛋糕"带来的机遇。在高铁产业链上,除建设工程和装备制

造以外，还包括电气化建设、控制系统、冶金、机械、材料、电子、电气、化工等一系列产业。中国高铁的创新促使产业格局重新分布，产业链升级有了新的方向。

中国高铁把中国人民的创新意识推向新的巅峰，被世界美誉为中国现代的"新四大发明"之首。高速铁路不仅在中国经济转型创新中起到纽带与动脉的作用，其技术上的不断完善在推动"中国制造"向"中国创造"的转变，同时也为中国高铁"走出去"和成为引领世界铁路发展的时代动力奠定了坚实基础。

图 1 - 12　西成高铁穿行于中国的秦岭山脉

资料来源：中铁建第一勘察设计院；http://fsdi.cru.cn/art/2017/12/16/art54901101505.html。

图 1 - 13　中国高铁的象征"和谐号"动车组

资料来源：摄图网。

图 1-14 中国高铁的旗舰"复兴号"

资料来源：孙立君摄影；中国铁路北京局集团有限公司融媒体中心。

三、互联互通区域经济协同发展

从规划高速铁路建设到现在，中国高速铁路网已基本完成"四纵四横"的主体架构，向着"八纵八横"拓展与升级，并勾画着新时期"十纵十横"高速铁路网的宏大蓝图。高速铁路网状格局体现了对兼顾需求、经济效益与社会效应的谋略与规划，中国的高铁网络不仅变革了铁路客运的链条，使得运输效率得到大幅提升，资金、人才、技术、物资等资源要素在各地域间频繁流动，其所带来的经济效益和社会效应也会实现成倍数的增长。

互联互通是高速铁路网的鲜明特征，对高铁沿线区域经济的协同发展具有极大推动作用，带动着经济圈之间的联动发展，拓展城市群的辐射范围。高速铁路带来的"时间变化"促进了空间的转变，产生了时间与空间的互动效应。高铁"公交化"干线的效应体现在"同城化"趋势加强，促使沿铁线相邻大城市间形成城市带和城市群，改变了人们传统的城市印象。高铁长距离干线的效应体现在区域"一体化"融合加强，在城市群间人流、信息流、物流效率大幅度提升的同时，直接和间接地带动了沿线经济和城市群的区域互动，如北京1小时高铁交通圈、粤桂黔4小时高铁经济生活圈、京广高铁串链五大经济圈等均是典范（如图1-15、图1-16、图1-17所示）。又如，京沪高铁的开通连接了"环渤海"及"长三角"两大经济圈，使其经济加速融合互补，大大强化了中国东部沿海地区的经济优势，并辐射带动中西部地区发展。在高速铁路的影响下，城市规划布局因为高铁站的建设而转变，城市群的辐射范围也在不断扩展，珠三角开始向北扩张，长三角的涵盖范围也随之伸展开来，京津冀政治、经济区范围扩大，高速铁路引领中国城市基础设施大面积升级。与此同时，通过互联互通，高速铁路使得中国中西部的经济差距逐渐缩小，其所展现的现代交通的时空力量打通了区域经济的脉络，将资源的再分配做到了随时随地与时俱进。高铁开通后，有效疏通了人员流动的阻塞，欠发达地区的人员到发达地区的就业率显著提升，也为贫困地区的人员享受到发达地区的资源提供了更多可能性。事实证明，高速铁路推动和促进区域经济协同发展，为全国城镇化水平全面提升提供了有效支撑。

中国高铁带动产业转移与市场集聚，为沿线区域带来新的变革。高速铁路沿既有的区域核心或重要节点城市进行选线建设，不仅满足了城际间旺盛的交通需求，还产生了吸引周边地区生产要素向沿线或节点城市流动的集聚效用。就产业结构而言，一方面促使产业向综合方向演变，取长补短，相互融通；另一方面进一步推动传统城市实现产业结构转型。

正所谓中国高铁拉动着一条条经济长龙，产生的互联互通效应疏通着区域经济的脉络，所带来的经济拉动效用是巨大的，呈现着点面结合、涟漪扩散的影响效果。现今中国东部、中部、中西部地区大多数城市已通过"四纵四横"高速铁路网连接起来，高速铁路推动着这些地区的经济格局重新调整，直接带动周边城市经济转型和发展；珠三角、长三角、环渤海三大经济圈受益于高铁光芒的照耀，焕发出新的勃勃生机。高速铁路已成为中国区域经济发展的新引擎，推动着区域经济间的协同发展。

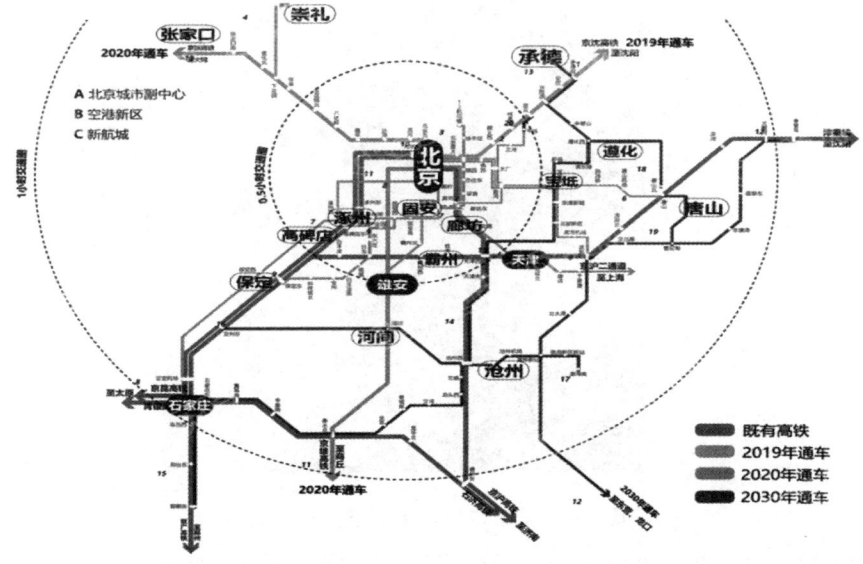

图 1-15　北京 1 小时高铁交通圈

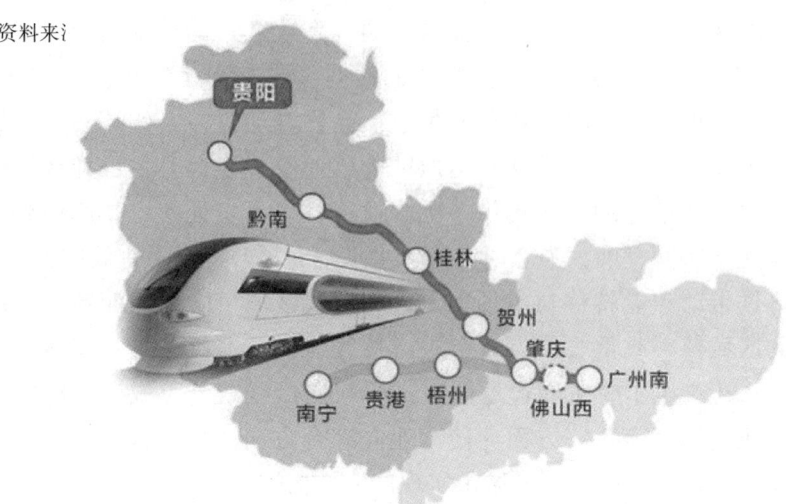

图 1-16 粤桂黔 4 小时高铁经济生活圈

资料来源：http://www.sohu.com/a/163319106_394134。

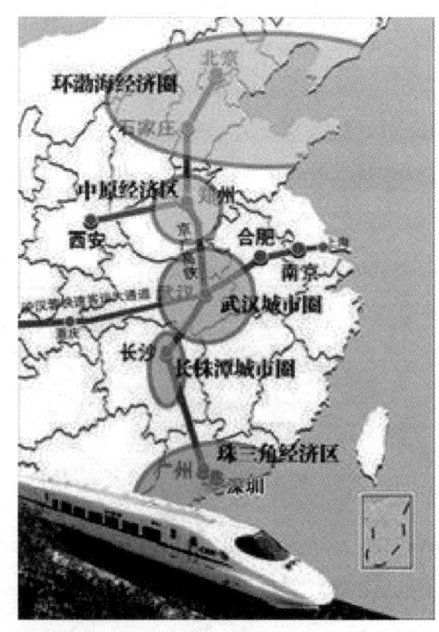

图 1-17 京广高铁串链五大经济圈

资料来源：http://hb.sina.com.cn/city/csgz/2012—12-17/111539862.html。

四、拓展交通经济时空域

高速铁路引发的时空变化，让人们的经济观念随之得到重新梳理，当今科学技术水平快速发展也在不断提升交通通道的功能和拓展交通经济的时空域，进而令人们的生活面貌彻底改观。与此同时，正是高速铁路所提供的规模化快速出行交通方式赋予其无可比拟的竞争优势，使其在交通领域占据高位，大幅提升了市场对高铁客运的需求，高速铁路这一明星产品使铁路客运市场得以不断拓展，焕发生机。其经济逻辑在于高速铁路的鲜明特点是其满足了之前交通出行需求的市场空白，即"规模化快速交通出行需求"。我们可采用"交通需求色谱"图来阐释高速铁路为何受到市场青睐的经济逻辑机理。"交通需求色谱"图描绘了中长距离客运交通市场的不同需求层次，速度与距离、时间与价格影响着旅客的交通出行需求。高速铁路的出现填补了公路、普速铁路和航空未能满足的出行需求的空白，不仅拓展了交通意义上的时空域，还提供了极大的普惠价值。关于高速铁路的普惠价值，还将在后文详细阐释。高速铁路的便捷性与舒适性超过传统公路运输、普速铁路，价格低于航空运输，兼具时间和成本节约的优势。可见，高速铁路地出现在体现规模效应的基础上满足了乘客多样化、个性化的需求，填补市场供给的空缺，使越来越多的人将高铁出行作为首选。

就交通运输业的经济效益而言，运输时间越短，流通时间越短，资金周转越快，经济效益越大。高速铁路对国民经济发展具有显著的正外部效应，表现为有助于促进地区经济开发、工农业生产发展以及人民生活改善等。高速铁路的开通运营极大缩短了沿线各地的旅行时间，推动了"小时经济圈""同城效应""区域经济一体化"等经济社会生态的显现。除此之外，高速铁路帮助物流行业迈入"高铁时代"，推出高铁快运业务，极大地促进了快递物流的发展。高速铁路同时也对整条产业链上所涉及的相关产业都带来极大的支持。高速铁路的时空互动效应不仅在一国内拉动沿线城市、区域及欠发达地区的经济发展，同时也跨越国界，在国与国之间更为广泛的时空域产生经济联动作用。

围绕可持续发展方向，中国高铁的发展范式是由理念、需求、速度、技术及融资五个要素构成的集合和运作模式。高铁的理念源于满足需求，需求呼唤高铁提速，同时传导普惠价值；速度依靠技术创新，自主创新奠定基石；融资提供经济支撑，经济可持续是支撑高铁基业长青的本源。这些要素相互促进、相互作用,形成孕育高铁可持续发展的土壤,中国高铁将继续在这片土壤中勤耕耘,深扎根,长茂叶,结硕果,沿着高铁可持续发展之路努力奋进,引领需求,稳步向前。

五、高速铁路带来居民生活与思维方式的变革

高速铁路变革了人们的出行方式,以及对"时间"和"空间"的感知。高速铁路的开通极大地提高了沿线地区的可达性,促进了人口流动,并由此影响沿线居民的工作和生活居住观念,同时也提升了沿线城市居民的生活水平和生活品质。

高速铁路对时空的压缩效应表现为"职住"分离现象增多。一方面,高速铁路的开通会改变人们的就业观和择业观,区域可达性的改善为人口自由流动创造了便利条件,以往因交通限制而不能自由流动的劳动者们为此有了更多的就业选择。另一方面,高速铁路的开通也会吸引更多的企业落户沿线地区,使沿线就业群体可以选择就近择业,降低传统的远距离就业带来的额外成本。以高速铁路为基础的"高流动性"背景下,"职住不同城""双城"家庭数量不断增加。高速铁路也增加了家庭在城市之间迁移的可能性,具有就近(大)城市流动的特点。

"多城记"的生活模式,异地工作、异地消费、异地置业、异地婚恋、异地求学都成了寻常生活的组成部分。从北京中心向外蔓延的铁轨穿过三环、四环、五环,向外延伸。北京南到河北廊坊,高速铁路耗时仅21分钟,北京西到涿州东也仅26分钟,这样的通勤时间造就了大批每日"跨省上班"的工薪阶层。夫妻往返北京与廊坊,每月成本2 600元,低于租房价。高速铁路如同一条纽带,将难以数计的工作岗位和家庭生活连接起来。

高速铁路改变了居民出行方式的选择。高速铁路的快速、便捷和舒适性都超过了公路交通,安全性也不亚于航空,据调查,在200公里至1 000公里的距离范围,高速铁路出行成为很多人的首选。与普速铁路相比,高速铁路节省了旅客大量的时间成本,成为对出行时间有较高要求的旅客的选择。与航空相比,高速铁路票价更低,以"门到门"时间相比较,高速铁路的优势主要集中在中短、中长距离范围。中国高速铁路不仅会改变中国民众的出行方式,同时也会改变他们的行为观念。在中国一线乃至二线大城市,城市交通拥堵形成顽疾,造成了大量的时间损失,令人苦不堪言。城际高铁"公交化"与城市轨道交通相衔接,既实现了区域间便捷、高效、环保的交通方式

出行，又有助于消解城市交通拥堵和空气污染。更重要的是，习惯于乘坐快捷环保的公共交通工具的同时，人们也在潜移默化地改变着自身的行为与观念，将更趋环境友好，乐于融入与自然环境的和谐之中。

图 1-18 《收获》：京广高铁

资料来源：摄影徐刚；中国铁路北京局集团有限公司融媒体中心。

图 1-19 《古城新韵》：京津城际高铁穿越北京城区

资料来源：摄影徐刚；中国铁路北京局集团有限公司融媒体中心。

第二章 高速铁路：速度发展传播普惠价值

高速铁路以其高运行速度，打造出一种便捷、安全、舒适和高效的运输方式，为现有交通运输体系注入新的活力，并成为现代社会的一个重要标志。交通位移的特征体现为速度，为此可通过"交通需求色谱"图来形象地描绘中长距离客运交通中旅客对时间的偏好所反映出的不同需求层次，便于我们理解旅客出行需求伴随速度增加发生变化的特点，帮助认知高速铁路是为满足什么样的需求才问世的。"交通需求色谱"的两端分别表示低端需求和高端需求，低端需求表现为大规模低速度的出行方式，如普速铁路或公路交通客运，高端需求则表现为小规模高速度的出行方式，如航空客运。而居于中间的过渡区域则覆盖了既要求相对规模又要求较高速度的出行方式，亦即快速规模化的出行需求，高速铁路的出现正是顺应了这部分出行需求，填补了"交通需求色谱"中介于普速铁路（价格敏感）与航空（时间敏感）之间的中间层次的需求空白。高速铁路基于大幅速度提升、便捷安全出行，极大地提高了铁路运输服务的品质和市场竞争力，同时也对世界各国经济、社会、科技的发展以及民众生活产生了巨大而深远的影响，在令众人感受其普惠价值的同时，展现出其惠至与民的精神风貌，泽被后世。

高速铁路传播普惠价值

就交通方式而言，不同的交通方式所提供的公益价值和时间价值是不同的，它们的公益价值表现在为满足社会公众的出行需求提供可供分享的公共交通工具，而其时间价值则表现为经过同样远近的旅程所能节省的时间长短。如前所述，高速铁路填补了介于价格敏感和时间敏感之间的过渡需求层次的供给空白，意味着其满足的交通出行需求具有同时对价格与时间都相对敏感的特征，那么，这与传播普惠价值存在什么样的内在逻辑关系？

一、高速铁路的普惠价值：公益价值与时间价值交融

就铁路客运而言，其公益价值表现在为满足社会公众的交通出行需求。一般而言，铁路客运服务的公益价值相对比较突出。许多国家政府为了让更多的民众和国民经济受益，会向消费者提供部分廉价铁路运输产品。高速铁路同样具有为大多数民众提供规模化公共交通服务的功能，为此也具有一定的公益价值。

时间是一种资源，它具有经济价值，是因为任何一种经营活动都需要消耗时间，消耗的时间越短，意味着能够利用节约的时间获取额外经营活动带来的效益增量。对于高速铁路的旅客来说，乘坐高铁出行可以节约时间，这样可以有机会利用节约的时间创造更多的价值，也就是说时间价值的创造体现在出行时间的节省上，因此，若将单位出行时间予以货币化度量，则表现为出行所占用时间的货币价值。

高速铁路的普惠价值则体现在它兼顾了公益价值与时间价值，两者价值重叠交融提升了旅客服务价值。结合高速铁路快速规模化的交通服务特征，就其带来的时间价值而言，更具意义的是给大多数旅客群体带来了普惠价值，这是因为与乘坐飞机相比，乘坐高速铁路受益于时间价值的旅客数量要大得多的多。从这一点讲，高速铁路为旅客带来的时间价值含量从规模上远胜于飞机航班，这就是高速铁路的普惠价值之魅力所在。

二、交通需求色谱——价格与时间的选择

一般而言，市场需求可分类为基本层次、中间层次和高端层次需求。基本层次需求是价格敏感型，消费者只关注满足其需求的必需要素，相应的产品更趋市场竞争性；高端层次需求是品质（时间）敏感型，与价格相比，这类需求对品质（时间）满意度更为敏感，消费者不仅关注必需要素，还倾向于关注附加值要素，他们愿意为产品和服务的附加值买单，相应的产品和服务更趋差异化；中间层次需求介于两者之间，属于过渡层次。交通需求色谱图描绘了中长距离客运交通市场的不同需求层次（如图 2-1 所示）。可以看出，高速铁路位于交通需求色谱的中间区位，兼顾了公益价值与时间价值，其票价表现为中等票价（相当于航空票价的一半），公益性价值是因为高速铁

路满足的交通出行是面向规模化客群的,与此同时,因为高速节约了时间,对于旅客来说又具有时间价值。交通需求色谱的中间过渡地带(高速铁路)位于普惠价值的范围内,也是因为高速铁路所填补的中间层次需求的供给空白面向的是一大批公众。

交通运输产品	水运	公路	普速铁路	高速公路	高速铁路				航空
产品层次	低端			中端					高端
用户需求层次	基本需求			适度多样化需求					个性化需求
速度(km/h)	40	70	100	150	200	250	300	350	500—800
时间敏感	低时间价值	低时间价值	低时间价值	中等时间价值	中等时间价值	中等时间价值	中高时间价值	中高时间价值	高时间价值
价格敏感	低价	低价	低价	低价	中等价格	中等价格	中等价格	中等价格	高票价

图2-1 中长距离客运交通需求色谱

对于中长距离客运而言,高速铁路的舒适性、便捷性都超过了传统的公路交通、普速铁路,安全性也不亚于航空,所以在中长距离客运交通需求色谱中,高速铁路出行成为很多人的首选。与普速铁路相比,高速铁路节省了旅客大量的时间成本,这更容易吸引对出行时间有较高要求的旅客。与航空相比,高速铁路票价低,准点率高,并且机场大多位于郊外,高速铁路的优势主要集中在中短、中长距离运输以及减少因航班延误等原因造成的时间和经济成本。

通过对京广线上的高速铁路旅客进行问卷调查,分析结果显示,主动选择高速铁路的旅客属于中等或偏高消费层次的旅客,这一类旅客注重交通出行的快捷性、舒适性、安全性、准点率等因素。在旅客选择出行方式主要考虑的因素方面,自费与公务旅客略有不同,但并没有太大的差异(如图2-2所示)。[①]

对于不同支付方式的旅客,就其选择出行方式时主要考虑的因素对比可知,自费或公务出行的旅客对出行考虑的因素略有不同倾向。自费支付的旅客对于票价水平、舒适程度、服务质量、安全系数更关心,而公务支付的旅客则更关心出行方式的旅程时间、准点率及出发与到达时间是否合适。研究结果也间接体现了不同类型旅客乘坐高速铁路的目的,自费支付的旅客出于探亲访友、度假旅游的目的对于价格更敏感,而公务支付的旅客更看重高速

---

① "高铁定价机制研究——成本、社会经济效益、乘客时间价值三维视角"研究报告,北京交通大学。

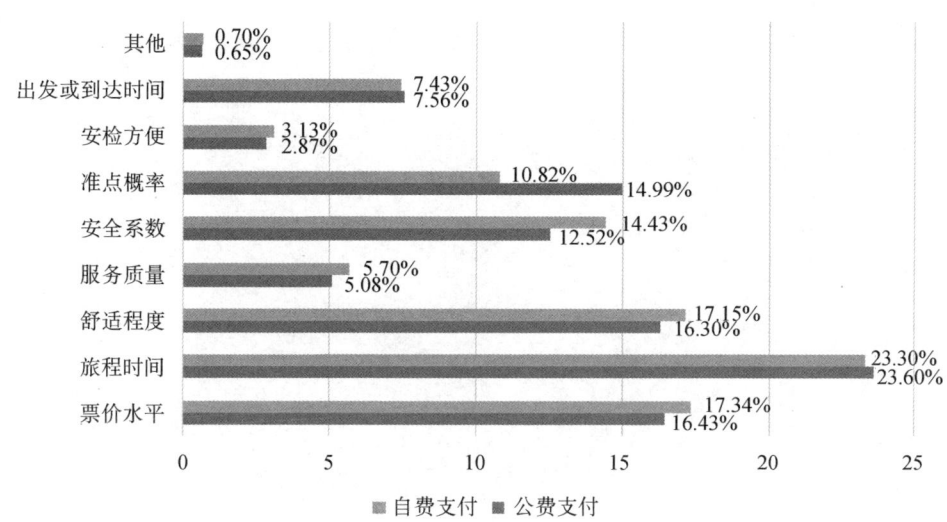

图 2-2　京广线高速铁路自费/公务旅客主要考虑因素分布对比

铁路准点到达的特性及适宜的出行与到达时间,其对价格的敏感性相对较弱。关于高速铁路的经济抉择问题,即速度—成本—时间价值之间的平衡,还将在后文详细阐述。

三、高速铁路时间价值——普惠大众交通出行

高速铁路为现代生活方式带来新的变化元素,其鲜明特征在于对大众交通出行极具普惠价值。高铁的速度优势为旅客带来时间价值,产生的时间节约效用能够诱发更多对高铁的交通需求。在缩短旅客在途时间的同时,这种时间节约效用可以为大众旅客创造普惠价值。

首先,高铁的开通使得衡量空间的远近由距离转化为乘坐时间的长短,打造了"小时经济圈"。例如,北京距离上海1 463公里,相比高铁建成前人们需要乘坐约一整天时间,现在用5个小时即可完成这段旅程,如图2-3所示描绘了从北京出发乘坐高铁到其他各地所需时长。高速铁路的本质在于提高行驶速度带来运载能力的大幅度提升,时间节约的背后是经济交流、生活交流、信息交流成本的缩减所带来的巨大价值。高铁开通后,城市与城市之间容纳的进出客流达数十万人次,人们往返于不同城市间,其消费、工作、休闲以及庞大的运输流构成了"小时经济圈",高铁在方便人们出行的同时带来了巨大的社会经济效益,普通民众真实体验到了高铁带来的普惠价值。

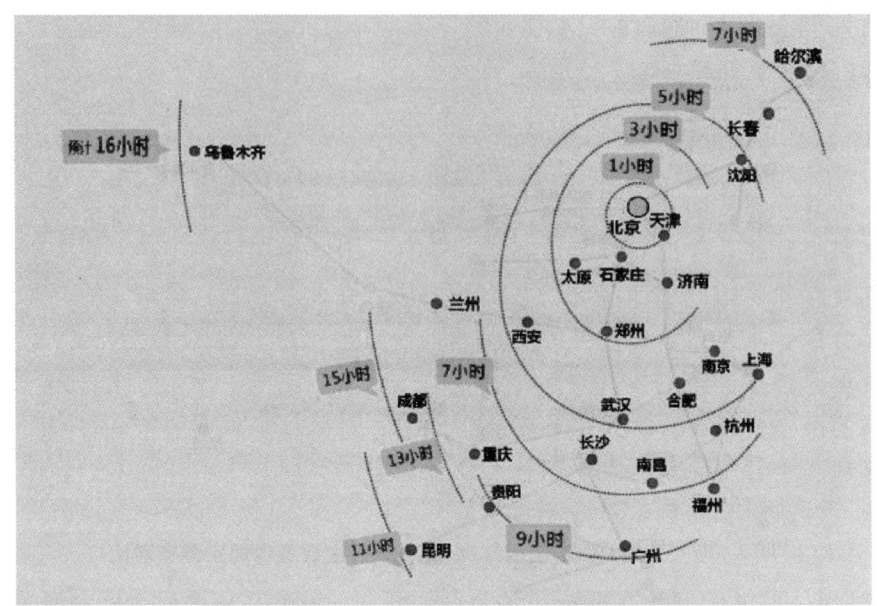

图2-3 从北京乘坐高铁到各地所需时长示意图

资料来源：http://mini.eastday.com/a/171030111606216.html。

其次，与航空客运不同，高铁的普惠价值还体现在极大地满足了多数人群的出行需求，满足快速规模化交通需求乃是高铁普惠价值的核心内涵。凡是乘坐高铁的旅客都能体会到出行的极大便利，不仅体现在高铁的准时抵达性可避免公路交通拥堵或航空管控滞留带来的焦虑以及造成的不便，还体现在高铁的快速性带来更多的时间自由。高铁将越来越成为人们日常生活中不可分割的一部分。高铁的时间节约特性也在改变着人们的"时空观"，有越来越多的人选择"职住分离"的生活方式，跨区域、跨城市出行的频率大大增加。如京津城际高铁的开通，为人们提供了居住天津而工作在北京的选择，既可以避免北京的高昂房价又能得到较实惠的薪酬，同时两城市的紧密结合促进了两者经济协同发展和居民生活水平的提升。

此外，高速铁路的普惠价值，在便捷出行上体现尤为显著，使得"说走就走"的旅行成为可能。人们一年一度回家过年探亲的习俗，也由此变成周末小长假"常回家看看"的习惯。中短途高速铁路沿线居民甚至可以在几个小时内实现往返，这大大转变了以往借助节假日回家探亲和外出旅游的传统观念，仅利用周末时间就能实现探亲访友和旅行活动。此外，沿线城市间的高铁运营越来越趋于"公交化"模式发展，其普惠价值进一步扩散，使得人们的活动范围及资源配置和利用范围拓展到城市群。

高速铁路的又一普惠价值，表现为其快速的客运能力显著地缓解了春运压力，满足了中国需要短时间内实现大量人力物力运输的需求。最具代表性的是每年一度的春运，长期以来一直是疲于应对的难题。以往铁路部门一直采用积极组织加开临客的方法来缓解春运压力，如今情境大为改观，高速铁路速度快、开行对数多，大大缓解了春运压力，同时又提供了更为舒适安全的旅途服务。

图 2-4　高铁"和谐号"春运蓄势待发

资料来源：摄影汪旭光；中国铁路北京局集团有限公司融媒体中心。

高速铁路贡献社会效益

高速铁路大大缩短了沿线的旅行时间，衍生出了"小时经济圈""同城效应""区域经济一体化"等社会经济特征。高速铁路基于速度大幅提升为社会民生带来了诸多普惠价值，对于城市群的融合、推进沿线旅游业及相关产业发展、推动沿线城市及周边区域的经济社会发展等起到了极大的促进作用，同时也促进了国际经济融合。中国高速铁路对民众生活和社会发展产生了深远的影响，带来居民生活与思维方式的变革。

一、高速铁路"小时经济圈"效应——推动城市经济、空间格局融合发展

速度带来的时间价值形成小时经济圈。"小时经济圈"是指以核心城市为

中心,在交通一小时可通达的范围内,形成的具有明显聚集效应和经济竞争优势的地区。图2-5展示了以北京市为核心的京津冀"小时经济圈",除此之外,还有以上海市为核心的长三角"小时经济圈",以广州市为核心的珠三角"小时经济圈"等。

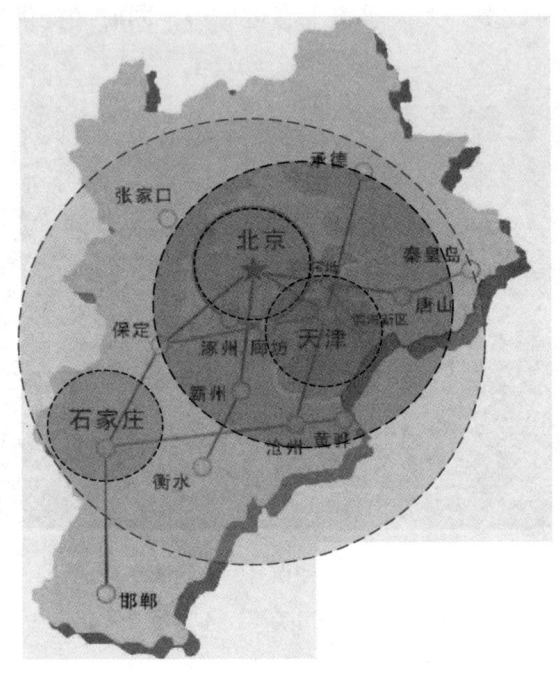

图2-5 京津冀"小时经济圈"

随着高速铁路(包括城际铁路)的开通,中国各城市之间的时间距离普遍缩短为1小时之内,例如京津城际高速铁路使两城间的旅行时间稳定而又安全地缩短至半小时。交通的便捷推动了区域融合、空间重塑,区域、城市内外的经济要素得以实现空间再分配。高速铁路的建设与开通衍生出沿线城市的串联经济效应,形成了"1+1>2"的规模经济效应。这一新格局将对中国经济发展产生深远的影响。

从城市发展视角来看,高速铁路建成运营后带来客流量增长,从而带动沿途城市的经济发展,加速城市之间的人员、资金、信息、技术要素的流动,并促进它们在地域空间的分配;从区域经济视角来看,高速铁路的引入给区域带来新的发展功能,推动区域经济发展;从产业结构视角来看,高速铁路建设强有力地拉动建筑工程、钢铁、水泥等行业的发展,其带动效益同时辐射交通装备制造业、通用、专用设备制造业,通信设备、计算机及其他电子设备制造业;更为显著的是还有效拉动了第三产业的发展,如旅游业和房地产业是典型的代表。

高速铁路新速度，旅游新时代，旅游业昔貌换新颜。旅游业的发展逐渐成为中国国民物质生活日益丰富，生活水平日益提高的一种表现形式，而交通环境的发展一直是影响旅游质量的一个重要因素。高速铁路的出现，不仅极大地加速了客流流转，节省了旅客的在途时间，同时也将影响旅游市场的格局。一些因为交通不发达而被冷落的景区，受益于高速铁路开通而逐渐成为新兴的热点景区。例如，京津城际高速铁路，将商务游、会展游和观光游更好地融为一体，通过两条钢轨串联北京市和天津市，对天津市旅游业具有长远的影响。据天津市商务委的调查显示，京津城际高速开通后，从北京前往天津旅游的人次比高速铁路开通前增加了三成，天津市古文化街的日客流量达五六万人次，节假日能达到十五六万人次，比京津城际高速开通前增长了13%。[①]

高速铁路开通令房地产业今非昔比，表现在人口与经济活动向沿线城市规模化集聚。从经济成本角度考虑，由于城市中心与高铁站形成的副中心及郊区的地价差，人口向副中心及郊区的转移会引起城市地域的大幅度拓展，高速铁路带来交通便利促进了沿线地价的增长。此外，跨城市的通勤就业已成为一种常态的就业方式。一方面，高速铁路为城市群内跨城市通勤就业创造了条件；另一方面，大城市的产业不断向周边城市转移推动了跨城市的通勤就业。例如，京津城铁高速带动了北京永乐店镇、天津武清区和北辰区等地区房地产的发展。在北京上班，到天津买房居住。今后，交通便捷可能会为更多的人提供尝试这种生活方式的机会。

高速铁路在很大程度上促进了其他相关产业的发展，使其受益匪浅。2016年，中国铁路总公司正式推出高速铁路快运业务，标志着中国物流行业步入了高铁时代。此外，高速铁路发展引发了相关产业对新材料、新技术、新工艺的开发及应用，这将有助于这些产业围绕高、中、低端产品的比较优势进一步分工，在总体上加大技术密集型和资本密集型产业的比重，淘汰落后产能，使这些相关产业在产品结构、要素投入结构、技术结构、组织结构甚至产业链结构上都得到调整和优化。因为高速铁路的整个带动，区域板块的变化会衍生出新的基础产业和新的经济增长点。

---

① 世界高铁看中国 https://www.guancha.cn/indexnews/2010_12_16_52247.shtml。

二、高速铁路促进"城市群融合"——驱动城市与区域发展格局变革

高速铁路的开通大幅压缩了时空距离,促进了沿线城市群融合、周边地区社会经济繁荣,从更高层次推动了沿线区域城市社会经济格局的演变发展。如图2-6所示,展现了中国各区域板块的高速铁路城市群,通过高速铁路这一网络纽带,将这些城市群联通起来。高速铁路如同中国城市群肌体的一条条大动脉,不断输送血液和营养,养护着肌体的健康运行。

高速铁路兼具高速度和规模化运输能力,使区域间承载的人口流动速度与规模不断增大。这一变化,一方面为一线城市向周边城市的人口和产业转移提供了交通便利条件,从而构筑起真正意义上的城市群工作和生活空间;另一方面,极大地促进人口从三四线城市向省级中心城市转移,从而出现更多具有人口规模优势的二线城市。这一聚一散改变了整个城市的发展格局。对于一线城市而言,高速铁路进一步增强城市的溢出效应,缓解市区人口和产业发展压力。同时由于运输时间缩短和成本降低,延伸了城市的发展边界,带来的溢出效应将促使一线城市周边沿线中小城市向副中心城市发展,同时将促进沿线地区新兴城市群中心城市的人口增加。

高速铁路将城市连通起来,有了高速铁路线的串联,城市之间可以更好地按照各自的比较优势配置资源,发挥城市集聚的综合优势;同时,也可以增强相互之间的分工合作,缩短不同经济区或经济带的差距。城市群是区域社会经济发展的中心,存在旺盛的运输需求。大流量、高强度、出行时间集中的交通需求分布于城市群内部和不同城市群之间。现有的公路、航空、水运等交通运输基础设施远不能满足中国城市化的要求。高速铁路建设和规模化运营,缓解了中国经济发展中长期存在的运能与运量之间的矛盾,实现了人口流、物流、资金流、信息流和技术流的高效流动,推动了城市群的发展,推动了区域发展格局的变革。

三、高速铁路"同城效应"——催化区域经济"一体化"

高速铁路对促进中国沿线区域经济发展的联动效用主要体现在"线"与"区域网"贯通的特征效用,"线"即大长干线,其效用主要体现在区域"一体化"的加强,"区域网"即"公交化"干线,效用主要体现在"同城化"

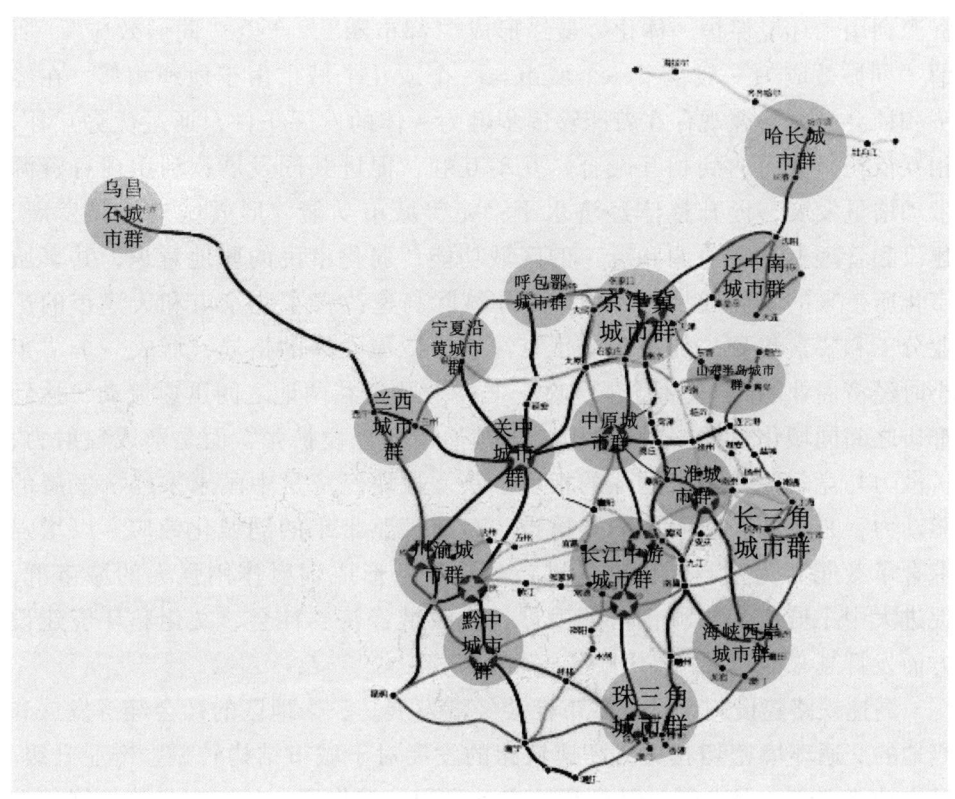

图 2-6 高速铁路城市群

注：根据相关资料整理。

趋势的加强，两者联动作用，形成了区域经济"一体化"态势，表现为一个个地域特色鲜明的"同城效应"经济圈。

高速铁路长大干线的开通，大大缩短了沿线各区域间和城乡间的时空距离，驱动区域经济"一体化"，促进区域间、城乡间尤其是人才、信息等要素的快速流动，带动了相关产业由经济发达地区向欠发达地区的转移，增强城市外区域的"造血"功能，促使区域经济趋同效应显现，体现为高速铁路的"一体化"效应。区域经济一体化是国际经济发展的大趋势。高速铁路的发展大大缩小了各地之间的距离，加快了中国区域经济一体化的发展。例如，京津城际高速铁路全长113.54公里，30分钟即可实现两地间直达；武广高速铁路开通后，武汉到广州运行时间缩短至3小时12分；京沪高速铁路1 318公里，全程只需5小时。城市之间距离的缩短加快了城市之间人员、资金和货物的流动，促进了城市之间和区域之间交通基础设施一体化的形成，进而带动产业布局一体化、市场一体化、城乡建设一体化、资源利用和环境保护一体化，最终形成"都市圈"，产生"同城效应"。所谓"同城效应"一般是指一个城市与一个或几个城市由于地理相邻，在经济和社会等方面客观存在着能够逐步融为一体的发展条件，通过优势互补、相互依托，从而达到相互融合、互动互利，促进共同发展；利用现有资源带动增量发展，提升整体经济水平；完善城市功能，形成城市间在发展、建设和管理上高度协调和统一的区域功能，弱化市民的属地意识，共享城市化所带来的发展成果。例如，京津城际高速改善了北京市和天津市的产业分工和要素集聚，加快改变了京津城市区域发展的格局，形成一个"半小时经济商业圈"，使资金、人才、技术、物资在两地之间迅速流动，达到都市之间同城化效益。"同城化"不是简单的规模扩张，而是形成辐射力、扩散力与竞争优势越来越强的板块经济。板块经济是中国未来经济发展的驱动力，是区域经济发展的支撑点。高速铁路带来的同城化效应，以增强综合承载能力为支点，以特大城市为依托，形成辐射作用强大的城市群，促进大中小城市和小城镇协调发展，在区域经济、社会、文化和环境建设方面发挥越来越重要的作用。

高速铁路建设刺激沿线城市社会经济发展。一个地区的社会经济发展和当地的交通环境密切相关，高速铁路的发展对于城市结构转型、产业升级、城市功能完善、促进产业聚集都具有重要的推动作用，是城市经济发展的催化剂。高速铁路迅速缩短了两个城市之间的距离，淡化了城市间的差别，为众多企业调整经营布局提供了更多的选择。例如，企业总部和研发中心留在核心城市形成较强的人才优势和研发优势，同时将生产部门转移到沿线周边城市，一来可以降低企业成本，二来形成区域服务业和制造业集群，带动沿线城市的经济发展，促使区域经济的产业升级和转型，加速了区域间社会经济的深度融合。

高速铁路创造了环渤海、长三角、珠三角三个城市群的轨道交通网，引发了各个区域经济的重组，带动周边城市经济转型，成为中国区域社会经济发展的新引擎。高速铁路推动房地产、旅游、商业、物流业等相关产业的发展，加速区域经济的产业格局变革，缩小了区域间的社会经济差距。如在京沪高铁建成通车后，沿线站点争相打造与北京、上海同城化的品牌。苏州城北的以阳澄湖大闸蟹闻名的相城区，抓住机遇打出高速铁路"换乘中心"之牌，规划建设了金融、商务、住宅为一体的"高速铁路新城"。得益于高速铁路，从该城区到上海车程只有20分钟，实现了部分人"在上海工作，在苏州生活"的梦想，而迅速成为被高楼价所困扰的上海年轻白领的新选择，由此也推升了当地楼价迅速飙升，而且带动附近二三线城市的楼价不同幅度的上升。[①]

高速铁路发展对客流范围的影响加速了城市间的优势互补，提升人力、技术、物资等资源的交流速率和频次，以强带弱，扩大城市间的融合。从长远角度思考，高速铁路带来的不仅是经济总量的增长，它能对整个经济体的发展方式带来基础性的变革。高速铁路以其高速度著称，能大幅拉近大城市之间的距离，增强沿线地区城市吸引力。从单条高铁线路的经济拉动作用来看，高速铁路有利于优化沿线地区的资源配置，带动沿线产业发展。从多条高铁线路构建的高速铁路网对区域经济的影响来看，高速铁路有助于将临近城市连接起来，构成跨区域的城市经济圈，从而改变人口和资源过度向大城市集中的格局，促使资源合理流动，推动区域和城乡协调发展。

案例2-1 京津城际高铁"公交化"便捷城际间出行

所谓高速铁路"公交化"，是指在一定的客流量下，在经济较发达地区，其客运按照公共汽车的运行模式开行，即高密度、高速度、小编组的高速铁路运行模式。高速铁路"公交化"主要与车次数量、平均发车间隔、车次分布均匀程度、全天运行时长及平均行驶时间五个因素相关，目前，全国高速铁路"公交化"程度最高的是北京—天津、长三角城市圈（以沪宁杭沿线为主）以及广州—深圳。

2008年8月1日，作为中国第一条设计时速350公里的高速铁路——京津城际高速正式开通运营，为服务北京奥运会、推动京津冀协同发展、助力区域经济社会建设发挥了重要作用。据北京铁路局数据显示，京津城际自2008年开始运行以来，累计安全运送旅客2.5亿人次。10年来，京津城际旅客运量快速增长。京津城际开通伊始全年发送旅客656.6万人，日均1.8万人乘车；2009年发送旅客1 456万人次；2018年上半年发送旅客1 643.1万人次，日均运送旅客4.9万人次，客流高峰时，京津城际日均可运送超8万人次。每日开行列车数量持续增加，据统计，从2008年的47对动车组增加至2018年的108.5对，增幅达130%，如表2-1所示；日载客能力从最初的28 059人/日增加至78 207人/日；发车间隔也逐渐缩短至平均不到10分钟，

[①] 蒋吉德、彭峰、卢朝："论我国高铁建设给区域经济带来的机遇与挑战"，《广西大学学报（哲学社会科学版）》，2011年S1期，第8—9页。

最短发车间隔时间达到3分钟，高密度的运行模式方便旅客可以随到随走，便利感如同在市内日常交通出行一样。京津城际高速已经成为往来京津两地旅客的出行首选。

表2-1　　　　　　　　　　京津城际铁路日发车量变化

年份	日期	更改情况	日发车量/对	增长率
2007	4月18日	原有京津铁路情况	12	—
	7月24日	原有京津铁路情况	22	0.83
2008	8月1日	京津城际铁路开通	47	1.14
	9月14日	增开列车	57	0.21
2010	6月13日	增开列车	60	0.05
2012	7月1日	增开列车	65	0.08
2013	12月28日	增开并增加重连列车	74	0.14
2018	8月1日	增开并增加重连列车	108.5	0.47

数据来源：北京市铁路局统计年鉴和网上统计。

京津城际的开通，不断促进了两地区域社会经济的发展。京津城际以"大运量、高密度、公交化"的运输组织模式，为广大民众提供了快速、便捷、安全、舒适的旅客运输服务，30分钟的运行时间，缩短了旅途时间，拉近了空间距离，产生了巨大的时间价值，构建了城市间"半小时交通圈"，加强了两地人员往来，加速了区域经济一体化进程。北京市、天津市的GDP在2008—2018年期间持续增长，增长变化幅度如表2-2所示。地区生产总值处于稳步上升趋势，北京市在2009年、2010年的增长幅度分别为9.34%、10.2%；天津市在2009年、2010年的增长幅度分别为11.93%、17.4%。可以看出，得益于京津城际，天津市发展速度相比于北京更快。

表2-2　　2008年至2018年北京、天津市突出经济指标的变化统计表　　单位：亿元

年份	2008	2009	2010	2011	2012	2013	2014	2015	2016	2017	2018
北京市地区生产总值	11 115	12 153	14 114	16 252	17 879	19 801	21 331	23 015	25 669	28 015	30 320
天津市地区生产总值	6 719	7 522	9 224	11 307	12 894	14 442	15 727	16 538	17 885	18 549	18 810

数据来源：《中国统计年鉴》。

便捷的城际高铁对京津两地的社会经济拉动作用十分显著。2008年开通以来，天津站和北京南站附近的房价大幅上涨，天津市的房地产、物流、旅游等

行业发展迅速。例如,天津房地产市场总交易量的 30% 来自外地买家,其中超过一半来自北京。在对产业结构调整方面的促进作用中,京津城际高速对区域间旅游业的带动作用效益十分显著。天津市商务委的调查显示,京津城际铁路开通后,从北京前往天津旅游的人次比高速铁路开通前增加了三成。

此外,京津城际高铁还催生了武清这座"高速铁路拉来的新城"。天津武清站作为京津城际唯一的经停站,日均发送旅客由 2008 年的 366 人增加至 2018 年的日均 1 万余人,增幅近 28 倍;经停列车也由 8 对增至 23 对,单日最高发送量为 1.6 万人;共计发送旅客 1 218.5 万人。①"佛罗伦萨小镇"成为京津地区居民的购物中心,完美融入京津 1 小时经济圈,带动武清发展。

案例 2-2 杭温高速铁路打通区域经济脉络

杭温高速铁路线路全长约 331.3 公里,途经杭州、金华、台州、温州等 4 市 9 县。改革开放以来,浙江省以"轻、小、私、加"起步,工业经济快速增长,由一个"资源小省"成长为"经济大省"。究其原因,还是得益于浙江省在经济发展道路上找准②了比较优势,打造了竞争优势,构筑了产业优势。特别是浙江省的"块状特色经济"尤为突出。义乌的小商品、柯桥的轻纺、萧山的轴承、东阳的木雕、横店的影视等等都在全国具有很高的知名度和美誉度。但是,浙江省人多地少、资源匮乏的要素制约和生产粗放、产业定位偏低的发展困局,长期以来一直掣肘浙江省的经济发展。杭温高铁的开通进一步串联了浙江省"块状特色经济",促进产业向沿线地区转移和布局,辐射周边特色产业集群,带动沿线地区经济社会发展,加快形成与新型城市化相适应的经济布局和发展方式,推动县域经济向城市经济转型,推动以现代工业、现代农业和现代服务业为核心的现代产业体系的构建。

杭温高速铁路通过与沪杭高速铁路、宁杭高速铁路、商合杭高速铁路、沿海铁路等路网相衔接,一方面实现浙江省内杭州、温州、金华—义乌三大都市区的"小时经济圈";另一方面也实现长江经济带与海上丝绸之路两大经济发展战略区域(长三角经济区和海峡西岸经济区)间的快速联通,对于提升沿海、沿江发展空间的纵深和拓展,优化配置区域间的资源,实现区域间

---

① 岳阳、李溢春:"京津城际铁路催生高速铁路'中国标准'",《经济日报》,2018 年 8 月 2 日,第 7 版。
② 朱文晶:"城市群空间演化视角下杭温高铁的必要性",《湖南城市学院学报》,2015 年第 6 期,第 37—43 页。

协作发展,保持中国经济持续快速健康发展,均具有十分重要的推动作用。

杭温高速铁路沿线地区虽处于杭州和温州两大区域中心城市的连接地带,但因受交通等因素限制,两大区域中心城市对沿线地市、县市、试点小城市的辐射和带动作用未曾得到充分体现。杭温高速铁路的开通极大地拉近了中心城市与沿线城镇的时空距离,催生"同城效应",增强杭州、温州中心城市的辐射及带动能力。同时,它将温州、义乌两大商贸中心城市与杭州进行连接,并接通沪杭高铁、杭宁高铁等线路,将有助于促进浙江城市群全面参与国家"一带一路"和长江经济带建设。[①]

案例2-3 京沪高速铁路提升苏州魅力

苏州是中国重要的历史文化名城和重点风景旅游城市,是长三角地区经济发展最为活跃的城市之一。京沪高速铁路的开通,使苏州在优越地理环境基础上再添加便捷畅通的交通环境,无疑是如虎添翼。

助推旅游产业更上一层楼。苏州具有"人间天堂"之美誉,是国内外知名的旅游城市。苏州旅游业作为服务业的龙头产业和地方支柱产业,对苏州的酒店、餐饮、交通、商贸、文化产业、娱乐等服务业具有强大的带动作用,对第一产业和第二产业也有明显的促进作用。京沪高速铁路开通后,一方面为更多更远的旅游者到苏州旅游提供便利,同时也为临近城镇的居民周末出行旅游提供便捷条件,极大地刺激苏州旅游业的发展和振兴。[②]

变革人们生活居住的惯常思维。京沪高速铁路对周边房地产的利好不言而喻。京沪高铁通车后,苏州成为上海真正的"后花园"。从上海到苏州,仅需20多分钟,但苏州的房价比上海还是低很多。许多人为此会搬到苏州居住,一些企业总部也会考虑降低成本而迁到苏州。高速铁路带来的便捷交通,可以让许多上海人离开每平方米万元多的楼市,到苏州置业,更多的人可以实现"住在苏州,工作在上海"。

增强苏州人才吸引的磁性。京沪高速铁路有助于高素质人才在环渤海经济圈与长三角经济圈之间更加迅速和畅通地自由流动。现代企业的竞争归根到底是人才的竞争。苏州毗邻长三角龙头城市上海,经济发展突出,城市环

[①] 李微晓:"高速铁路建设的效益分析和发展机遇——以杭温高铁项目为例",《浙江经济》,2017年第8期,第54—55页。

[②] 蔡梦婷:"京沪高铁对沿线城市经济发展的影响——以苏州市为例,《改革与开放》,2011年第10期,第13—14页。

境优美，苏州占经济区位优势，备受资本青睐，自然也是人才向往之地。在苏州工业园区等产业发展水平较高的地区，人才对经济发展的贡献率已经接近甚至超过中等发达国家的平均水平。京沪高铁的开通提升了苏州城市的通达性，这将进一步增强苏州人才吸引的磁性，吸引大量的京沪宁三地高校人才涌入苏州，为苏州城市经济建设提供丰富的人才支撑。

四、高速铁路促进国际经济融合

高速铁路带来的普惠价值也体现在"一带一路"所倡导的互利共赢的普惠之中。高速铁路不仅会大大缩短各个国家间的时空距离，而且会产生巨大的辐射效应，带动建筑、旅游等相关产业促进经济发展和产业升级，实现国际间的互联互通和经济繁荣。

中国高速铁路技术先进、安全可靠、成本具有竞争优势，这是对中国高速铁路竞争优势最凝练的概括。"一带一路"沿线的绝大多数国家都有改造升级本国铁路系统的需求，而中国高速铁路不断缩小与世界顶尖技术差距的同时，拥有技术与价格总体优势。作为世界高速铁路产业冉冉升起的一颗新星，中国高速铁路一直在加快"走出去"的步伐。自 2007 年起，中国高速铁路一直保持高速发展态势。相比日本新干线和德国无砟轨道技术，中国高速铁路相对起步晚，但融合了两国技术，并进行自我革新，组成一套独具特色的世界高速铁路技术与标准。通过对高速铁路技术"引进、吸收、再创新"的发展，中国已经实现了世界最长的高速铁路通车、建设里程。中国高速铁路凭借先进的技术、过硬的质量、合理的价格在世界各国"播种开花"，中泰铁路、中老铁路、泛亚铁路网等铁路交通基础设施建设取得良好成效。通过开展国际合作，推进高速铁路境外项目建设与运营（勘察设计、施工、运营管理）一体化，带动了国内装备技术、行业标准、管理和服务"走出去"的机会，并获得世界众多赞誉与掌声。

案例 2-4　东非蒙内标轨铁路——中国高速铁路影响效应推动技术输出[①]

2017 年 5 月 31 日，全长约 480 公里，连接肯尼亚首都内罗毕与东非最大

---

① 海外首条"全中国标准"国际铁路正式通车 http://news.ifeng.com/a/20170531/5118500 0_0.shtml。

港口蒙巴萨的蒙内铁路正式通车运营。蒙内铁路是海外首条采用"中国标准"进行全面运维的国际干线。蒙内铁路是肯尼亚国家经济发展计划中的一个重要项目,不仅为当地创造大量就业机会,也将带动肯尼亚乃至整个东非地区的经济发展。这条肯尼亚独立以来建设的首条铁路已成为其一张重要的新名片,也将成为肯尼亚未来发展的一个重要范本和推进器。

世界经济一体化发展的今天,交通发展决定着一个国家的经济发展进程和竞争力。蒙内铁路是中国铁路"走出去"首个覆盖全产业链的项目,全面采用中国技术、中国标准、中国装备以及中国运营管理,是中国铁路走向世界的重要一步。这也是互利共赢,共享发展成果。依托蒙内铁路,有利于沿线地区形成肯尼亚重要的经济聚集区,进而形成蒙内经济走廊,对促进肯尼亚进出口贸易的增长,加速东非市场的一体化进程具有极其重要的作用和影响。

案例2-5 中国—老挝高速铁路①

"一带一路"倡议已在中国的东南亚世代邻邦老挝开启了新篇章。作为从中国云南出发、横跨中南半岛、抵达新加坡的长达3 000公里的泛亚高速铁路项目的一部分——中国—老挝高速铁路的建设已经启动,这将成为老挝首条高速铁路。如图2-7所示,展现了泛亚高速铁路规划图,中国—老挝高速铁路位于泛亚高速铁路北半部分的中间线路区段。

中老高速铁路项目将在2021年12月完工,正基本按照预定计划推进。2017年12月21日,连接中老高速铁路的中泰高速铁路也已正式开工。中老高铁成为继印尼高速铁路之后,又一条全面采用中国标准、中国技术、中国装备的高速铁路"走出去"项目。中老高铁将采取特许经营的方式,由中老双方共同成立的合资公司进行特许经营。该合资公司中,老挝铁路公司持股30%,中国磨万铁路公司持股40%,北京玉昆投资持股20%,云南省政府持股10%。高速铁路的开通将拉动老挝经济不断上行,并带来全新的经济模式,从而促进老挝经济全面发展。

(1)高铁大幅提升物流速度,促进货物出口。相对而言,老挝是一个农业大国,蔬菜出口是重要的经济来源,然而受限于交通工具的限制,如今从

---

① "一带一路"带动高铁 极速拉升老挝经济 http://news.ifeng.com/a/20171011/5257258_8_0.shtml。

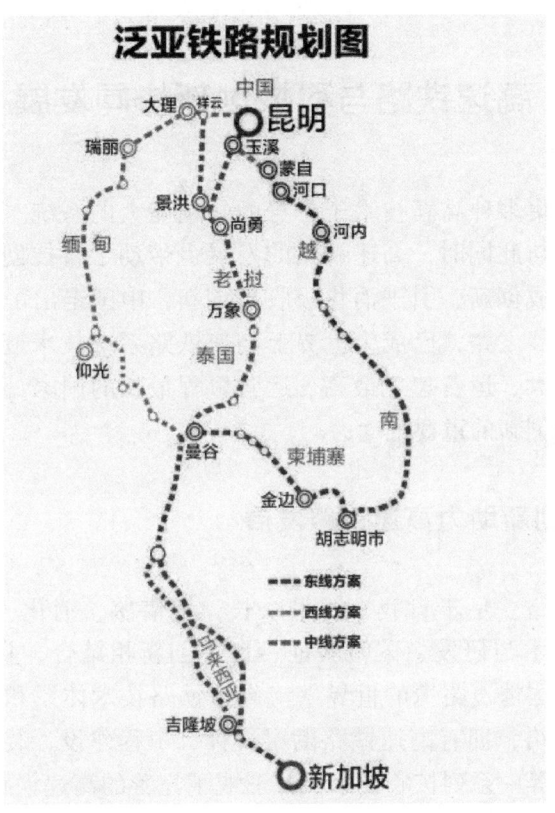

图 2-7　泛亚铁路规划图

老挝到中国尚需要 3 天的时间，会直接导致蔬菜在运输途中腐败损失，因此老挝向中国的出口货品数量非常受限。在高速铁路开通后，三个半小时就能将蔬菜运达中国，保证新鲜度的同时还可节约一半的运费，可谓一举两得，成效显著。其实不仅仅是蔬菜，老挝更多的货品都能够通过高速铁路快速送达中国这个大市场。在老挝生产力得到大幅调动后，中国民众的物质生活也能得到巨大的丰富，实现两国双赢。

(2) 高铁快捷出行，推动旅游经济发展。中老高铁用于客货混跑，以货运班列为主。票价将会控制在目前的长途巴士价格水平，顺应从老挝万象到中国边境沿线的交通需求。由此可以预见，老挝优美的风景和淳朴的民风将吸引大批中国游客。当老挝与中国的经济往来愈发频繁后，老挝有望成为继泰国、越南之后又一个受到中国游客追捧的旅游国度，旅游业也将成为其支柱产业之一。

高速铁路与科技创新协同发展

高速铁路是集多种高新技术于一身的复杂庞大的系统。科技创新助力于高速铁路发展，与此同时，高速铁路的发展也带动了科技创新。通过大力推进原始创新、集成创新、引进消化吸收再创新，中国走出了一条具有中国特色的高速铁路发展之路，已成为世界上高速铁路系统技术最全、集成能力最强、建造规模最大、运营速度最高、运营里程最长的国家，高速铁路也逐渐成为科技进步和创新的重要推动力。

一、科技创新助力高速铁路发展

中国高速铁路立足于自我，博采众长，把借鉴、消化、吸收国际先进、成熟、可靠的技术与研发、试验验证、自主创新相结合，并加以系统集成，形成了符合中国国情、路情的世界一流高速铁路技术体系和世界规模最大的高速铁路运营网络，拥有高速铁路勘察设计、工程建设、装备制造、运营管理以及人才培养等一系列核心技术，并形成了完善的高速铁路技术标准体系，具有完全自主知识产权。

自2004年8月中国全面引进国外高速铁路技术起，2016年8月时速350公里的中国标准动车组投入使用，中国高速铁路先进技术实现了标准化、自主化。在这数年间，中国高速铁路技术创新经历了技术储备、引进消化吸收、自主创新和持续创新四个阶段。中国高速铁路从先进技术的追赶者，变身为先进技术装备的提供者、先进技术的引领者，这一成就举世瞩目，也是中国高速铁路科技创新的显著成果。

目前，中国已将高速铁路线路轨道系统、牵引供电系统、列车控制系统、高速列车系统和客运服务系统等五大系统全部予以集成，在世界上堪称是最为全面的。中国在高速铁路方面制定的许多具有创新性的技术标准填补了世界高速铁路的空白。通过高速铁路建设和运营，中国以高速铁路技术体系为基础，跟踪研究中国高速铁路的技术体系建设和自主创新成果。中国已研究制定高速铁路技术标准和技术文件，构建了具有创新的中国高速铁路技术标准体系。中国已建立和形成了具有自主知识产权的高速牵引供电技术体系和标准体系。① 以京沪高速铁路为标志,中国全面掌握了高速铁路修建技术,在组织运输、养护维护、运营安全、旅客服务等方面进行了技术创新,研制成功了高速列车、综合检测列车和试验列车,全面掌握了大型养路机械关键技术,形成了高速铁路的成套技术标准,为中国高速铁路"走出去"提供了坚实的技术支撑。在高速铁路行业试验平台建设上,中国建成了多个高速铁路国家实验室,为高速铁路创新能力的提升提供了技术保障。

随着社会的进步,人民生活水平的提升,各种需求也在不断地增加和提高,中国高速铁路经过多年的积累和沉淀,也将诸多新技术、新装备等科技成果应用到了运输服务当中,诸如微信支付、车站 VR 导航、刷脸进站、接续换乘、自主选座、网络订餐、高速铁路 WiFi 网络覆盖等一系列创新服务,打造了"互联网+高铁服务"新经济形态。明天的高速铁路,将会在"高速铁路+科技"新发展理念的支撑下,让其发展惠及社会各界,为人民美好生活增添靓丽色彩。

二、高速铁路发展带动科技创新

科技创新能力是基于基础设施,有效整合人力、信息、技术、资金等资源的结果,是科技发展和社会进步的重要体现。基础设施是科技活动的重要资源和物质条件。高速铁路作为拉动区域经济快速发展的新型交通运输工具,近年来以其创造的"时空"效应,在促进科技创新等方面发挥了不可替代的作用。高速铁路通过吸引社会生产要素流入,吸引更多资金、技术和高科技人才流入,不断提升创新要素利用效率;高速铁路带来新技术、新设备的交流和使用,助推提高科技创新效率。高速铁路通过时间效应和空间效应,一方面,提高创新成果的扩散速度;另一方面,借助集聚和扩散力促使产业集聚形成,使各要素共同参与研究开发活动,团队沟通更加便捷。

中国高速铁路坚持原始创新、集成创新和引进消化吸收再创新相结合的创新模式,打破部门、行业、院校、企业的体制壁垒,整合全国的科技资源,打造出了高速铁路这一战略性产业的公共创新平台。近年来,中国规模化的高速铁路建设和运营,有力地带动了高速铁路产业的快速发展和自主创新能力的快速提升,培育了一批高速铁路设计、施工、装备制造的龙头企业,催生了一批高科技创新型企业,为装备制造业高端化发展、提高科技创新能力

---

① 张巧玲:"中国高铁技术标准体系日臻完善",《科学日报》,2010 年 12 月 17 日。

和技术进步提供了一个大舞台。比如，中国时速350公里高速铁路采用的是无砟轨道，这种技术的引领也培育了一批无砟轨道施工成套装备研制企业，他们无论在技术和人才素质方面都产生了质的飞跃。同时，高速铁路建造是一个多学科、多领域高新技术的集成，高速铁路大量采用冶金、机械、建筑、电力、信息、精密仪器等行业的高新技术产品，对这些产业的发展有着强劲的拉动作用，已经形成了一个庞大的高新技术研发制造产业链。高速铁路的创新和实践，提升了中国制造技术的科技含量，对飞机制造、船舶制造、工程机械制造等行业同样具有借鉴和启迪作用，促使其他运输方式提高科技水平和应用，也包括对既有铁路运输技术带来的革新和促进作用。高速铁路带来的高新技术产业链和产业群以及丰硕的科技创新成果为推动中国科技发展和应用作出了战略开启，也为中国实现科技立国、创新强国的发展战略作出长远铺垫。

案例2-6　自主创新——京沪高速铁路

京沪高速铁路建设是中国具有自主知识产权、成套高速铁路建造技术、装备制造技术、设计技术和技术标准完全形成的重要标志。通过京沪高速铁路的建设，中国建立健全了高速铁路技术体系和标准体系，推动了世界高速铁路技术发展。京沪高速铁路在工程建造、高速动车组制造、列车运行控制、检测验证、建设管理等五个方面实现了重大技术创新，使中国高速铁路技术处于世界领先地位。京沪高速铁路的创新实际上是中国高速铁路技术体系的全面构建和创新。

(1) 复杂工程环境下的高速铁路工程建造技术创新①。通过技术创新，破解了高速铁路深水大跨复杂桥梁建造、超长高架桥上无砟轨道无缝线路建造、大型综合交通枢纽建造、复杂地质地基处理与沉降控制、高速接触网大张力及材料等一系列的技术难题，形成了中国时速350公里高速铁路建造技术标准体系，实现了高平顺、高稳定性的目标要求。

①高速铁路复杂结构桥梁建造技术创新。京沪高速铁路的桥梁建设是工程建设的关键，也是建设的亮点。桥梁的比例占线路总长的80%以上。中国高铁建设者们设计施工了多种桥型结构，研究解决了在温度场、风场环境下车辆、线路、桥梁之间的关系问题以及高速状态下结构变形问题等，使用了

---

① 超级工程：京沪高铁 https://www.sohu.com/a/223549795_180330。

大量新结构、新材料、新工艺，极大地丰富了高速铁路桥梁结构类型。京沪高速铁路的建成，健全和完善了中国高速铁路复杂结构桥梁建造技术体系。

②高速铁路超长高架桥上无砟轨道无缝线路建造技术创新。首次在165公里超长桥梁的丹昆特大桥和桥梁最大跨度达180米的京杭大运河特大桥上铺设了无砟轨道和无缝线路，成功破解了变形协调性难题。在超长、大跨桥梁上铺设无砟轨道、无缝线路是世界性难题，其中要解决的问题包括桥梁—无砟轨道—无缝线路之间的关系、高速车辆—道岔—纵连无砟轨道—桥梁之间的关系等。

③复杂工程环境下高速铁路路基刚性桩复合地基成套技术创新。研发应用了埋入式U型结构、桩板、桩网、桩筏、载体桩等多种基础结构，破解了各种环境条件下，深厚软弱土地区无砟轨道路基工后沉降及动力稳定性技术难题；通过调整桩型和设计参数控制变形的调平设计方法，破解了铁路大型站场路基沉降协调控制技术难题。

④高速铁路接触网大张力和材料关键技术创新。首次建立高速铁路接触网计算和牵引供电系统全动态仿真平台，实现了接触网模块化设计、高精度计算和全区段、全断面牵引供电系统动态实时仿真；首次研发高速铁路接触网大张力悬挂体系，研发的铬锆铜三元合金高强高导接触线填补了国内空白，达到世界领先水平。

⑤基于铁路大型客站的现代综合交通枢纽规划与设计技术。要将京沪高速铁路引入大型城市，并且与其他客运方式联成网络，更好地为民生服务，就必须充分结合城市与铁路的总体规划。"客内货外、客货分线"的铁路枢纽规划原则和多个分工明确且有机衔接的客运站共同承担客运的客站布局原则，基于铁路大型客站的现代综合交通枢纽规划与设计技术，实现了各种交通方式的高效衔接，提高了综合运输效率和服务质量。最有代表性的经典之作就是已建成的集高速铁路、普速铁路、航空、公路、城市公交、地铁等多种运输方式为一体的上海虹桥综合交通枢纽。

（2）自主研制新一代时速350公里系列高速动车组。通过不断创新，高铁建设者们提出了高速列车耦合大系统动力学理论，建立了基于高速列车系统的设计、试验、检测与评估平台，突破了高速列车关键技术，自主研制了新一代时速350公里系列动车组，提升了中国铁路装备制造业的整体水平。2010年12月3日，16辆编组双弓受流动车组最高试验时速486.1公里，刷新世界铁路运营列车试验最高速度。

（3）构建时速350公里的CTCS－3级列车运行控制系统。

①时速350公里高速铁路CTCS-3级列控技术创新。创新多制式列控系统兼容技术、基于GSM-R车地双向通信集成技术,实现了路网互联互通;提出适应高速切换的无线网络优化方法、动态仿真测试方法,攻克了高速列车动态控制曲线模型、多条并线铁路无线冗余覆盖等关键技术难关;创新列控系统高安全性设计、高复杂性系统集成、高可信性仿真测试、高可靠性装备制造、高适用性工程化实施等技术,建立了完整的CTCS-3级列控系统技术标准体系。

②研制时速350公里高速铁路CTCS-3级列控系统核心装备。研制适应高速并兼容CTCS-2级功能的CTCS-3级车载、适应复杂枢纽的无线闭塞中心、支持多点多等级设置的临时限速服务器等核心设备,实现了中国列控系统设备产业化;研制无线通信监测设备,破解了车地无线通信抗干扰难题;研发列控仿真测试平台,实现了"全线、全景、全速"高逼真、大规模实时仿真测试。

(4) 构建高速铁路成套检测验证技术。构建时速350公里速度等级的系统检测验证试验技术,有效评价了系统的安全性、平稳性和舒适性,指导了系统优化,保证了京沪高速铁路按设计标准开通运营;通过技术创新,中国时速350公里高速铁路技术体系成熟完备,时速380公里高速铁路技术得到了验证,为更高速度高速铁路工程设计、装备研制、标准制订和基础理论研究提供了科学依据。

(5) 中国高速铁路技术发展和建设管理模式创新。在技术发展、建设管理模式创新方面,以京沪高速铁路建设为载体,依靠政府主导、企业主体,集科研、设计、制造、施工、运营多位一体的协同攻关创新机制,着力推进原始创新、集成创新和引进消化吸收再创新等创新方式,构建中国高速铁路技术体系,引领中国大规模、高标准高速铁路网的建设。

京沪高速铁路工程构建了中国自主知识产权的高速铁路技术体系,取得了一系列重大技术创新成果,形成了以《高速铁路设计规范》《时速350公里新一代动车组技术条件》《铁路技术管理规程(高速铁路部分)》为核心,涵盖149项建设技术标准、22项技术规范、768项产品技术标准和运营维护等系列的技术标准,实现了中国高速铁路技术和产业发展的重大创新。

第三章　高速铁路：中国经济转型创新的载体

高速铁路的出现推动了时代的变革，变革了铁路运输的链条，其快速规模化交通方式填补了交通需求的空白，带来的外部正效应对推动世界社会经济的发展产生了巨大影响。由于具备时间优势，高速铁路能够对生活方式、行为理念、生产要素流动、资源配置等带来积极影响。中国高速铁路迄今发展10年（2008—2018年），取得了于世瞩目的成就，中国高铁的"黄金时期"历程从理念、需求、速度、技术、融资五个维度顺应了中国高铁的发展，创造了多项创新硕果，从"跟跑"到"并跑"再到"领跑"，后来者居上，逐步成为世界铁路的引领者。然而，从国家经济转型创新的视角对高速铁路的发展模式、发展路径以及发展困惑等尚有待深入思考和探索。就中国高铁可持续发展而言，其目光不只是局限于自身的发展，而应放眼认知中国高铁在整个国民经济发展中的重要战略地位。中国高铁是支撑国家经济转型、科技创新的重要载体，是提升国家科技实力的重要支柱，担负着科技强国的历史重任，所产生的创新动能对推动中国经济转型具有无可替代的作用。

高速铁路网络经济

运输网络经济指运输网络由于其规模经济与范围经济的共同作用，运输总产出扩大引起平均运输成本不断下降的现象。对于高速铁路网络而言，在以车站和枢纽作为节点，与高铁运输线路共同构成的网络格局下，范围越广，密度越大，相应的网络价值越大，系统的功能就越强，规模效应也就越明显。随着中国高速铁路的快速发展，网络格局得到不断完善，高速铁路网络不仅使运输效率得到大幅提升，其所带来的社会效益和经济效益也会实现倍数级增长。

一、高速铁路网络格局——变革铁路运输链条

铁路组织结构和运营的网络特性是铁路运输业的基本属性之一。首先,铁路运输网布局为典型的网络结构;其次,铁路的运输活动是由多个过程环节构成的过程网络系统;最后,铁路是一个由设备联网、生产联动组成的大系统,由路基、轨道、机车、通信等多个子系统高度衔接,形成复杂的铁路运输系统。

从中国高速铁路的建设历程看,秦沈客运专线、京津城际、石太客运专线、武广高铁等相继开通,并对主要干线进行了提速。就高铁网络的扩张模式而言,线路首先连接相邻的省会城市或省域内双中心城市,终点一般为人口稠密、经济发达的大城市,离散的网络再相互扩展、连接直到形成一个整体网络。截至到2018年,中国中东部地区的高速铁路已基本成网,高速铁路的引入推动了铁路运输链条的整体变革,使得原既有铁路运输链条更趋完善,更具活力。

中国《中长期铁路网规划》提出,2020年前,以西部地区为重点,新建一批完善路网布局和西部开发的新线路,全面提升对地区经济发展的适应能力。西部地区在加快青藏铁路等新线建设的同时,集中力量加强与东西部之间通道的建设,在西北至华北及华东、西南至中南及华东间形成若干条便捷、高效的通道,形成路网骨架,满足东西部地区客货互通的需要。[①]例如,贵广高铁、沪昆高铁等线路将贵州、昆明等欠发达城市与广州、上海等发达城市连通,从而方便资源配置互通,拉近不同经济水平地区的距离。可见,高铁网络促成铁路运输链条的变革对中国各地区的经济发展起到了纽带链接与动脉疏通作用。

在铁路规划中,高速铁路网是对既有铁路网的补强、更新和升级,并与既有线路有着明确的分工。在网络布局下,高速铁路所带来的优势不仅限于交通概念,更多的是由于其集聚作用、联动作用和驱动作用促使沿线周边资源得到良好配置,各生产和消费要素互相交换合作,从而不断发展形成新型经济业态。

在交通网络设施不完善时,各经济圈只限于在各自内部发展;而随着高

---

① 2020年中国高铁规划图 http://www.360doc.com/content/11/0218/23/4665399_94209414.shtml。

铁网络的发展和不断延伸，推动各经济圈互联互通，产生了巨大的网络联动效应，促使人力、物力、财力得到了更便捷的交流，各经济圈之间得以联动发展。例如，京沪高铁开通，连接了"环渤海"及"长三角"两大经济圈，使其经济加速融合互补，大大强化了国家东部沿海地区的经济优势。高铁网络进一步拓展了城市群格局，并成功整合了长三角经济圈、京津冀经济圈、环渤海经济圈和山东半岛经济圈等各经济圈的发展空间，城际高铁的开通也在促进新的经济圈的形成。由于高铁网络的延伸，产业布局和资源配置更趋灵活。同时相关产业如旅游、餐饮、住宿等第三产业在高速铁路沿线得到了迅速发展，为全国范围产业结构的整体优化提供了动力。

二、高速铁路速度优势——拓展铁路客运市场

高速铁路的网络经济效应不仅在于通过完善铁路网络链条，带动沿线城市群区域经济发展，加快城镇化和工业化进程，还在于其速度优势拓展了铁路客运市场。多年以来，铁路因其价格低廉、全天候运行、安全舒适、运量规模化等技术经济特征，担负了国民经济主体的客货运输任务。就铁路客运市场的影响因素而言，可分为运输本身的技术特性和旅客自身的社会经济特性。旅客出行主要考虑的因素包括安全性、经济性、快捷性、便利性和舒适性，旅客自身的出行目的不同、出行距离不同、收入水平不同都将影响其交通方式的选择。长期以来，铁路运输优势主要集中在安全性和经济性。随着高速铁路的出现，其速度优势使得铁路相比其他交通工具更具竞争力，填补了介于普速铁路与航空之间的需求空白，总的来说，铁路客运需求量得到显著提升。

需求与市场竞争密切相关，目前市场上与高速铁路相竞争的客运产品主要包括公路、普速铁路和航空，但与普速铁路实质上是合作中的竞争关系，因此高速铁路对公路交通业和航空业的冲击效应最为明显。在市场竞争环境下，不同出行距离的乘客在选择出行交通工具上有着明显区别。根据日本交通部的统计研究结果，高速铁路有效竞争半径的行驶时间小于5小时，单程高速铁路5小时以上的运行优势相对低于航空。根据法国航空公司专家的观点，当旅程仅为2小时或更短时，高铁会占90%—95%的出行份额，当旅程增长为3小时后，高速铁路所占据的市场份额下降为60%；当旅程提高到4小时之后，航空公司逐渐开始拥有竞争优势，高速铁路所拥有的市场份额锐减到38%，在中国也反映出类似的情形。由于中国人口密集，交通需求旺盛，

高铁线路的建设均会对航空市场产生或大或小的冲击,这种替代效应在中短程航线影响最为明显。而对于作为中国支柱性产业的汽车业,由于近年来交通拥堵,空气污染等问题频发,使驾车出行并没有从根本上解决快速交通问题,高速公路"速度不快"时有发生。而高速铁路的发展相对缩小了城市之间的距离,且相对不受天气的影响,为此人们越来越倾向于放弃自驾而乘坐高铁出行。以京广高铁为例,就北京到广州各种出行方式的"门到门"总耗时,即包括出门至出发站和到达车站至目的地所用时间、候车时间及旅途时间作对比,如图3-1所示。可以看出,高速铁路拓展北京至广州间的铁路客运市场有很大一部分源自其速度优势,高铁的出现使得人们最初依靠铁路出行的时间缩短了一半多,与乘坐飞机的时间差距缩短至近3个小时。

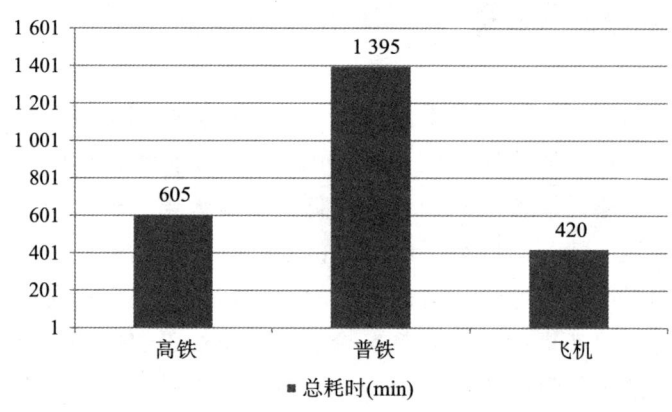

图3-1　北京—广州不同出行方式的总耗时

高铁带来的巨大时间价值可以在很大程度上增加人们的乘坐需求,由此平衡高铁与其他交通工具的市场份额。就京沪高铁而言,帮助客运及货运能力共同提升,同时促进其他交通运输方式如公路、水运和民航设施的改造,形成多层次和高水平的综合运输网络,使各运输方式都能发挥有效的功能优势,达到合作共赢的目的。此外,铁路与民航联合推出"空铁联运""空铁通"等产品,春秋航空和上海铁路局也联合打造飞机+高铁的"空铁快线",覆盖苏州、无锡、常州、杭州、嘉兴、南京、宁波、桐乡、丹阳、合肥等华东地区15个区域范围的多个城市,购买"空铁联运"的乘客可以享受免费的高铁票。①随着京沪高铁的建成通车,一批新型客站枢纽应运而生,在"公共交通优先、分区组织、立体换乘、分层布设"的思路下,将铁路客运功能与

---

① 空铁联运再迎扩容 春秋航空开通空铁快线 http://finance.ifeng.com/a/20130825/10518323_0.shtml。

市政交通工具综合考虑，体现大交通理念，实现了旅客快速通过和快速换乘、快捷、便利的高铁，尤其是与其他交通方式的无缝连接使得高铁客运市场得以不断拓展。

高速铁路：中国铁路全新发展模式

高速铁路在中国经济转型创新中起到了纽带连接与动脉疏通作用，高铁网络所带来的时间及速度优势也为社会经济发展增添了活力。纵观各国发展高铁的不同模式，结合国情，中国在发展高铁的道路上走出自己的特点，并不断进行高新技术的创新与创造，在其发展的黄金时期实现了从"跟跑"到"领跑"的跨越。

一、中国高铁发展范式

范式的概念和理论是美国著名科学哲学家托马斯·库恩（Thomas Kunn，1962）提出并在《科学革命的结构》（The Structure of Scientific Revolutions）中做了系统阐述，它指的是一个共同体成员所共享的信仰、价值、技术等的集合，指常规科学所赖以运作的理论基础和实践规范，是从事某一科学的研究者群体所共同遵从的世界观和行为方式。范式概念是库恩范式理论的核心，而范式从本质上讲是一种理论体系。库恩指出："按既定的用法，范式就是一种公认的模型或模式。"范式的特点包括：（1）范式在一定程度内具有公认性；（2）范式是一个由基本定律、理论、应用以及相关的仪器设备等构成的一个整体，它的存在给科学家提供了一个研究纲领；（3）范式还为科学研究提供了可模仿的成功的先例。[①]

就中国高铁的发展范式而言，可将其表述为由理念、需求、速度、技术及融资五个维度构成的集合和运作模式（如图3-2所示）。可持续发展理念是高速铁路发展的方向标，对高铁发展战略的制定起着导向和引领作用，在这一理念下，高铁不断完善其建设和运营模式。客运市场日益增长的快速规模化交通需求推动了中国铁路变革和高速铁路的产生，促使高铁技术为顺应其目标市场需求，即交通需求色谱的中间过渡区段，不断变革和创新，通过

---

① 范式 https：//baike.so.com/doc/6298095-6511618.html。

高铁在速度提升、智能化服务、便捷性与舒适性方面的特征满足兼具时间价值和便捷舒适的多样化需求。为此，高铁提速依赖技术进步也对技术创新提出了更高要求，进而对技术投入和融资来源提出了挑战。融资要素不可或缺，它是中国高铁发展范式中的经济支撑和经济约束，融资模式的选择和创新旨在为高铁经济可持续发展提供稳定的资金来源。可见，中国高铁发展范式的各维度要素间是相互关联的。

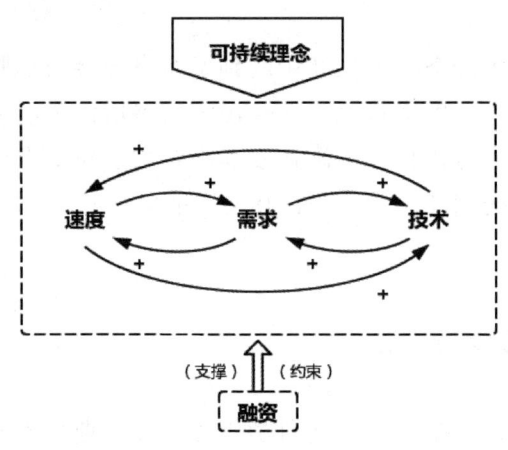

图 3-2　中国高铁发展范式

（一）发展范式之理念

在发展范式中，发展理念是发展行动的先导，是发展思路、发展方向、发展着力点的集中体现，起着集约性和导向性作用。随着世界经济不断发展，可持续发展理念已经深入到全球各国乃至各行各业，与其说发展要持续，不如说只有可持续才能有更好的发展。就高速铁路而言，近年来世界各国高铁发展迅速，同时也一直伴随着技术创新、管理创新和体制创新，不同国家也在逐步开始修订并实施新的高铁发展战略，以促进和提升高速铁路的可持续发展优势。

中国是人口大国，也是拥有世界上规模最大的高速铁路网的国家。中国发展高铁是强劲的需求推动、经济实力支撑和可持续发展理念导向的产物。高速铁路的安全运输、低环境污染、低能源消耗以及高速、正点、便捷、舒适等特点使得中国高速铁路具备可持续性优势。因此，绿色环保、可持续发展理念成为中国高速铁路必然遵循的发展路径。中国高铁在这一理念指导下，如何协调环境、社会与经济发展的关系，如何制定发展战略及经济可行策略，成为新时代的新命题。

（二）发展范式之需求

需求在经济学中指在某一时期和经济环境水平下，顾客有能力购买且愿意购买的商品总数。旅客运输需求是指在一定时期内，一定的经济条件下，旅客在一定的社会经济活动中具有跨距离运送并有支付能力的运输需要。

在中国高铁发展范式中，可持续发展的要求必须通过满足需求结构的变化，平衡市场需求来维持高铁经济可持续发展的能力。高速铁路较之普速铁路与航空，满足了交通需求色谱的中间过渡地带；高速铁路的这种兼具价格和时间敏感的混合属性所具备的价值使其在中国开拓了新的客运市场，满足了旅客快速规模化出行需求。人们对于不同交通工具的需求同交通工具的速度有着密切联系，相对于普速铁路和航空而言，高速铁路的速度优势填补了两者未能满足的中端需求空白，随着人们生活水平逐渐提高，日益增长的快速规模化出行需求又进一步推动了高铁的提速进程。同理，需求与技术也是相互作用、相互促进的关系。高铁技术进步不仅满足了大众交通出行的基本需求，还满足了附加值需求要素，包括体验品质、多样化及时间节约等。反之，中国高速铁路的建设运营也在围绕着大众交通出行需求的变化加大技术研发投入，持续创新。近年来，中国高速铁路的快速发展在一定程度上有效缓解了铁路运能的不足，高速铁路客流量呈不断提升趋势，同时客流需求特点呈现运输需求层次提高、出行时效性增强、出行目的多样化等。

近10年来，中国高铁客运需求量呈不断增加趋势。如表3-1所示，近10年来高铁客运量及其占铁路客运量的比重都呈逐年递增趋势。高铁客运量主要包括趋势客运量、转移客运量、递增客运量三个方面。趋势客运量是伴随着社会经济水平提高、人均消费能力增强的新增客运量。根据交通需求色谱理论，高铁的目标市场主要处于中端需求层次，随着人们购买能力增长，会去寻求满足更加多样化需求的交通工具，倾向于接受高铁增加值的那部分服务。转移客运量是在高铁开通运营后吸引的原本会选择其他交通方式的旅客转移到高速铁路上来的客运量，这是因为相比于公路、普速铁路等偏低端需求层次产品而言，高速铁路更加快速、舒适、安全，而相比于高端需求层次产品航空客运而言，高速铁路具有整体价格低等优势；诱增客运量是随着高铁开通运营，拉动周边城市经济增长而产生出的那部分新的客运需求。

经济发展推动短途、中长途客运市场需求量增长。在城市群内存在着大量商务、通勤、购物等日常需求，同城化效应显著，因此短途客运市场的需求旺盛。发展中的高速铁路网络连接了中国绝大部分城市，随着高铁开通使

表 3-1　　2008—2017 年高铁客运市场客流量发展趋势

年份	营业里程（公里）	占铁路营业里程比重（%）	客运量（万人）	占铁路客运量比重（%）	旅客周转量（亿人/公里）	占铁路客运周转量比重（%）
2008	672	0.8	734	0.5	15.6	0.2
2009	2 699	3.2	4 651	3.1	162.2	2.1
2010	5 133	5.6	13 323	8.0	463.2	5.3
2011	6 601	7.1	28 552	15.8	1 058.4	11.0
2012	9 356	9.6	38 815	20.5	1 446.1	14.7
2013	11 028	10.7	52 962	25.1	2 141.1	20.2
2014	16 456	14.7	70 378	30.5	2 825.0	25.1
2015	19 838	16.4	96 139	37.9	3 863.4	32.3
2016	22 980	18.5	122 128	43.4	4 641.0	36.9
2017	25 164	19.8	175 216	56.8	5 875.6	43.7

数据来源：2018 年《中国统计年鉴》。

得相距较远的一些城市间的旅途时间大幅缩短，加之高铁票价低于航空，因此高铁在中长途客运市场具有相对优势。高速铁路以其快速、便捷、舒适、安全等特点彰显出无可比拟的优势，促进了不同城市之间的经济和社会交流日益频繁。

中国高铁客运市场具有季节性和短期波动特点。铁路客运历史上一直存在着客流量季节性波动现象，与之相像，高速铁路的客流量也存在这一特点，季节性波动主要集中于春运、十一黄金周、五一、端午、中秋等假期以及暑运期间。此外，随着同城化效应日益明显，在京津城市圈、长江三角洲、珠江三角洲等城市群内，往返于城市间的通勤客流与城市内部相似，在工作日的早晚或周末容易形成高峰。而对于周末而言，休闲目的的客流短期增多，形成每周客流短期波动的特点。

（三）发展范式之速度

在中国高铁发展范式中，总的来说，高速铁路所具备的"高速"特点显著影响着交通需求，而大众的出行需求也促进着高铁速度进一步提升。高铁速度不仅依靠和体现着中国作为大国的技术与经济实力，更带动新一轮技术创新变革和高铁经济的发展，良好地践行着高铁可持续发展理念。

顺应可持续发展理念，高铁提速对于铁路行业及中国整体经济发展意义重大。首先，在宏观层面和产业层面，高铁提速提升了运输经济效益，促使客流和物流效率增长，同时催生客流量增长，极大地带动了区域经济增长。其次，推动中国高铁更好地"走出去"。世界各国对于建设高铁的要求是一致的，即更加安全、快速。建设高铁的国家都在着力于研发更为快速、安全的高速铁路，中国高铁的速度水平世界领先，彰显中国实力，有能力在世界高铁市场新一轮热潮中力占先机。同时中国也可以积累高铁安全运营的时间、距离、里程和经验，打造世界高铁建设运营的"样板"。最后，有助于中国高铁践行可持续发展理念。与其他交通工具相比，高速铁路具有节能、环保优势。研究表明，在等量运输条件下，高铁的二氧化碳排放量不及飞机的1/10。[①]高铁速度提升使其在交通运输领域更具有竞争优势，有利于优化交通体系，在高效的基础上绿色化发展。

目前，世界铁路界对铁路速度的分档基本原则是：时速100—120km/h为常速；时速120—160km/h为中速或快速；时速160—200km/h为准高速；时速200—400公里为高速；时速400公里km/h为特快高速或超高速。[②]从1997年至2007年，中国铁路陆续进行了六次大提速，最高运行速度达到了250km/h，银白色的"和谐号"动车第一次进入了中国人的生活，开启了中国速度的黄金时期。以下事件记录了中国高铁过去10年的发展历程，见证了一步一个脚印的坚实步伐。

2008年2月26日，动车组的时速由250—300km/h提升至350km/h以上，为京沪高铁提供强有力的装备保障。其中，以CRH3型动车为基础，研发出新一代350km/h高速动车组CRH3-350。2008年9月，将车辆的设计标准提高，最高时速由350km/h提高到380km/h，高速动车组命名为CRH3-380。2009年6月，生产制造的140列"和谐号380A"动车组以16节长编组持续运营速度为380km/h，最高运营时速为468km/h，最高实验时速为486km/h以上。2010年12月3日，在京沪高铁枣庄至蚌埠试验段，新一代高速动车组CRH380AL创造了时速486.1km/h的世界铁路运营第一速。2015年6月30日，中国高铁又实现了一个新的飞跃，两列时速350km/h的中国标准动车组在北京正式发布，这标志着中国标准动车组研制取得重要阶段性成果。2017年6月26日，"复兴号"亮相京沪高铁，并以现有的300km/h运营速度首发开跑。2017年7月27日，"复兴号"在京沪高铁进行时速350km/h的实

---

① 高铁提速正当时 http://www.cgpnews.cn/articles/40570。
② 喜来："中国高铁：速度知多少"，《交通与运输》，2016年第4期，第32页。

车、实重、实速检验检测、可行性研究和运营安全评估。2018年8月8日，"复兴号"动车组在京津城际高速铁路实现了350km/h速度运行，展现了中国高铁在技术领域、安全把控和运营管理等方面的长足进步。[①] 中国高铁见证了中国速度，用自己的独特魅力征服了旅客上帝。2018年，在世界交通运输大会"高速铁路技术发展论坛"上提出了"中国版超级高铁将采用'高温超导磁悬浮＋真空管'技术，目前已着手探讨时速1 500km/h的可行性"。[②] 未来，中国高铁将继续引导着世界向前飞驰。

（四）发展范式之技术

在中国高铁的发展范式中，技术是核心动力，对高铁的发展起到"硬支撑"与"硬约束"作用，高铁速度的提升依托新技术的产生，也对技术的持续创新提出了更高要求。一方面，技术创新推动市场需求；另一方面，公众不断增长和变化的交通需求促使技术进一步发展，技术创新与市场需求的相互作用推动了高铁经济的可持续发展。

高速铁路蕴含了人类近代的科技进步，是新学科、新技术、新材料和新工艺的集大成者。据德国《世界报》网站报道，一项最新调查表明，2016年中国中车集团公司在全球高铁市场占据69%的份额，而在2007年之前，高铁市场完全为欧洲公司（主要是法、德两国）与日本公司所垄断。从2004年中国开始全面引进国外高铁动车组技术算起，历经十几年时间，中国高铁以中国速度向前奋进，从追赶者向高铁先进技术的引领者迈进。中国高铁的发展是中国高端装备制造业发展的一个成功典范，通过引进、消化、吸收、再创新，开创了自主创新的"中国模式"。

1. 中国高铁技术引进前期规划——积淀期（20世纪50—90年代）。中国动车组从1958年开始研发，四方机车车辆厂和大连机车车辆研究所通过模仿国外产品，研发"东风"号双层动车组。1989年，株洲电力机车研究所与长春客车厂共同研制出KDZ1型动车组，这是中国第一辆交流电动车组，运行时速141km/h。[③] 这个时期的中国动车组制造水平还较为落后，虽然从国外引进了先进技术，但是尚未能对技术进行消化吸收，没有掌握动车组的制造技术。但是通过这段技术学习积累的过程充实了人才队伍，对未来培育核心技术人

[①] 中国高速铁路 http：//www.360doc.com/content/12/0604/14/3002779_215818932.shtml。

[②] 中国版"超级高铁"试验时速有望达到1 500公里 https：//news.qq.com/a/20180620/001632.htm。

[③] 中国高铁创新案例 http：//www.doc88.com/p-6197677411068.html。

才奠定了基础,许多研发人员都在后续高铁引进吸收中发挥了关键作用。

2. 中国高铁技术引进中期—探索期(20世纪90年代至21世纪初)。这一时期,国家重点科技攻关项目"高速铁路实验工程前期研究"正式启动。原铁道部为缓解运输紧张,应对高速公路迅速发展带来的竞争压力,先后进行6次大提速。"九五"(1996—2000年)及"十五"(2001—2005年)期间,中国民众对于出行交通需求在快速化、舒适度等方面提出了更高要求,政府开始认识到动车组在高速、准时、低能耗等方面的优势,积极推进动车组技术的研究发展,启动了国产高速动车组研制计划。为满足城市间中短距离的旅客运输需求,由广州地铁集团、长春客车厂及株洲电力机车厂于1998年开始研制,并于2000年推出了"蓝箭"号电动车组,是中国第一型采用再生制动的电动车组,设计时速是305km/h,实际运行速度为200km/h。1998年唐山机车车辆厂研制了"庐山"号内燃双层动车组,满足了中、短途的运输需求,最高运行时速达到160km/h。1998年6月,韶山8型电力机车于京广铁路的区段试验中达到了时速240km/h的速度,创下了当时的"中国铁路第一速",是中国第一种高速铁路机车。1999年,南京铺镇车辆厂联合戚墅堰机车车辆厂研发了准高速双层内燃动车组,命名为"新曙光"号,最高运行速度为180km/h。2000年,在推进"270km/h高速列车产业化项目"的背景下,由国家计委立项、原铁道部主持,中国南车公司和北车公司共同参与研究了"中华之星"电动车组,是中国自主设计、完全拥有自主知识产权的动力集中型电动车组。但由于其在实验中表现出许多重大安全问题,出于安全性、可靠性及稳定性等方面的考虑,"中华之星"宣告失败。

虽然此时期中国未能掌握200km/h的动车组制造技术,但是形成了相对完整的装备制造体系,同时也引起了各高铁制造相关企业的重视,纷纷增加研发资金,为进一步技术创新奠定了基础。

3. 中国高铁技术引进、消化吸收——追赶期(2004—2007年)。2004年1月,国务院通过了中国铁路第一个《中长期发展规划》,提出到2020年建立"四纵四横"客运专线,明确了中国高速铁路发展规划。随着该规划的实施,中国高速铁路动车组和铁路建设新技术的研发工作全面展开,着眼于快速提升装备水平,坚持原始创新、集成创新和引进消化吸收再创新相结合,旨在实现由追赶者到引领者的历史性跨越。2007年,银白色的"和谐号"动车第一次进入人们的视线,无砟轨道技术也逐渐成熟,成为中国高速铁路的两大关键技术。2004年4月,国务院召开专题会议研究铁路机车车辆装备相关问题,明确了"引进先进技术、联合设计生产、打造中国品牌"的方针,确定从时速 200km/h 开始起步，通过引进消化吸收再创新实现自主研发，发展时速 300km/h 及以上高速列车。2008 年，中国政府对《中长期铁路网规划》进行调整，确定到 2020 年，全国铁路营业里程达到 12 万公里以上，建设高速铁路 1.6 万公里以上，规划建设"四纵四横"客运专线，客车速度目标值达到 200km/h 以上。在此之后，一大批新建高速铁路陆续投入运营。[①]

4. 中国高铁再创新与快速发展——黄金时期（2008—2018 年）。2008 年 8 月，京津城际高铁成功投入运营，成为中国第一条拥有完全自主知识产权的高速铁路，表明中国在高铁领域完全掌握了时速 300—350km/h 的动车组设计制造能力，标志着中国高铁进入黄金发展时代。在中国高铁的黄金发展时期有了长足发展。首先，在消化吸收动车组 200—250km/h 技术平台的基础上，统一各机车制造公司、科研院校、研究所等机构进行集成创新，搭建了 350km/h 的技术平台，成功攻克动车速度制约的难题，研发了 CRH380 系列动车组，包括 CRH380A、CRH380B、CRH380C 等，运行速度达 380km/h，成为中国完全自主研发的动车组系列。2017 年 6 月 25 日，由中国铁路总公司牵头研制的具有完全自主知识产权的中国标准动车组被命名为"复兴号"。它的成功研制生产，标志着中国的铁路成套技术装备，特别是高速动车组已经跨入世界先进行列。其次，成功攻克了高铁线路基础、通信信号、无砟轨道等方面的技术难题。再者，在进行技术升级的同时，中国还积极参与国际高铁标准的制定，为中国高铁"走出去"奠定了基础。

根据中国高速铁路发展时期的阶段性特征，不同时期高铁动车组的技术发展水平及创新特点也表现为阶段性推进和提升过程，如图 3-3 所示。

由此可见，中国高铁技术发展吸取了汽车工业"市场换技术"的教训，走出了一条具有中国特色的大国技术发展之路——"引进消化吸收再创新"。在战略选择上坚定走自主创新的发展模式，在战术策略上分阶段攻坚技术，逐步推进，并给予不同时期的政策支持，整合各类资源，将分散在全国的科研设备、资金、人才集中起来，形成合力，打造战略性产业的共享创新平台，走出了具有中国特色的跟进、并行、超越的发展之路。

（五）发展范式之融资

在中国高铁的发展范式中，融资解决发展高铁所需的财务资源，是高铁

---

① 中华铁道网：中国高铁崛起的发展历程 http://www.chnrailway.com/html/20180521/1832367.shtml。

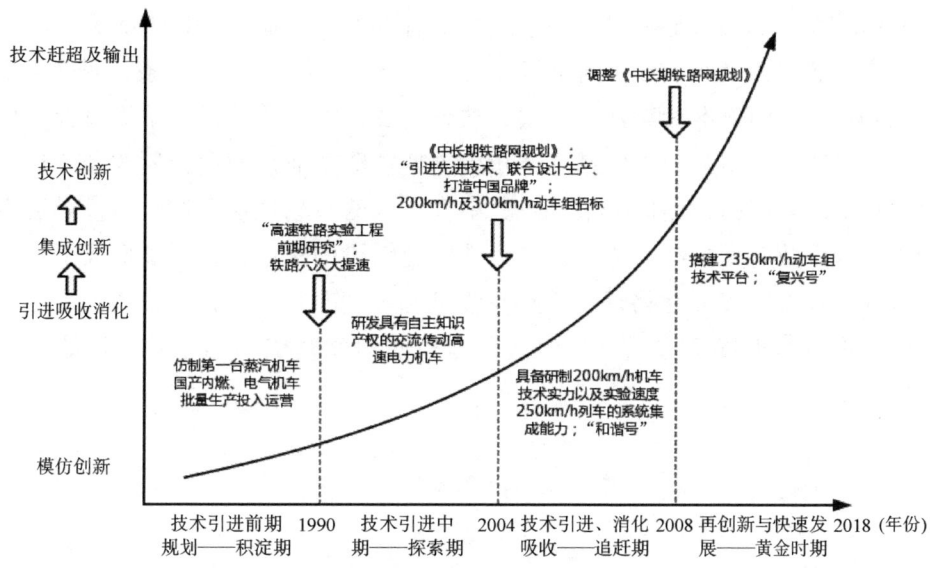

图 3-3　中国高铁动车组的技术发展阶段

发展的经济支柱,同样也是经济约束。高速铁路是资本、技术、资源密集型产业,充足的资金来源是保障高铁建设和发展的重要基本条件,因此,所需资金的投入是维持高铁经济可持续的源动力。融资既可提供发展动力,也可成为发展的约束,这取决高铁的融资环境。能否获得稳定的资金来源用于技术研发与高铁建设,是中国高铁发展面对的资金瓶颈约束,也是其不得不面对的财务困境。中国高铁在融资中遇到困境是不可避免的,这与其融资来源结构及负债程度紧密相关,也与其发展策略与区域经济发展水平不相适配有着必然的因果关系。区域经济发展的不平衡会导致不同区域间的交通需求产生较大差异,从而会影响乘坐高铁的支付能力。不可否认,区域经济发展水平不平衡所导致的区域经济差异已成为制约高铁经济可持续的束缚和诱因。

2004 年以来,原铁道部为保障《中长期铁路网规划》对资金的大量需求,遵循"政府主导、多元化投资、市场化运作"的思路,不断推进铁路投融资体制改革。与地方政府展开良好合作,加大债券发行力度,一定程度上支撑了中国高速铁路发展。原铁道部与各省区市签订了加快铁路建设的战略协议,组建合资铁路公司,建造合资铁路里程达 3 万公里,投资规模达 2 万亿元。地方政府承担征地拆迁的主体责任,并对铁路建设的权益性投资达到

4 000多亿元,改变了铁路建设仅靠中央政府投资的局面。[①] 2010年5月,国务院发布《关于鼓励和引导民间投资健康发展的若干意见》共36条,明确指出鼓励和引导民间资本参与铁路干线、铁路支线、铁路轮渡以及站场设施的建设,探索建立铁路产业投资基金,积极支持铁路企业加快股份制改革;规范设置投资准入门槛,创造公平竞争、平等准入的市场环境。在政府投融资主导下,地方政府、社会资金开始成为铁路建设投融资主体,初步形成了投资主体和融资方式多元化格局,铁路建设基金、债券融资、合资公司、银行贷款等多渠道筹集资金方式。然而,中国高铁的融资仍不容乐观,挑战仍在继续。

二、中国高铁发展的"黄金时期"

中国在高铁建设中经历了引进消化吸收阶段、自主创新阶段、持续创新阶段。在引进消化吸收阶段之后,自2008年起进入了中国高铁发展的"黄金时期",产出拥有了大量创新成果。

(一)中国高铁自主创新阶段(2008—2011年)

2008年到2011年为高铁的自主创新阶段,在这一阶段,通过国家科技支撑计划项目将企业、学校、科研院所、工程研究中心等组织起来,共同突破技术难关,相继研制出CRH3系列动车组,最终成果为CRH380系列动车组,成为中国高速铁路运营的主力车型。在中国高铁自主创新阶段,相继开通运营了京津城际高铁、武广高铁和京沪高铁,成为中国高铁的标志性成果,载入史册。

2008年8月1日,北京至天津城际高速铁路运营通车。京津城际高铁全长120公里,运营时速达350km/h,是中国第一条具有自主知识产权的高速铁路。2008年6月24日,CRH3型"和谐号"动车组在京津高铁试验运行中创造了时速394.3km/h的记录。京津高铁从设计到运营都贯彻了可持续发展理念,取得多项创新成果,为中国高铁技术标准体系的形成奠定了基础,是中国高铁发展史上的一个里程碑。

1. 首创时速350km/h高速铁路土建工程建造技术。解决了复杂桥梁建

---

① 中国经济网:投融资体制改革深入铁路修建主体进一步多元化 http://www.ce.cn/cysc/jtys/tielu/200808/13/t20080813_16471118.shtml。

造、软土高标准沉降控制、无砟轨道无缝线路制造等一系列工程建设技术难题。整条线路中有87%的部分采用"以桥代路",在提升线路的基础稳固性的同时,节省了大量土地。

2. 创新了联调联试和系统集成技术。攻克了高速铁路总体设计、系统试验和接口管理等核心技术,实现了京津城际高铁系统集成。

3. 构建高速铁路牵引供电系统技术体系,创新了时速350km/h弓网受流技术,解决了相关技术难题。

4. 成功研制时速350km/h高速动车组。解决了振动噪声、气动性能及牵引制动性等一系列难题,搭建了高速动车组系统设计、制造和调试试验技术平台。

5. 构建了高速铁路运营管理体系。创新了时速350/250km/h不同速度等级高铁列车共线运行控制、数据通信及高速移动语音等技术,制定了高速铁路运营管理规章制度、安全保障体系和设备维护作业办法。

6. 在高铁线路建造过程中,实施了桥下植被绿化措施,并首次利用沿线桥梁、雨棚等建筑构造"景观设计",将高速铁路与既有建筑和谐相融。[①]

2009年12月26日,武广高速铁路开通运营。武广高速铁路正式开工于2005年6月23日,全长1 068.6公里,设计时速350km/h,总投资1 166亿元。全线桥隧总长579.549公里,占线路长度的59.9%,是世界上一次建成的里程最长且工程类型最复杂的高速铁路。武广高铁采用中国研制的CRH3C型高速动车组,在试运行中创下了时速394.2km/h的世界第一运营速度。武广高铁记录了中国在长远距离高铁建设运营的世界领先水平,拥有多项创新成果。

(1)线路基础采用全线铺设无砟轨道,具有寿命长、结构稳定、免维修等特点。线路安装了700多公里的融雪装置,可在遇到极端天气时及时融化冰雪,保障运行,这是国内第一次设计并使用融雪装置。

(2)高速列车采用具有世界先进水平,拥有中国完全自主知识产权的CRH3型"和谐号"动车组列车,创新了高速轮轨、高速受流、高速制动、大断面宽车体等关键技术。同时,列车运行实现了三大突破:短跑变长跑——最高时速350km/h并维持运行1小时以上;"平地"跑变"跨栏"跑——穿越复杂地质,桥梁隧道占线路66.7%;单车跑变双车跑——两列重

---

① 国家铁路局:京津城际铁路 http://www.nra.gov.cn/ztzl/hyjc/kjcxx/kjxm/201605/t20160526_24344.html。

联运行。

（3）旅客服务使用了中国自主研发的具有自动售票、检票、发布信息、查询、求助等各种功能的高速铁路客运服务系统，实现了高速铁路客运业务的集中系统化管理。①

2011年6月30日，京沪高速铁路正式通车。京沪高铁线路开工于2008年4月18日，全长1 318公里，设计时速350km/h，总投资2 209.4亿元，运行列车主要为新一代国产高速列车CRH380A和CRH380B，是世界上一次建成路线最长且技术标准最高的高铁。贯穿北京至上海沿线七个省市，连接环渤海和长江三角洲两大经济区，跨越海河、黄河、淮河、长江四大水系，工程地质复杂。全线为无砟轨道线路，桥隧长度占线路总长81%，架设桥梁244座，开辟隧道21座。该线路的桥梁重点控制工程包括南京大胜关长江大桥和丹阳至昆山特大桥，前者全长9.273公里，是世界上设计载荷最大的高速铁路桥，后者长164公里，是世界铁路最长的桥梁。京沪高铁打造了中国高铁之最，成为中国高铁的又一个里程碑而载入史册。

①创新了复杂工程环境下的高速铁路工程建造技术。破解了复杂地质地基沉降控制、大型综合交通枢纽建造、深水大跨复杂桥梁建造、高速接触网等一系列技术难题，形成了中国时速350km/h高速铁路建造技术标准体系。

②自主研制了新一代时速350km/h系列高速动车组。提出适应中国国情的长编组动车组总体技术方案，成功通过了综合试验段时速380—420km/h逐级提速试验验证，实现了京沪高铁长距离高速度持续稳定运营。2010年12月3日，16辆编组双弓受流动车组最高试验时速486.1km/h，刷新世界铁路运营列车试验最高速度。

③创新了中国高速铁路技术发展模式，构建技术体系，引领中国大规模、高标准高速铁路网的建设。

（二）中国高铁持续创新阶段（2012—2018年）

2012年之后是中国高铁的持续创新和"走出去"阶段，这一阶段的目标是实现高速铁路技术的完全自主化，努力追赶关键技术，并对新一代技术进行探索和研发。2016年7月，国家发展改革委、交通运输部、中国铁路总公司联合发布了《中长期铁路网规划》，提出"八纵八横"高速铁路网的宏大蓝图，预计到2020年，高速铁路增加到3万公里。2017年2月，《国务院关

---

① 武广高速铁路 http：//www.zwbk.org/MyLemmaShow.aspx? lid=80321。

于印发"十三五"现代综合交通运输体系发展规划的通知》（国发〔2017〕11号）要求中国构建横贯东西、纵贯南北、内畅外通的"十纵十横"综合运输大通道，强化中西部和东北地区通道建设，贯通向东向西延伸西北北部运输通道，沟通华北、西北至西南、华南等地区和西北、西南至华东地区，强化进出疆、出入藏通道建设，做好国内综合运输通道对外衔接，规划建设环绕中国陆域的沿边通道。①实际上中长期铁路规划的"八纵八横"，在很大意义上已经变成"十纵十横"高铁。

在中国高铁的持续创新阶段，又陆续开通运营了哈大高铁、京广高铁、兰新高铁、沪昆高铁、西成高铁、石济高铁等线路。与此同时，中国高铁推出了新一代自主研发成果，即2015年6月下线的中国标准动车组。

2012年12月1日，哈大高速铁路投入运营。全长921公里的哈大高速铁路是"四纵四横"中京哈高铁的重要组成部分，于2007年8月23日开工建设，是世界上第一条投入运营的新建高寒地区长大高速铁路，开行列车为时速350km/h的国产CRH380B型高寒动车组列车。哈大高铁创造了世界上第一条穿越高寒地带的高速铁路，其面对严寒所做的科技装备从车厢武装到铁轨甚至到小小的螺丝。运营以来，哈大高铁实现人身、行车安全零事故，构建了完善的高寒高速铁路技术体系。作为世界上温差最大的高速铁路，哈大高铁创下了多个世界之最：使用世界上最"抗冻"的车厢——CRH380B；使用世界最大号码的高速无砟道岔，攻克了困扰高寒地区铁路的路基"冻胀"控制问题。②

2012年12月26日，京广高速铁路全线开通运营。作为"四纵四横"的重要"一纵"，全长2 281公里的京广高速铁路连接华北、华中和华南地区，跨越多个气候分布区、众多水系，地质条件复杂，是中国目前建设标准最高的高速铁路之一，设计时速350km/h。京广高铁是世界上第一条山区和长大隧道中采用CRTS2型板式无砟轨道的线路，也是世界上运营里程最长的高速铁路。③

2014年12月26日，兰新高速铁路全线贯通。兰新高速铁路全长1 776公里，是世界上一次性建成通车里程最长的高铁。兰新高铁建设中面临"严寒、

---

① 国务院关于印发"十三五"现代综合交通运输体系发展规划的通知 http：//www.gov.cn/zhengce/content/2017—02/28/content_5171345.htm。

② 哈大高速铁路 https：//baike.so.com/doc/5355427－5590895.html#5355427－5590895－2。

③ 科普中国：中国高铁发展创新之路 http：//www.kepuchina.cn/3kpzg/xyyz05/201607/t20160701_12821.shtml。

戈壁、大风"三大世界性工程技术难题,享有多个"第一"。它是首条穿越沙漠大风区的高速铁路,沿途经过烟墩、百里等四大风区和塔克拉玛干等数个沙漠。它还横穿了中国海拔最低的吐鲁番盆地与最高海拔的祁连山高铁隧道;在长达 16.3 公里的祁连山高铁隧道上,最高轨面海拔为 3 607.4 米,被誉为"世界高铁第一高遂"。

2016 年 12 月 28 日,沪昆高速铁路正式运营。沪昆高铁是"四纵四横"高速铁路网的主骨架之一,线路全长 2 252 公里,设计时速 350km/h,穿越上海至昆明沿线的 6 座省会城市和直辖市,是中国东西方向线路里程最长、途径省份最多的高速铁路。

2017 年 12 月 6 日,西成高速铁路正式开通运营。西成高铁是国家"八纵八横"高铁网络规划中"京昆通道"的重要组成部分,全线 643 公里,设计时速 250km/h,两地最短运营时间 3 小时 27 分。西成高铁是世界上首条穿越艰险山脉的高速铁路,其主要技术成就在于其途径中国地理上最重要的南北分界线——秦岭,解开了古人难题。所谓"蜀道难",难在崇山峻岭险,难在山脉石质杂。此外,西成高铁线路要经过中国秦岭大熊猫等动物生存区,高铁线路做了充分应对,运用了绿色通道建设设计、造价、验收标准,绿色铁路设计能够美化路容、减少污染,使之可持续发展,而且在防止污染的同时,保证社会、生态、经济的和谐发展。

2017 年 12 月 28 日,石济高速铁路正式开通运营。连接河北石家庄和山东济南的石济高铁是"四纵四横"的重要组成部分,其正式开通运营标志着"四纵四横"高铁网的最后一横正式收官。① 表 3 - 2 列示了中国高铁在其发展的"黄金时期"所建造的标志性高铁线路和取得的创新成果。

表 3 - 2　　中国高铁发展"黄金时期"标志性高铁线路及创新成果

时间	高铁线路	创新成果
2008 年 8 月 1 日	京津城际高铁	首创时速 350 公里高速铁路土建工程建造技术;创新系统集成和联调联试技术;构建高速铁路牵引供电系统技术体系;成功研制了时速 350km/h 高速动车组。
2009 年 12 月 26 日	武广高铁	全线铺设无砟轨道;采用国产 CRH3 型"和谐号"动车组列车。
2011 年 6 月 30 日	京沪高铁	创新复杂工程环境下的高铁工程建造技术;研制新一代时速 350 公里系列高速动车组;构建时速 350km/h 的 CTCS - 3 级列车运行控制系统。

① 中国高速铁路发展史 http://www.360doc.com/content/15/0616/10/15505702_478461521.shtml。

续表

时间	高铁线路	创新成果
2012年12月1日	哈大高铁	构建高寒高铁技术体系。
2012年12月26日	京广高铁	铺设山区和长大隧道中的 CRTS2 型板式无砟轨道。
2014年12月26日	兰新高铁	解决"严寒、戈壁、大风"世界性工程技术难题。
2017年12月6日	西成高铁	克服地质困难;使用绿色通道建设设计、造价、验收标准。

中国高铁的"黄金时期"促成了中国高铁版图不断拓展延伸,在其迅猛发展推动之下,"四横四纵"的高铁骨架已建成,"八纵八横"的高铁网规划也已形成,对中国经济增长起到了重要的推动作用。尤其在区域经济联动发展方面,高速铁路通过在发达与欠发达地区间搭建起钢铁大动脉,加大了培育经济通道的步伐,加快了经济流通的速度,促使欠发达地区资源优势得以流通和有效利用,提升区域经济协同效益,统筹区域协调发展。总而言之,高速铁路通过连接区域经济纽带、打通流通脉络,引导跨区域高效利用资源、加速形成区域聚集效益、提升城市区域整体势能,促使中国经济加快转型迈向新时代。

图3-4 《飞驶津门》:京津城际高铁飞驰津门

资料来源:摄影刘权国;中国铁路北京局集团有限公司融媒体中心。

三、中国高铁——引领世界铁路发展的时代动力

中国在建设高速铁路上不断取得巨大进展,以最快的速度打造了高速铁路网,并进行持续创新,从"跟跑"到"并跑"再到"领跑",成为引领世界高铁发展的强大动力。

图 3-5 高铁"复兴号"穿行石太线石家庄枢纽

资料来源：摄影翟现亭；中国铁路北京局集团有限公司融媒体中心。

（一）中国高铁从"跟跑"到"并跑"

从 20 世纪 90 年代初到 2008 年，是中国高速铁路从"跟跑"到"并跑"的过渡时期。其中在 2004 年前为孕育阶段，中国主要进行技术引进和学习，尝试自主开发技术，在此期间的成就包括"广深准高速铁路""秦沈客运专线"等线路及"大白鲨""中华之星"等第一代高铁电力动车。回顾 1905 年，著名铁路工程师詹天佑主持修建了京张铁路，被后人称为第一条中国自主修建的铁路，在当时落后于 1825 年英国修建的世界第一条铁路斯托克顿—达林顿铁路 80 年。虽然中国用近百年的时间凭借自身探索建造出铁路的时间较长，但能够跟上高铁发展的步伐已是难能可贵，为中国铁路的建设发展奠定了基础。2004 年至 2008 年主要为中国高铁的引进消化吸收阶段，在此期间引进了日本、德国、法国等国家的高铁技术进行探索和发展。相比之下，中国高铁的发展步伐明显加快。2008 年 8 月，具有完全自主知识产权且具有世界一流水平的京津城际高铁正式通车运营，相比 1964 年日本开通新干线高速铁路晚了 44 年，可以看出中国高铁"跟跑"世界的步伐比中国建造第一条铁路"跟跑"的时间缩短了近一半，彰显了新中国成立后中国经济建设与工业发展的后劲动力和中国人努力奋斗的激情。接着，时隔 9 年后的 2017 年 6 月，中国标准动车组"复兴号"在京沪高铁正式双向首发，开启了领跑世界高铁的步伐。背靠日益强大的祖国，中国高铁突飞猛进的发展已成必然。

（二）中国高铁从"并跑"到"领跑"

站在全世界的视角，中国高铁从"望尘莫及"到"望其项背"，再到

"并肩前行",直到"一马当先",成功实现了从"跟跑"到"并跑"再到"领跑"的目标,在技术上实现了从"中国制造"到"中国创造"的跨越。如今中国高速铁路的发展走在世界的前沿,是拥有世界上运营里程最长、建设规模最大、运行速度最高、系统技术最全面的高速铁路的国家,截至2018年,中国高铁总里程占全球高速铁路里程的2/3。

中国高铁从"并跑"到"领跑"始于2008年,以科技部和前铁道部联合发起实施的《中国高速列车自主创新联合行动计划》为标志,2008年至2012年为自主创新阶段,诞生了被欧洲人称为"中国高铁革命"的"和谐号CRH380系列"高速列车。2012年至今为持续创新阶段,在"和谐号380系列"平台技术的基础上继续拓展创新。

(1)领先高铁技术。中国在动车组制造方面,已经掌握了全面的核心技术,高速列车的九大系统技术全部被攻克,动车组的自动化率已经达到九成。2015年,中国自主研发的新一代标准动车组下线,标志着高速铁路研发进入自主设计的创新时代。2017年6月26日,按照时速350km/h运营研发制造的中国标准动车组"复兴号"正式首发。"复兴号"集成了大量现代高新技术,其安全性、经济性、舒适性以及节能环保等性能有了较大提升,其技术标准体系涵盖了动车组基础通用、车体、走行装置、司机室布置及设备、牵引电气、制动及供风、列车网络标准、运用维修等十多个方面,达到国际先进水平,引领世界高速铁路技术的进步。

(2)驱动国际铁路交通需求。随着全球化进程的加速,各国间的交流越来越密切,资源流动对交通工具的进步有着更高的依赖和要求。高速铁路在中国的大规模应用,并在技术上一步一步地创新升级,为中国高铁"走出去"迈向国际化合作奠定了良好基础。中国高铁大范围建设的成功先例在世界其他国家产生了强烈的示范效应,中国高铁驱动了整个世界的高铁交通需求。

中国高速铁路要想取得进一步和长久发展,仅依靠国内发展是远远不够的,巨大的国际市场拥有大量机会,因此开拓国际市场随之成为中国高铁未来发展的重点方向。按照各国公布的规划预测,到2018年全球高铁总里程可达4.03万公里,2023年或可达到5.74万公里。[①]面对如此庞大的市场,对中国高铁来说无疑也同样极具诱惑力。中国政府提出的"一带一路"倡议,大力发展与沿线国家的基础设施建设合作也涵盖了高铁互联互通的重要内容,

---

① 前瞻经济学人:2018年全球高铁发展现状分析 https://www.qianzhan.com/analyst/detail/220/180830-997474fc.html。

这为中国高铁"走出去"提供了良好契机。中国在世界众多发展中国家推进"一带一路"基础设施建设,"走出去"的步伐在不断加大。表3-3列示了中国高铁的海外项目。中国提出的欧亚高铁、中亚高铁、泛亚高铁三大国际市场也会是中国高铁"走出去"参与的主要高铁市场。高速铁路始于日本,兴于欧洲,盛于中国,中国高铁一路从"跟跑"到"领跑",高举中国自主创新的旗帜,为世界高铁发展做出了突出贡献。高速铁路不仅是中华民族伟大复兴的"加速器",也成为中国新的"外交名片"和"形象代表"。

表3-3　　　　　　　　　中国高铁海外项目统计

项目名称	项目地区	项目状态	线路全长(km)
麦麦高速铁路	亚洲	已建成	480
中老铁路	亚洲	在建中	509
马来西亚东部沿海铁路	亚洲	在建中	590
雅万高铁	亚洲	在建中	143
中泰高铁	亚洲	待开工	250
中巴铁路	亚洲	规划中	1 726
中吉乌铁路	亚洲	规划中	504
土耳其安伊高铁	欧洲	已建成	533
匈塞铁路	欧洲	在建中	350
莫斯科—喀山高铁	欧洲	待开工	700
安哥拉本格拉铁路	非洲	已建成	1 344
尼日利亚铁路现代化项目	非洲	在建中	1 315
尼日利亚沿海铁路项目	非洲	待开工	1 402
两洋铁路	南美	规划中	5 000
埃塞亚吉铁路	非洲	已建成	750
肯尼亚蒙内铁路	非洲	已建成	480

案例3-1　中国标准"复兴号"领跑全球

2017年6月25日中国标准动车组被正式命名为"复兴号",于6月26日在京沪高铁正式双向首发,运营时速350km/h,中国就此成为世界上高铁商业运营速度最快的国家,为全球高铁运营树立了新的标杆。"复兴号"奔驰在祖国广袤的大地上,使人们的出行更美好。

"复兴号"列车彰显科技实力。"复兴号"中国标准动车组由中国铁路总公司牵头组织研制,具有完全自主知识产权,其成功开行标志着中国铁路成套技术装备特别是高速动车组已进入世界先进行列。在这一"中国速度"背后是中国高铁技术的全面提升与创新。习近平在2018年5月中国科学院第十九次院士大会、中国工程院第十四次院士大会开幕会上发表重要讲话时,以"复兴号高速列车迈出从追赶到领跑的关键一步",作为首个例子阐述要"着力引领产业向中高端迈进"。"复兴号"的创新亮点包括:

1. "复兴号"是"纯中国血统"。它首次实现了动车组牵引、制动、网络控制系统的全面自主化,标志着中国已全面掌握高速铁路核心技术。在254项重要标准中,中国标准占比84%。

2. "复兴号"具有互联互通性能。"复兴号"首次实现了不同厂商生产的动车组重连运营,其亮点在于实现了动车组在服务功能和运用维护上的统一,为提高运输组织效率、降低运营维护成本提供了技术保障。

3. "复兴号"适应复杂环境能力极强。"复兴号"的研制发基于国情,为适应中国地域广阔、温度横跨正负40℃、长距离、高强度等运行要求,"复兴号"进行了60万公里考核,多出欧洲标准20万公里。"复兴号"整车性能指标实现较大提升,其设计寿命达到了30年,比"和谐号"提高了10年,既无惧大漠风沙,也适应高寒高热,能根据各地自然、经济特征做适应性调整。

图3-6 《动车之光》:高铁列车"和谐号"与"复兴号"高速行驶中会车

资料来源:摄影张宝仓;中国铁路北京局集团有限公司融媒体中心。

中国高速铁路发展路漫漫

在高速铁路的建设上,中国已处于世界领先水平,并以最快的速度建成世界上规模最大、更趋完善的高速铁路网。然而,站在可持续发展与中国国情的角度审视,未来发展高速铁路还存在需求、融资、技术、速度等一系列困惑和挑战,中国的高铁发展之路还需要不断地思考和进取。

一、需求不平衡之困惑

中国各地经济发展水平极不平衡,表现为东部地区经济发达,中西部地区较为落后,各地区内部发展水平也参差不齐。同时,分布在中国各地的交通设施也有很大差别,东部沿海及部分中部地区交通便利、路网发达,而其他地区相比之下存在差距,各地区的交通方式也存在不同的竞争及合作模式。结合交通需求色谱而论,各地区的交通需求敏感性与其经济发展水平有着密切联系。经济发展水平较低的地区,对不同交通工具的支付价格较为敏感,会选择票价较低的交通方式出行,相应地速度也较慢。相反,经济发展水平较高的地区,人口相对密集且流动速度快,人们出行对交通工具的速度或乘坐时间较为敏感,倾向于速度较快耗时较短的出行方式,而对票价的敏感性相对较低。因此,区域经济发展程度(收入水平)与交通需求色谱中不同交通工具的速度正相关,也与该地区人们选择出行方式对时间或速度的敏感性成正相关。即随着区域经济发展水平提高,人均收入增加,支付能力提高,对交通出行票价的敏感性降低,而更偏好旅途时间较短的交通出行方式。图3-7描绘了相对于不同经济收入水平,交通需求与票价和出行时间的相关关系。

目前,在中国中东部地区,高速铁路网已较为完善,而西部地区相对落后。东部地区人口密集、经济发达、对快速规模化的交通需求旺盛,建成的高速铁路线路基本覆盖了地区各省市。中部地区的高速铁路建设紧随东部地区,形成了纵贯南北的高速铁路网,虽然网络布局相对稀疏,已基本覆盖大部分省市。对中国现有高速铁路线路按区域经济布局板块分类,如表3-4所示。

第三章 高速铁路：中国经济转型创新的载体

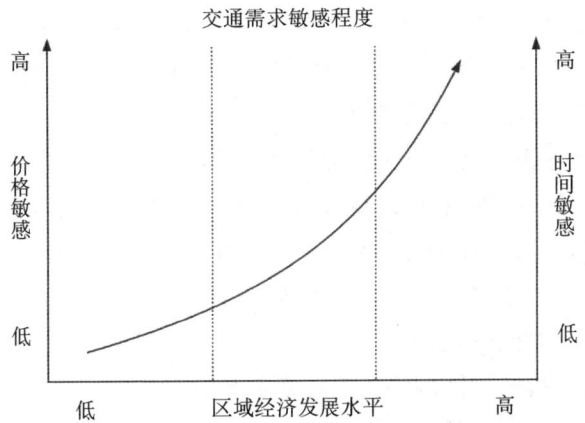

图 3-7 交通需求与区域经济发展水平的关系

表 3-4 中国各区域高速铁路线路分布状况

区域经济分类	覆盖省、自治区、直辖市	覆盖建成线路
东部地区	北京、天津、河北、辽宁、上海、江苏、浙江、福建、山东、广东、海南	胶济高速铁路、甬台温高速铁路、福厦高速铁路、厦深高速铁路、沪杭高速铁路、杭甬高速铁路、京津城际高速铁路、京沪高速铁路、京石高速铁路、沪宁城际高速铁路、哈大高速铁路、石济高速铁路等。
中部地区	黑龙江、吉林、山西、安徽、江西、河南、湖北、湖南	石太高速铁路、石武高速铁路、武广高速铁路、郑西高速铁路、合宁高速铁路、合武高速铁路等。
西部地区	陕西、甘肃、宁夏、青海、新疆、四川、重庆、云南、贵州、西藏、广西、内蒙古	遂渝高速铁路、达成高速铁路、渝利高速铁路、西宝高速铁路、宝兰高速铁路、贵广高速铁路、兰新高速铁路、成渝高速铁路、西成高速铁路等。

与中东部相比，西部地区的高速铁路建设与运营效果适配性较差，一方面是西部地区地理环境较为复杂，高速铁路建设难度较大；另一方面由于西部地区地域广阔，人口相对稀少且分散，对高速铁路的需求不足。存在的现实问题是：区域经济发展的不平衡会导致区域需求不平衡，这对高铁的经济可持续发展会形成困扰。但中国高铁在线路建设规划中对不同区域经济、交通需求不平衡的程度估计不足，未能考虑地区经济的发展水平、市场竞争、需求差异对高铁建设步骤与高铁出行需求的适配性的影响，埋下了高铁开通后会因需求不足造成亏损运营的隐患。由于不同区域因经济发展水平差异导

致不同线路交通出行的需求弹性存在较大差别，在一些高铁线路区段上座率低，尤其是在欠发达地区，高铁客流量低迷的现象较为普遍。然而，中国高铁定价沿袭的是普速铁路定价的传统思维，定价机制趋于僵化。值得引人深思的是对于中国高铁建设，如何思考和认知高速铁路的经济可持续发展问题？建设一条高速铁路，如何平衡其经济效益和社会效益？换言之，高铁具有显著的正外部性，对社会产生的效益是巨大的，但由于其高昂的建设成本投入，高铁自身运营在很长一段时期都可能是亏损的，这也是中国高铁相当一部分运营线路的真实写照，对此应做相应的谋划安排和策略应对。现阶段，国家为加强区域间互联互通，打造高铁网络，已在西部地区建设并运营高速铁路，但这一乐观行为还没有得到正效益的回馈。需要思考和解决的问题是：对于在欠发达地区已建成开通的高速铁路，如何应对在相当长的时期内因需求不足导致的运营亏损？如何破解建设之初埋下的隐患所带来的当今不得不面临的财务困境？

中国高铁在不同的区域经济环境下上演了冰火两重天的情境，令人深省。东部沿海地区的高铁线路正在成为可观的现金流"奶牛"，"人口红利"成为其上座率的保障。事实证明，高铁的客流量与沿线的人口密度及地区经济发展程度息息相关。如京沪高铁纵贯北京、天津、上海三个直辖市，以及河北、山东、安徽、江苏四省，连接环渤海和长江三角洲这两个最发达、城市化进程最显著的经济区域，沿线人口占全国总人口的 26.7%，过百万人口的城市占了 11 个。就京沪高铁的开行对数来看，京津段 136 对，津济段 64 对，济徐段 93 对，徐蚌段 65 对，蚌宁段 51 对，沪宁段 227 对，这在全世界也是首屈可指，足以看出京沪高铁的客流量优势。

与东部经济发达地区相比，中西部地区建设的高铁线路境况远不容乐观。早在 2010 年 1 月就投入运营的郑西高铁（郑州—西安）比京沪高铁更早面世，河南作为中国人口第一大省，郑西高铁又连通郑州和西安两个大城市，但因地处中西部地区，使得高铁保本能力始终堪忧。根据郑西高铁当时的可行性研究报告，预计 2010 年在繁忙区段每天开行 59 对高铁动车组，2018 年每天 125 对，2028 年每天 177 对。然而，2017 年郑西高铁每天仅开行 68 对高铁动车组，使得预计大打折扣，且 2016 年统计数据表明上座率不足五成。在运营两年后，据披露，由于这条高铁线路亏损达 14 亿元，拖累原本盈利 4 亿元的郑州铁路局亏损达 10 亿元。[①]

穿越了中国最长喀斯特地貌的贵广高铁经济运营情况更不容乐观。据了

---

① 高铁盈利地图 http://finance.qq.com/a/20160802/005982.htm。

解，贵广高铁总投资918.19亿元，其中50%为权益资本，50%为十年期贷款。而贵广高铁自2014年开通后，由于客流量低迷，客票收入远不抵运营成本支出，亏损运营属意料之中。①

同样亏损运营的还有耗资1 435亿元的兰新高铁。兰新高铁全线设有39个站，从兰州到乌鲁木齐人口密度不断递减，且在新疆段穿越内陆四大戈壁风区，令建设成本大幅增加。然而，到2017年兰州到乌鲁木齐每天仅开行5对动车组，只有在用时一个多小时的兰州到西宁短途线路开行的动车组对数较多，在这样的客流量低迷的情况下，收回成本成为待破解的难题。

人口密度是客源的基础，但客源并不等于客流，客流受到诸如经济、习俗、政策、人口流动性等诸多因素的制约，地区经济发展水平和人均收入是考量交通出行需求的重要因素。毋庸置疑，对于高速铁路这种资本密集型的高投入、高票价（相对普速交通而言）、需要庞大客流量支撑的快速规模化交通工具而言，区域经济发展水平的影响作用更是举足轻重。据测算，一条250km/h或350km/h的高铁，需要年客流3 000万人次或5 000万人次才能保本运营。京津城际投运第一年，日均发车60多对，年客运量达1 820万人次，但仍运营巨亏近8亿元。郑西高铁客流在投入运营时只有京津城际高铁的1/10，更无法摆脱长期运营巨亏的局面。②

总而言之，高速铁路盈亏的关键还依赖于沿线城市的人口密度及经济发达程度所能支撑的客流量。目前来看，中国高铁乘客出行目的大多还是商务、休闲和旅游，且多为一定收入水平的人群。由于欠发达地区经济水平低而导致高铁客流量低迷的现象在相当长的时期仍将是困扰高铁经济可持续的难题之一。

二、融资挑战与困惑

从中国高铁的实践看，其投资主体较单一，市场化融资存在瓶颈仍然是其财务可持续的一大挑战。对于交通运输产品而言，其融资需求和可获得的融资渠道取决于其经济属性，因此，在交通需求色谱图中，处于不同区位的交通运输产品所适用的融资方式也存在显著差异。根据交通需求色谱的观点，以速度（时间价值）为要素，交通出行工具可分为满足低端、中端以及高端需求的交通运输产品。按照满足市场需求的经济特征划分，产品的经济属性

---

① 高铁盈利地图 https://finance.qq.com/a/20160802/005982.htm。
② 铁道论坛 http://bbs.railcn.net/thread-803514-1-519.html。

可分为公益性和商品性（赢利性）。低端需求交通运输产品通常包括水运、公路及普速铁路，其公益性较强；高速铁路属于满足快速规模化交通出行需求的中端产品，其兼具公益性和商品性，其本质在于它不仅提供快速出行方式而体现了时间价值，更是面向社会公众提供了大众化、规模化的交通出行服务而具有公益性特征。航空因其速度快、平均票价高、乘客多是高支付能力的少数群体，表现为明显的商品属性。

具有公益属性的公共用品多为基础设施，其建设、运营、维护所需资金基本都来源于政府的财税收入或以政府信用为基础的融资。具有显著公益性特征且最常见的交通基础设施当数公路交通。公路是中国基础设施领域最早进行市场化投融资改革的部门之一，主要是在高速公路建设方面。相对于普速公路而言，高速公路也兼具公益性和赢利性，这点与高速铁路相似，它们的赢利性来源于为旅客提供的时间价值。现阶段中国高速公路建设基本上实现了投融资主体多元化，项目业主多层化，筹资方式多样化，形成了"国家投资、社会筹资、企业融资、利用外资"的投融资体制。作为具有商品属性代表的民航，航空运输业属于资本密集型产业，融资行为具有数目大、期限长、投资回收速度慢等特点。中国民航的发展随着投融资体制改革不断深入，2005年8月15日原民航总局发布并施行《国内投资民用航空业规定（试行）》，规定指出，民用运输机场是自然垄断部门，鼓励国内各投资主体多元投资，并允许非国有投资主体参股。[①]在此之后，更多的民营资本开始进入民用航空运输领域。

相比之下，中国高铁因投资巨大使其融资远非易事，且面临严峻的挑战。长期以来，中国高铁建设的资金主要来源于原铁道部、中央及地方政府投资等渠道，这部分资金规模相当有限；由于体制所限，且社会资本顾虑高铁建设成本高、投资回收期长等原因而缺乏投资意愿，市场化融资难以展开，造成政府财政压力大。这些问题阻碍着高铁的经济可持续发展，相应的投融资体制与模式亟待改进。现阶段中国高速铁路建设的融资模式主要包括：中央政府投资，但其投资力度减小；铁路建设基金，成为最稳妥的融资模式；债务融资，成为重要的资金来源。问题在于，中国高铁投资建设与不平衡的区域经济发展水平不相适配，会造成高铁资金缺口扩大，由债务融资来弥补资金缺口则会导致债务规模也不断扩大。融资仍然是高铁经济可持续面对的瓶颈和严峻挑战。

---

① 王俊："我国交通基础设施市场化的演进与创新"，《改革与战略》，2015年第7期，第30—35页。

值得探讨的是，长期以来，人们对高速铁路兼具公益性及商品性的认知存在着误区，存在对高速铁路的公益性持否定的观点。有一种观点认为高速铁路属于高端产品，其服务对象是那些具有较高支付能力的少数群体，所以客流量少，上座率低，且因担负巨额投资只可能面对运营亏损，加之高负债的还息压力，更是雪上加霜。其实这种观点反映的是欠发达地区的现象，但不可否认，它点出了高速铁路与欠发达地区经济发展水平不相适配的痛点，事实在于在这些地区，高铁开通运营所要求弥补成本的票价超出了当地的支付能力。此外，说高速铁路是高端产品似有误区，其实换一种角度理解，这是因为在一定运输里程区间范围内，考虑门到门花费的时间、准点率和天气等因素，高速铁路相对于航空更具竞争优势。重要的是，相对于航空而言，高速铁路满足了规模较大人群的交通出行需求，这也正是其公益属性特征的体现；同时高铁还提供了较高品质的服务，从长远看，这正是高速铁路具有强大生命力特征的体现。

案例 3-2 武广高铁的融资探索

武广高铁为京广高铁的南段，途经鄂、湘、粤三省，于 2005 年 6 月 23 日在长沙首先开始动工，2009 年 12 月 26 日正式运营。全长约 1 068.8 公里，实际投资总额 1 166 亿元。根据武广高铁项目的《引资公告》，武广铁路客运专线项目可研估算总投资约 986 亿元，项目资本金按其总投资的 50%（即 493 亿元）考虑，其中，原铁道部拟出资 51%；广东、湖南、湖北三省以武广高铁建设所需土地的征地拆迁补偿费用作价入股；其余部分向境内外投资者募集。2006 年 9 月，武广高铁最终确定的股东为：中国铁路投资公司出资 300 亿元；平安信托出资 80 亿元；其余部分由沿线三省地方政府出资。①武广高铁属于典型的部省合资模式，原铁道部处于绝对控股地位，地方政府出资比例较低，将社会资本平安信托引入，值得肯定，但是所占股比较小，对既有的投融资模式没有形成突破。

武广高铁模式，基本奠定了中国高铁的投融资模式。京沪高铁等其他高铁项目的投融资模式也类似于武广高铁，基本沿袭这样的做法。虽然原铁道部千方百计引入社会资本，但局限于高铁的投资经济性，效果不佳。

---

① 武广铁路客运专线动工 http://news.sina.com.cn/c/2005-03-26/03176197891.shtml。

三、技术变革与挑战

高速铁路不仅是世界经济发展的重要引擎，而且其技术发展也带动了相关技术研究领域的发展，因此，拥有更多、更先进的集成设计技术已成为各国高速铁路核心技术竞争所在。如今，各个国家看到高速铁路带动国家和区域经济发展的强大动力，对高速铁路的重视和热情空前高涨，也促使高铁技术的功能性或经济性呈多样化、高要求和高水平发展，这也为高铁技术研发带来了诸多挑战。

中国高速铁路建立在引进、吸收、消化、再创新的基础上，对未来高铁核心技术的发展也存在着不确定性。客观而言，与那些在高速铁路先进技术方面有着多年积累的发达国家相比，中国高铁依然存在着诸多差距，各种关键技术难题依然存在。高速列车作为一个确定的运动系统，最大的挑战莫过于保持系统稳定，因此，对于高速行驶的列车而言，严格坚持车辆和轨道技术检测制度，避免出现系统失稳，保证系统稳定，保障旅客安全、稳定的乘车环境至关重要。

高速铁路工程建设对人员技术能力也提出了高要求。尤其是中国高铁走出去，面对国外千差万别的环境，对技术人员、检修人员的要求更高。在"一带一路"沿线国家，气候地质条件差别巨大，从沿海到大陆、从高原到平原、从干旱沙漠到潮湿雨林、从高寒到热带，这些都对高速铁路的建设提出了更大挑战。如在东非肯尼亚，建设蒙内铁路过程中，由于地质情况存在水土流失，频繁发生边坡和路基的塌陷事故；内马铁路建设经过东非大裂谷，其断裂带的地质情况对修建铁路造成极大威胁，施工难度加大，这对中国的标轨铁路建造技术带来考验。

展望未来中国高速铁路在技术创新上的发展，将围绕"安全、智能、品质"为核心，并由此延伸出安全化、智能化、绿色化、多元化等一系列要求，因此，未来的中国高铁还将在环境友好技术、设备间数据交互技术、大数据应用研究方面面临一系列的挑战。

四、速度对安全保障的挑战

随着高速铁路速度不断提升，安全风险也随之增大，运营期间一旦发生事故会造成巨大的人员财产损失，因此高速铁路安全的重要性越来越凸显。

表3-5统计了各国高速铁路事故情况及原因，可以看出目前各国高铁事故原因多为撞障碍物、意外情况紧急刹车、维护不到位、信号系统、路基不平、弯道未减速等。造成人员伤亡的事故共15次，死亡人数410人，受伤1223人。从发生事故的频率来看，一定程度上，高速铁路相比其他地面运输工具的安全性仍然是最高的，但是一旦发生安全事故，造成的生命及财物损失也是巨大的。这点与航空相似，是追求速度的代价，尽管发生概率极小。

表3-5　　　　　　　　世界各国高速铁路事故一览

国家	时间	死亡人数	受伤人数	原因
英国3次	2001年2月28日	15	50	路滑导致汽车冲上轨道
	2002年5月10日	7	54	失控
	2007年2月23日	1	102	撞击障碍物
法国3次	2000年6月5日	0	14	铁轨路基不平导致脱轨
	2002年11月6日	0	12	电路系统短路引发车厢失火
	2007年12月19日	1	35	脱轨后与货车相撞
日本3次	2004年10月23日	0	0	地震导致脱轨
	2005年4月25日	107	555	弯道未减速导致脱轨
	2006年9月17日	0	0	台风吹袭脱轨
意大利1次	2005年10月23日	0	30	突发暴风雨，机车悬空
土耳其1次	2004年7月22日	139	57	后车厢出轨带动前车厢颠覆
德国3次	1998年6月3日	101	88	车轮外钢圈疲劳爆裂
	2008年4月28日	0	19	撞物
	2010年8月17日	0	15	撞物
韩国1次	2011年2月11日	0	0	信号系统问题
中国1次	2011年7月23日	39	192	雷击、信号系统故障

资料来源：http://news.ifeng.com/gundong/detail_2011_07/27/7978881_0.shtml。

2011年发生的"7·23"甬温线动车追尾事故在某种意义上是中国高速铁路发展的一个分水岭。在此之前，人们对于高铁的发展赞不绝口且充满信心，然而在事件发生之后，人们开始对高铁的质量和安全性产生质疑，政府也对其采取了一系列控制措施。在事故发生之后，国务院及原铁道部共同决定：大力开展高铁的安全检查，适度降低现行高铁运营初期的运行速度，暂停审批新建高铁申报项目，并对已经批准尚未动工的高铁项目重新进行安全评估。这一系列举措不仅限制了高铁的运营速度，一定程度上也暂缓了中国高铁正值"黄金时期"的加速发展，对安全问题的重新审视敦促中国高铁夯实前进步伐，步入稳态发展阶段。①"7·23"甬温动车追尾事故给中国国民留下了惨痛教训，同时暴露出高速铁路发展中存在的隐患与不足，包括运营磨合期不充分、忽略了人员培养、管理手段和服务配套措施滞后、未能及时协调跟进、忽视了大众对高铁技术的认知等。

速度的确是衡量高速铁路技术水平和综合实力的重要标准，然而若是抱着"不惜代价提速"的心境，难免会心有余而力不足，安全保障难以跟上发展速度。高速铁路建设是一项庞大而高难度的综合技术工作，若不能有效地进行安全保障管理，难免会存在较大风险，这样高速度只会带来高风险和高损失。同时，也给中国高铁带来警示，必须注重提升安全监控水平。纵观中国高铁的建设、运营及安全事故发生后的应急处理等，监督不力是一大弊端，尤其是安全监督作为高铁安全运营管理的必要手段，务必完善制度且落到实处，消灭一切漏洞。

前车之鉴，后事之师。速度是对安全的挑战，但没有安全保障的速度只会带来更大的风险。高速度以高安全要求为前提，在满足快速规模化交通需求的同时，保障旅客的生命安全乃是中国高速铁路的使命。

---

① 李拉："患上'巨人症'的中国高铁如何实现可持续发展"，《产权导刊》，2011 年第 10 期，第 14—16 页。

第四章　高速铁路的经济属性：公益性还是商品性？

作为重要的交通工具之一，高速铁路具有高投入、投资回收期长、高负债结构、公共交通服务属性等特点，因此深入思考其经济可持续发展问题非常必要。高速铁路可持续发展内涵及其影响要素，又与高速铁路的经济属性密不可分。高速铁路兼具公益性和商品性的混合经济属性特征，在为大众旅客提供交通服务的同时还提供了时间价值，满足了旅客节省时间、便捷和舒适度的需求。认知高速铁路经济属性内涵是从客观经济规律的角度认知高速铁路为什么能够有支撑其发展市场空间的前提，以及探析其发展机制的基础。

高速铁路的经济属性定位

作为基础设施和大众化的交通工具，同时又提供时间价值，高速铁路既非公共物品也非私人物品，而是兼具一定的排他性、竞争性和外部性的混合物品。[①]为便于理解，通过回顾相关经济学的概念，进而引出对高速铁路经济属性的思考和认知。

一、公共物品和私人物品

在经济属性上，经济学往往把经济物品划分为私人物品和公共物品。根据产权和消费特征，人们通常从两个维度来区分"公共物品"和"私人物

---

① 丁慧平、赵启兰、李远慧、张哲："高速铁路定价机制探析——成本、社会经济效益、乘客时间价值三维视角"，《北京交通大学学报（社会科学版）》，2018年第1期，第33—40页。

品"。从产权特征维度上讲，一般意义上的公共物品，不具有明确的产权特征，在形体上难以分割和分离，不具有明确的专有性和排他性；一般意义上的私人物品，则具有明确的产权特征，在形体上可以分割和分离，有明确的专有性和排他性。从消费特征维度上讲，通常将不具备消费竞争性的物品视为公共物品，如国防、道路、广播电视等，任何人增加对其的消费都不能排斥其他人的消费水平，也就是说，无论每个人是否愿意购买，公共物品带来的好处都不可分割地散布到整个社区里；私人物品则是其数量将随任何人对它的消费增加而减少的物品，如服装、水果、家用电器等，在消费上具有两个特点：第一是竞争性，指如果某人已消费了某个物品则其他人不能再消费该物品，除非增加成本生产出更多的私人物品。第二是排他性，指只有对物品支付价格的人才能消费该物品。

公共物品根据其所具备的特征完整与否，又分为纯公共物品和准公共物品。如果某公共物品同时具备消费的非排他性，即无法排除一些人"不支付便消费"，则称之为纯公共物品，如国防、警察、法律等，否则称为"准公共物品"或者"混合公共物品"。在现实生活中，绝大多数都是以准公共物品形式出现。然而无论是哪一种准公共物品，都存在拥挤性特征，即当消费人数从零增加到某个很大的数量程度（拥挤点）时，就会变得十分拥挤。公共物品具有不同于一般私人物品的属性和技术经济特征。(1) 在投入产出过程中成本和收益难以测量，也无法通过市场配置。(2) 有时很难判断消费者的消费数量，从而无法向消费者收费，也就无法通过市场机制提供。(3) 多为必需品，需求缺乏弹性；(4) 常作为实现公平分配，解决社会公平问题的手段，能够起到转移政府支出的功能。以上特点，决定公共物品遵循不同于私人物品的资源配置规则，表现为一定程度的"市场失灵"。对于纯公共物品，市场机制将完全不发挥作用，应以公共提供或政府提供为主；而私人物品恰恰相反，市场机制能充分发挥作用，一般情况应由私人提供。但现实中，公共物品也并非不能由市场提供，公共物品究竟是应当由市场抑或由政府提供，都存在一种效率问题，具体要看哪一种机制更有效率才好确定应当如何提供。

二、从灯塔、蜜蜂到高速铁路

（一）公共物品理论——灯塔

古典经济学家约翰·穆勒（John Mill）以灯塔为例，提出了市场机制失灵的问题，主要是由于难以收取服务费用和无法排斥他人受益。这一典型案例的提出，在公共物品理论的形成和发展中具有重要意义，后多次被经济学家在讨论公共物品的政府提供或市场提供时加以引用。①

公共物品具有非排他性消费的原因在于公共物品是不可分割的。某人对某公共物品的消费，便相对于对其全部的消费，生产提供的数量等于每个人消费的数量，而且每个人也消费了同样的数量。公共物品消费的非排他性意味着，一旦生产出来，它就会使社会所有成员受益，而不论他们是否为之付费。这正如大卫·弗里德曼（David Friedman）所指出的，公共物品一旦被生产出来，生产者就无法决定谁来得到它，这使每一个社会成员都可以"搭便车"。私人物品则是供个人消费或使用的物品，它具有与公共物品完全不同的消费特征，即竞争性和排他性。私人物品在消费者之间是完全可分的，消费的对象可以区隔，消费的数量也可以累加。早在20世纪中叶，一些经济学家就提出了相关思想。如英国学者托马斯·霍布斯（Thomas Hobbes）在其著作《利维坦》中提出了社会契约论和利益赋税论，其中的"利维坦国家模型"被认为是国家干预的思想渊源。大卫·休谟（David Hume）在《人性论》等政治学和伦理学著作中，曾论述过有关公共产品的问题，他在进一步的研究中已经注意到，某些任务的完成对单个人来讲并无好处，但对整个社会却是有好处的，所以只能通过集体行动来执行或者由政府参与来完成。休谟的分析已经包含了公共物品理论的基本内容：在自利的个人之间存在某些共同消费的产品，这类产品在提供过程中消费者存在坐享其成心理，这种心理必须由政府参与才能得到有效克服。

（二）外部性——蜜蜂

在现代经济学中，外部性的概念出现较晚。它最初是由阿尔弗莱德·马歇尔（Alfred Marshall）在其《经济学原理》中提出，目前越来越广泛地应用的经济理论分析，成为一个重要的分析工具，是经济学家分析"市场失灵"的一种重要理论。外部性产生的直接原因是公共利益与私人利益的冲突。一般的微观经济理论，特别是"看不见的手"之定理，都依赖于一个隐含的假定，即个人消费者或生产者的经济行为对其他人的福利没有影响，也就是说，一个经济单位从其经济行为中产生的私人成本和私人利益等于该行为造成的社会成本和社会利益。然而，在实际中，这个假定往往不能成立，因为在许

---

① 张梦龙："基于公共物品属性视角的铁路改革结构特性研究"，北京交通大学，2014年。

多情况下,某个人(生产者或消费者)的经济活动会给社会上其他人带来益处或损害,但他却不能由此而得到补偿或支付足够的弥补损害的成本。这种因一项经济活动给其他人带来益处或损害的经济现象,分别称为"外部经济"和"外部不经济"。根据经济活动的不同主体,"外部经济"可分为"生产的外部经济"和"消费的外部经济",同样,"外部不经济"也可分为"生产的外部不经济"和"消费的外部不经济"。各种形式外部影响的存在,使资源配置偏离帕累托最优状态,从而使市场机制失去作用。

正外部性是指个人或企业无法从其决策和行动中获得额外收益。如养蜂人在生产蜂蜜过程中帮助果树传授花粉,而园丁在生产水果时为蜜蜂提供了生产蜂蜜的原料,这些经济活动通常得不到市场的补偿,因此具有正外部性。一个有趣的事实是:作为普遍存在的外部性问题,人们经常发现它主要存在于公共物品领域,而不是私人物品领域。在各种"市场失灵"现象中,公共物品问题与外部性问题往往紧密相关联。有时,公共物品被看做是外部性的一种特例,外部性也被看成是公共物品非排他性和非竞争性之外的另一大特征,特别是当一个人创造了一种有益于经济活动中每个人的正外部性公共物品时,这种公共物品就是纯公共物品。如国防、灯塔等公共物品,其特征之一是可以同时向不止一个人提供效益,即可以同时进入许多人的效用函数或许多厂商的生产函数。又如,外部性问题一般也不具备任意可分性,这明显符合公共物品的"共同消费"和"共同使用"特点。这种与外部性问题十分相似的特点为市场上公共产品的短缺现象提供了另一种解释。

(三) 高速铁路的经济属性定位

在经济学视野里,高速铁路是一种经济物品。《1994年世界发展报告》中提到:"从世界各国的普遍做法来看,大多数市场经济国家现在都尽量缩小纯公共物品的范围,积极鼓励民营投资进入基础设施建设。即使是纯公共物品,只要是私人企业有条件且愿意提供,也尽量由私人部门提供,以提高公共资源的经营效率。"[①] 该报告根据竞争性、排他性和外部性对基础设施产业的属性作了大致分类,以此为基础,结合社会经济的现状及发展趋势,可对中国当今高速铁路的经济属性做如下定位:高速铁路是介于公共物品与私人物品之间,兼具一定的排他性、竞争性(商品性)和公益性(公共交通基础设施)及外部性的混合物品。高速铁路相对于其他基础设施产业的经济属性

---

① 世界银行:《1994年世界发展报告,为发展提供基础设施》,中国财政经济出版社1994年版。

定位如图 4-1 所示。①

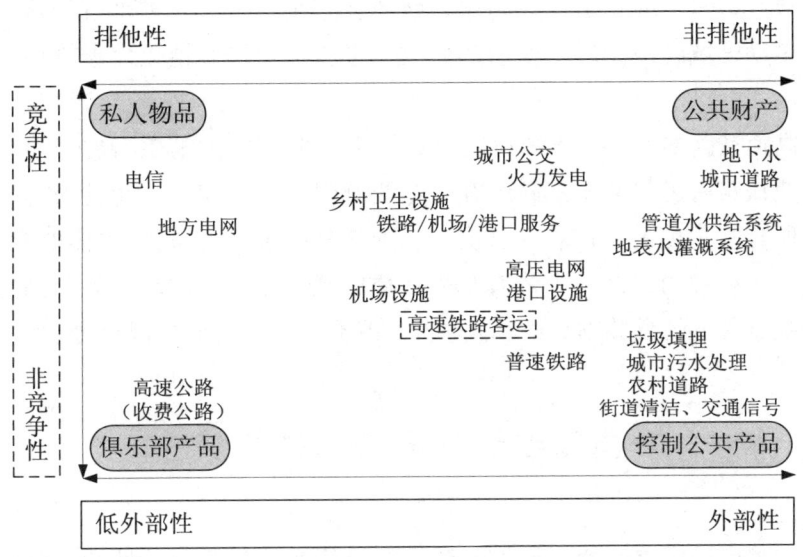

图 4-1　高速铁路客运相对于其他基础设施产业的经济属性定位

在高速铁路客运产品生命周期的不同阶段，根据其发展的不同特点，其竞争性、排他性及外部性会在一定的空间内移动，即随着高速铁路客运产品由培育期经过成长期走向成熟稳定期，其包含的公益属性和商品属性的比重会有一定程度的调整。高速铁路作为交通工具，在运营过程中承担的更多是经济职能，其主要目的是实现客流快速、准时、舒适和安全周转。首先，从其消费特性看，高速铁路具有一定的排他性。从高速铁路旅客的角度看，享受高速铁路服务要购买车票，且车票高于普速铁路。然而，高速铁路又是交通基础设施的重要组成部分，从基础设施的基本特性（基础性、服务性、系统性、从属性、专业性和长效性）可以看到，任何一个特性都是通过高速铁路联通的区域整体来发挥作用的，能够对沿线居民、厂商和政府带来间接收益。因此，从高速铁路运输服务的外延看，高速铁路又具有非排他性特征。其次，高速铁路具有拥挤性，从而体现出一定的竞争性。拥挤性可以理解为消费者在没有超过一定数量时，被消费品具有非竞争性，但是，当消费者超过一定数量时，就会发生拥挤现象，从而破坏其非竞争性。对高速铁路而言，在现实条件下其服务能力受运载能力的局限，当旅客数量达到一定程度后，

---

① 丁慧平、赵启兰、李远慧、张哲："高速铁路定价机制探析——成本、社会经济效益、乘客时间价值三维视角"，《北京交通大学学报（社会科学版）》，2018 年第 1 期，第 33—40 页。

会出现拥挤和竞争现象，即个人的消费行为会降低其他消费者进行消费的可能性，故具有一定的竞争性。高速铁路还会产生显著的正外部性，这种正外部性在带动区域经济发展、推动产业技术进步、加快城镇化发展方面表现的尤为突出。

从高速铁路的产权主体视角较难划分其属性。以中国武广高速铁路为例，武广高速铁路的运营主体是武广客运专线有限责任公司，公司性质为国有企业，从所有制角度看，产权主体是全民所有制，但是从经济主体的视角看，公司具有赢利目的，是一个带有私人性质的独立主体。综合来看，高速铁路不是传统意义上的公共物品或私人物品，是介于两者之间的混合物品。

高速铁路的经济属性构成

就满足市场需求的特征而言，产品的经济属性包括公益性和商品性两个方面。公益性即公共利益性，或公共事业性，商品性即物品具有使用价值或投资价值的性质，即用于交换并能通过交换获取利润的属性。由交通需求色谱可知，高速铁路呈混合经济属性特征，相比于航空而言商品性偏弱，但与普速铁路相比较，表现为公益属性弱化，商品经济属性趋于明显，顺应满足旅客节省时间和舒适度的需求。①

一、高速铁路的公益属性——满足规模化公共交通出行

公益性物品的利益体现公共利益，如政府提供便利的基础设施（包括铁路客货运输），由社会公众分享。作为大众化的交通运输工具，高速铁路的公益性特征十分明显。公共物品及其外部性在高速铁路提供的交通出行服务中得到了集中体现，表现为一定程度的非竞争性、局部的非拥挤性和非排他性、生产和消费上的不可分割性和共用性，以及普遍服务和利益溢出等。中国铁路总公司的数据显示，自2008年8月京津城际开通运营以来，2011年10月，中国高速铁路动车组发送旅客突破10亿人次，2014年10月，发送旅客突破30亿人次，2016年7月，发送旅客突破50亿人次。截至2017年10月，中国

---

① 丁慧平、赵启兰、李远慧、张哲："高速铁路定价机制探析——成本、社会经济效益、旅客时间价值三维视角"，《北京交通大学学报（社会科学版）》，2018年第1期，第33—40页。

高速铁路动车组累计发送旅客突破 70 亿人次,旅客发送量年均增长 35% 以上。十年来,随着京广、沪昆、哈大、贵广、兰新、海南环岛等一批高速铁路建成通车,高速铁路网基本成型,中国高速铁路的两根钢轨穿峻岭、越天堑,北至通关边陲小城,南至海滨商城,贯通西部大漠、中原沃土、沿海港口,形成了纵横国域疆土的银龙大动脉,使各区域经济板块有机地联动起来。目前,中国高速铁路与其他铁路共同构成的快速客运网已超过 4 万公里,基本覆盖中国省会及人口相对稠密的城市,带动长三角、珠三角、环渤海等城市群联动发展,东部、中部、西部和东北四大板块实现了高速铁路互联互通。①中国高速铁路的快速发展大大提高了人们出行的便捷性,使民众的出行需求得到了更多的满足。

二、高速铁路的商品属性——提供时间价值

物品的商品属性使其具有交换价值或投资价值,常与时间紧密关联。在当今快速发展的经济时代,时间是一种资源,每个人都是经济价值的代表。旅行时间是旅客消耗在旅途中的时间,也同样具有价值。对于旅客来说,时间价值的创造体现在节省的出行时间可用于提供增量价值创造的机会上。从机会成本的角度考虑,旅行者在旅途中耗用的时间存在着机会成本,即为旅行时间的价值。从时间资源角度考虑,时间价值是指由于节约时间和合理利用时间而产生的效益值增量以及由于时间的非生产性消耗而造成的效益损失量的货币表现。②

实际上,面向中端需求层次的高速铁路更多地表现为普通商品特征,比如体现高速铁路商品性的主要特点之一为消费者愿意支付高于普速铁路的票价交换时间价值,是因为高速度节约了时间,时间具有经济价值。中国第一条真正意义上的高速铁路是从北京至天津的京津城际高速,将两地间 120 公里的路程时间压缩到半小时。京沪高速铁路的最高速度 350km/h 相当于中国铁路提速后客运速度的 3.5 倍,使北京至上海的行程时间缩短至 5 小时,节省了大量时间。高速铁路大大缩短了区域和城市间的时空距离,东北、华北、华中、长三角、珠三角等地区形成"小时交通圈"。北京、天津、上海、广州、深圳、哈尔滨、西安等大城市间实现 1 000 公里内 5 小时到达,2 000 公

---

① 陈恒:"'四纵四横'迈向'八纵八横'",《光明日报》,2017 年 12 月 3 日第 11 版。
② 丁慧平、赵启兰、李远慧、张哲:"高速铁路定价机制探析——成本、社会经济效益、旅客时间价值三维视角",《北京交通大学学报(社会科学版)》,2018 年第 1 期,第 33—40 页。

里内 8 小时到达。特别是在西南山区等原本交通不发达地区，这种变化尤为明显，2014 年底开通的贵阳至广州高速铁路，使两地之间的旅行时间由开通前的 21 小时压缩至 4 小时。这使得人们不论是旅游出行、商业出行，都能得到出行时间节约的价值利益，人们可以在一定的地域范围内利用从旅途节约的时间从事更多的经济和社会活动。

三、高速铁路的混合经济属性——商品性与公益性交互

产品的经济属性与目标市场需求的特征密切相关，取决于其目标市场的需求层次特征。铁路客运产品也不例外，不同的铁路客运产品所满足的目标市场需求层次是不同的，如基本层次需求仅关注满足基本需求所必需的要素，属价格敏感型，对应的产品更趋市场竞争性，可营利性低；中高端层次需求属品质敏感型，除必需要素外，还倾向于关注附加值要素，相对于价格而言，这类需求对质量满意度和时间价值更为敏感，对应的产品更趋差异化，可营利性较高。[①]铁路客运产品的需求层次与公益性和商品性的逻辑关系如表 4-1 所示。

表 4-1　　铁路客运产品的经济属性与需求层次的关系

需求层次	低端层次需求	中间层次需求	高端层次需求
满足需求层次	基本需求	适度多样化需求	个性化需求
产品的经济属性	公益属性	混合属性	商品属性
票价水平	低票价	中等票价	高票价

由表 4-1 可以看出，铁路客运产品的公益性主要表现为以低票价满足低层次需求的供给，这些产品的供给通常由政府出资或补贴的铁路客运公司承担，这类产品应属于非营利性质。一般而言，传统的普速铁路处于这一需求层次，其公益属性明显，承担了福利性和公益性诉求。在许多国家和地区，政府廉价向消费者提供部分甚至大部分铁路运输产品，让更多的民众从中受益。

在需求层次中处于中间层次的铁路客运产品，即高速铁路，呈混合经济属性特征，兼具公益性和商品性。高速铁路的公益性表现在为满足公众交通需求提供的可供分享的公共交通工具属性，而其满足快速、便捷、舒适等个

---

① 丁慧平等："基于资本属性及回报的高速铁路客运投资分析"，《同济大学学报（自然科学版）》，2012 年第 10 期，第 1583—1588 页。

性化交通需求的特点则决定了高速铁路的商品性,其目标市场需求偏好于时间价值和服务品质的中高端层次,通过较高票价满足该层次服务产品的供给,具有一定的可营利性。显然,产品的可营利性是衡量其公益性或商品性程度的一个重要标志。产品的可营利性越高,其公益性越弱,产品的非营利性越强,其公益性越强。

四、高速铁路的投资经济性

由于高速铁路表现为混合经济属性,且投资额巨大,就整体投资的经济性而言难以吸引社会资本,由此决定了政府投入是不可或缺的,政府资本投入实际上担当了领投的角色,且必须由政府对高速铁路的公益性部分进行投入和提供必要的补贴。为此,从投资主体角度出发,应考虑针对高速铁路的不同经济属性部分区别投资的经济性,政府资本投入承担公益属性部分,社会资本投资承担商品属性部分,以此来认知和倡导高速铁路产权多元化,消解政府单一投资的资本压力。由于不同产权资本的投资动机不同,因此其经济属性与高速铁路的经济属性之间存在着逻辑对应关系。鉴于不同产权资本的经济属性不同,其投资取向也不同,且不同的投资取向对投资回报的要求也是不同的,这为我们认知高速铁路经济属性、投资经济性与政府补贴之间的逻辑关系提供了理论基础。应针对不同来源资本的经济属性采取细分资本回报要求的策略,并针对高速铁路的需求情况考虑和制定相应的定价机制和政府补贴政策,为吸引社会资本进入提供投资空间。对该方面逻辑认知还将在下文中予以详细阐述。

探索高速铁路经济

基于高速铁路在满足公共交通出行中的重要地位,且鉴于其高投入、投资回收期长、高负债结构的特点,高速铁路的经济可持续性无疑是其面临着的不可回避的问题。作为具有混合属性的特殊行业,高速铁路不可能由政府包办,也不可能严格按市场化来操作,必然存在一个合理的市场边界。为了缓解政府单一投资和债务融资的资本压力,应倡导高速铁路产权多元化的发展机制,吸引社会资本,实行混合所有制改革。

一、高速铁路投资的经济性窘境

"市场失灵"是基础设施领域常见的一种经济现象。然而,鉴于高速铁路这类混合物品自然具有公共物品属性的一面,在高速铁路建设投资立项、运价调整、国土资源开发等环节需要中央和地方政府来进行决策。因此,事实上它不仅存在"市场失灵"问题,同时也容易出现"政府失灵"问题。根据杰姆斯·布坎南(James Buchanan)公共选择理论的解释,所谓"政府失灵",是指个人对公共物品的需求得不到很好地满足,公共部门在提供公共物品时趋向于浪费和滥用资源,致使公共支出规模过大或者效率降低,政府的活动并不总像应该的那样或理论上所说的那样"有效"。

高速铁路在技术、装备、材料、制造等方面的高投入以及需求的增加,加大了它的供给成本,仅靠政府投资已很难实现所需的资金支撑,形成实质性的资金供给不足。同时,因政府投资缺少经济驱动力,致使其在规划及主动投入方面存在"拖延性",即造成不能及时投入的窘境。鉴于高速铁路的混合经济属性特征,对于其满足需求的市场化程度必然存在一个合理的市场边界,以此明晰政府在高速铁路发展中的角色及职责。为此,高速铁路所面临的是如何确定其市场边界的问题,即哪些环节应由政府负责,哪些环节可以走向市场,旨在实现政府投入与市场资本供给之间某种程度的均衡。

通过对交通市场需求层次的辨识可发现,在需求层次中处于中间层次的高速铁路客运呈混合经济属性,具有公益性但不完全是公共品。实际上,面向中端需求层次的高速铁路客运同时还表现出普通商品属性,与之相对应的是较高票价呈现出基于时间价值的可赢利性一面。但由于高速铁路的投资额巨大、投资回收期长、高负债结构等特点,就整体投资的经济性而言难以吸引社会资本。纵观中国高速铁路的发展历程,政府投入(包括巨额负债融资)起到了中坚作用,这也体现了高速铁路投资资本来源的固有特征,即政府主导巨额投资和高负债融资。[①]

由前文阐释的交通需求色谱图可以看出,速度的提升带来了更多的时间价值,同时也意味着可盈利空间的提升。高速铁路填补了介于普速铁路和航空之间中间过渡层次需求的空白,这类需求兼具价格敏感和时间价值敏感。

---

① 丁慧平、赵启兰、李远慧、张哲:"高速铁路定价机制探析——成本、社会经济效益、旅客时间价值三维视角",《北京交通大学学报(社会科学版)》,2018年第1期,第33—40页。

从普速铁路到高速铁路的过渡，虽然价格敏感性逐渐降低，但其公益性和普惠价值始终存在，面对高速铁路如此巨大的资本投入需要，政府投入责无旁贷，不但要领投，还要加大投入。面对高资本投入，同时也面临高风险，高速铁路的经济可持续问题不容忽视。就现实而言，中国政府对高速铁路的资本投入不够，主要通过负债融资，形成高负债结构，财务费用大，风险高，制约了高速铁路的经济可持续性。为了更好地适应高速铁路发展，政府有责任出面缓解投资约束，积极探索高速铁路融资渠道多元化的发展机制。

二、高速铁路产权多元化探索——混合所有制改革

高速铁路的混合经济属性为探索未来中国高速铁路的发展机制提供了依据。其公益性决定了高速铁路的投资建设应采取政府主导的方式，而其商品性则使得其运营可以采取以企业为主体的方式。由此，在政府主导下可以实现投资主体的多元化，积极引导社会资本参与高速铁路的经济可持续发展。

（一）高速铁路产权多元化

由于高速铁路的混合经济属性特征，其巨大的投资规模决定了其公益性部分必须由政府直接进行投资并提供必要的补贴，其商品性部分具有一定的盈利水平，为缓解政府单一投资和债务融资的资本压力，应倡导高速铁路产权多元化，吸引社会资本参股。显然，高速铁路的公益性决定了政府对其投资的重要地位，其商品性则为产权多元化提供了经济基础。从投资主体的角度出发，针对高速铁路的不同经济属性部分进行投资，是倡导高速铁路产权多元化的依据。同时，鉴于经济属性的差异，不同的产权资本存在不同的投资取向。高速铁路要实现产权多元化，就需要满足不同产权属性的资本对投资回报的不同要求。只有能够获得合理回报的高速铁路产品与服务，产权多元化才会更现实。[①]

一般而言，投资者选择某一产品进行投资的行为兼具经济性（逐利驱动）和社会性（社会责任感）。对于社会资本而言，其投资行为的社会性是以经济性为前提条件的，即投资须有利可图，在资本回报能达到其认为的合理水平时才会进行投资，其次才考虑对社会有益。由于高速铁路投资额大，投资回

---

① 丁慧平等："基于资本属性及回报的高速铁路客运投资分析"，《同济大学学报（自然科学版）》，2012年第10期，第1583—1588页。

收期长,社会资本对选择投资高铁较为谨慎。市场需求层次特征决定了可供社会资本投资的产品范畴,即那些旨在满足较高层次需求的产品才为满足社会资本的回报要求提供了空间。这意味着不同产权属性的资本因其本质的不同,对投资回报的要求存在着差异,因而对投资产品的经济性也有着不同程度的要求。

高速铁路产权多元化是否可行,关键在于所提供产品与服务的经济属性,即在满足其目标市场需求的同时能否产生社会资本所要求的投资回报,这是其经济上可行的必要条件。如传统普速铁路客运产品的公益性(非营利性)明显,通常难以获得社会资本的参与。随着国民生活水平提高,对铁路客运的需求层次也随之提高到高速铁路客运产品层次,促使投资该类产品的经济性得到提高,从而使得吸引社会资本参与投资成为可能。这可以通过铁路客运产品的经济属性与投资经济性之间的关系来说明,如表4-2所示。出于对投资经济性的要求,社会资本对不同需求层次的铁路客运产品的投资欲望会不同,这决定了高速铁路产权多元化的经济可行性。这也意味着在确定高速铁路产权制度安排时,要考虑高速铁路的投资经济性以及投资主体对合理回报的要求。只有这样,高速铁路才有可能吸引社会资本参与,使实现产权多元化成为可能。

表4-2　铁路客运产品的经济属性与投资经济性、产权多元化的关系

产品需求层次	低端	中间	高端
产品的经济属性	公益属性	混合属性	商品属性
投资欲望	低	中等	高
产权多元化	较难	可能	较易

高速铁路较之普速铁路具有如下特点:一是客货分开,高度专业化;二是客运产品中高端化,公益性趋弱,商品性趋强;三是所在区域的客运市场具有竞争性,运能与运量较匹配。与之相对应,高速铁路投资的特点表现为:一是投资方向明确,投向中高端铁路产品与服务;二是投资的经济性,即逐利目的性明显;三是回收投资的时间长短符合投资者的预期。产权资本属性与投资取向的关系如表4-3所示。

表4-3　　　　　　产权资本属性与投资取向的关系

产权资本属性	公共资本	社会资本	混合资本
投资取向	公益行业	非公益(赢利)行业	两者之间
产品的公益性	强	弱	一般
回报要求	低	高	居中

可以看出，鉴于经济属性的差异，不同的产权资本对应的投资取向不同，而不同的投资取向会要求有不同程度的投资回报。根据产权属性的不同，资本可分为政府投资、国有企业投资和社会资本投资三类，它们对投资回报要求有所不同。在这三种产权资本投资中，对资本要求回报最高的是社会资本投资，它追逐利润的动机明确，追求利润最大化，是基于机会成本和投资风险精心筛选投资机会。政府投资即公共资本对资本回收的要求相对最低。以政府的公共福利为导向的资本投入，重点放在提高整个国家的福利和完善社会保障上，这部分资本投入是用之于民的，不必进行资本回收。国有企业资本即混合资本，投资需求不强烈，其回报要求介于政府投资与社会资本投资之间。

如上所述，就不同经济属性的产权资本而言，由于其投资的动机和前因后果有所不同，其投资取向的公益性程度也不尽相同。政府投资的取向主要是公共物品和公益性强的产品，这是因为政府财政收入主要来源于税收，属于公共资本，本着取之于民用之于民的原则，政府承担着投资建设公共基础设施和公益性强的物品的责任和义务，其投资动机也是非营利性的，而社会资本则与之相反。同样是投资高速铁路客运，公共资本关注投资产品的公益性部分，社会资本关注投资产品的商品性部分，混合资本（具有国有资本性质）则居于两者之间，这是因为国有企业资本具有承担社会责任的义务。针对不同来源资本的经济属性来进行产权多元化的制度安排，可以节约交易成本，提高产权资本的投资效率，为吸引社会资本进入提供投资空间。①

（二）高速铁路发展机制——混合所有制改革

混合所有制改革，即吸收民间社会资本，是高速铁路发展的重要突破口。目前，由国有资本、集体资本、非公有资本等交叉持股、相互融合的混合所有制经济，已经成为中国基本经济制度中的重要形式之一。中国政府鼓励各类资本参与混合所有制改革，鼓励社会资本投资或参股基础设施、公共服务等领域项目，推广政府和社会资本合作（PPP）模式，优先支持引入社会资本的项目，使投资者在平等竞争中获取合理收益。PPP模式主要指政府通过与社会资本合作，实现更高效的政府公共职能，主要涉及领域大多是非市场化的公益类项目，而混合所有制改革则主要涉及市场化改革，但随着时间的

---

① 丁慧平等："基于资本属性及回报的高速铁路客运投资分析"，《同济大学学报（自然科学版）》，2012年第10期，第1583—1588页。

推移，PPP也被更加灵活而广泛地应用于更多的领域，并成为推进混合所有制改革的方式之一。

随着高速铁路投融资改革的不断推进，中国高速铁路投融资多元化格局已逐步确立。济青高速铁路、汉十城际、合安高速铁路等一批地方控股的项目管理规范、征拆迅速、资金到位及时。作为混合所有制改革的试点，杭温高速铁路（义乌—温州）作为由民营资本控股、政府与社会资本合作的PPP示范项目，更是开辟了高速铁路发展机制的新起点，对推动投融资体制改革、拓宽投融资渠道、完善投资环境、推动高速铁路发展具有重要的示范意义。

案例4-1　济青高速铁路（潍坊段）——高速铁路多元化投融资模式[①]

2015年，中国首个高速铁路政府与社会资本合作（PPP）项目—济青高速铁路（潍坊段）PPP项目的征地和拆迁正式启动，这是中国高速铁路建设首次尝试采用PPP融资模式。本项目通过采用PPP融资模式，引入了具有丰富投融资和项目运营管理经验的社会投资者。利用社会资本融资参与济青高速铁路（潍坊段）的建设，有效缓解了潍坊市政府的财政压力，探索了将社会资本引入地方高速铁路建设项目的可行模式。

43亿元的济青高速铁路项目股权结构图如图4-2所示，其中国内各类企业和金融机构等社会资本的投资参股约占20%，淡马锡公司等国际知名财团的投资约占20%。同时，济青高速铁路有三项创举帮助这条线路在投融资方面取得成功。

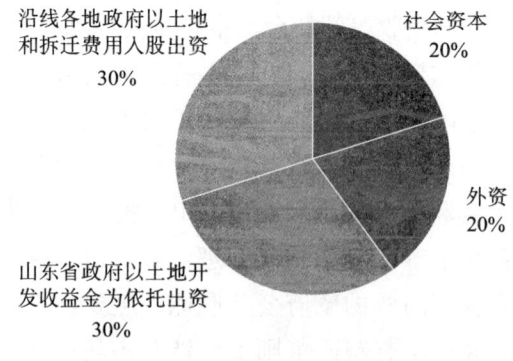

图4-2　济青高速铁路股权结构

[①] 褚卫强："济青高铁融资模式研究"，《中外企业家》，2016年第22期，第64—65页。

①引入社会资本。山东省政府向社会发布了济青高速铁路引进战略投资者的公告，积极与中国乃至世界十余家知名企业、金融机构和国际知名财团接触洽谈。为了招商引资，吸引更多的企业参与到济青高速铁路建设的融资中，山东省研究制定出一系列优惠措施，包括提高票价、提供优惠电价。中国中车以高速铁路资产和维护费等方式入股 13 亿元。未来济青高速铁路通车后，高速动车组将不用购买获得，而是以运营资产设备参股，从而减少融资压力。新加坡淡马锡投资公司已向该项目投资 1 000 万美元。

②以地养路。山东省政府出台一系列优惠措施，吸引商业合作伙伴共同开发利用济青高速铁路沿线地区的土地资源，将获得的收益补贴高速铁路的建设和运营，不仅减轻济青高速铁路融资压力，为地方高速铁路融资规划打开了新的空间，也提高了土地的利用效率，利用便利的交通资源产生同城效应，从而带动沿线地区的经济社会发展。围绕高速铁路车站站点打造新的商业区、房地产集群乃至开辟一座新城，在带动地方经济发展的同时聚拢更多的客流量、人流量乃至商业流量，形成良性循环，从而给铁路、地方、投资者等各方带来持续收益。

③发行铁路投资基金。铁路发展基金是由政府支持的，以财政性资金为引导的多元化铁路投融资市场主体。铁路发展基金最重要的作用是吸引社会资本，投资铁路建设，缓解当前铁路建设融资紧张的压力，解决社会资本进入铁路建设市场的瓶颈。山东省政府设立铁路发展基金，积极搭建起吸引社会资本投资的平台。在资金筹集上，山东省积极发挥政府资金杠杆作用，引进社会资本，共同设立基金。社会资本有固定的回报以及回购承诺。

案例 4-2　杭温高速铁路（义乌—温州）——混合所有制改革试点：政府与社会资本合作（PPP）示范项目

杭温高速铁路（义乌—温州）设计时速 350 公里/时，是浙江省内实现杭州都市区、金华—义乌都市区和温州都市区 1 小时到达的最快捷通道，预计 2021 年完工。杭温高速铁路（义乌—温州）是国家混合所有制改革试点的示范项目，引入政府与社会资本合作的 PPP 模式，采用建设－拥有－运营－移交模式运作，合作期为 34 年，社会资本持股 51%。

根据试点实施方案，杭温高铁（义乌—温州）资本金约为 98.06 亿元，其项目股权结构图如图 4-3 所示。其中：通过邀请招标方式确定的社会资本方占股 51%；中国铁路总公司占股 15%，与社会资本同股同权；省交通集团代表省政府出资，占股 13.6%；温州市、金华市、台州市政府各指定 1 家出资代表，分别占股 10.2%、8.58%、1.62%。回报机制为"使用者付费＋可行性缺口补贴"。如需可行性缺口补贴，补贴金额通过邀请招标方式确定。可行性缺口补贴纳入财政预算，按省、市 4:6 的比例分摊。①

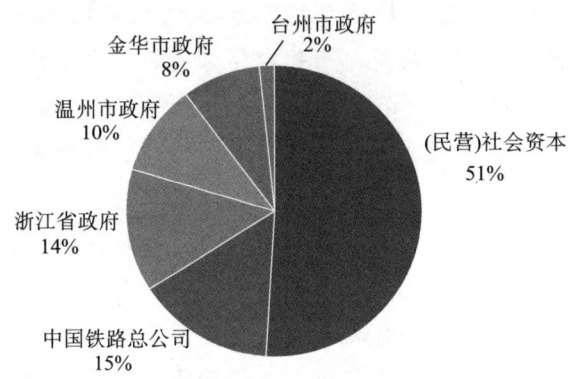

图 4-3　杭温高速铁路（义乌—温州）股权结构

社会资本控股是杭温高速铁路（义乌—温州）的亮点之一。在社会资本与政府资本、国企合作之后，哪一方更具有地位和话语权，主要取决于股权比例的大小。尽管中国在不断推行 PPP 模式，但在许多项目中，政府和国企仍把控着一些关键资源，在股权上也没有做出足够的让步，导致社会资本占股比例较小，无法获得话语权。政府和国有企业适当降低股比，可改变国有资本"独大"的格局，这样能够更好地激发社会资本投资的积极性。

---

①　蒋梦惟、林子："混改新试点落地，民营控股高速铁路扩围"，《北京商报》，2017 年第 12 月 11 日。

第五章　高速铁路：社会经济发展转型的时代动力

回顾过去的"黄金十年"，中国高铁在运输速度、供给质量和效益上取得了质的飞跃，同时随着高铁网络覆盖面的不断延展，客运产品有效供给大幅增加，高铁"强基达标、提质增效"工程得到有效反馈，赢得公众的认可和满意。中国高速铁路的发展重新提升了中国铁路在国民经济中的地位和作用，高铁经济产生的联动效应对助力供给侧改革、重塑经济发展模式、推动国家经济结构转型发挥了巨大的推动作用。

高速铁路助力供给侧改革

作为国民经济的重要支柱之一，高速铁路助力中国经济推动供给侧改革的动能源于其正外部性所具有的拉动区域经济发展、推动产业结构转型的经济功能。

一、认知高速铁路经济功能

高速铁路的经济功能可分为基本功能、社会发展功能、转型产业结构功能、提高劳动者素质功能，如表5-1所示。其中，高铁的基本功能主要是满足快速规模化交通出行需求，社会发展功能是区域经济拉动效应，转型产业结构功能主要是带动高端制造业发展，提高劳动者素质功能是带动相关产业就业，为高速铁路发展创造了更多的就业机会。

满足快速规模化交通出行需求是高速铁路的使命和首要功能。高速铁路顺应市场需求，填补了介于普速铁路（100km/h—180km/h）和航空客运

表 5-1　　　　　　　　　　　高速铁路的经济功能

经济功能		内容介绍
基本功能	满足快速规模化交通需求	高铁成网运行让区域和城市间的时空距离大大缩短，填补了公路、普速铁路和航空之间的需求空白
社会发展功能	区域经济拉动效应	区域范围高铁联通带来正外部效应辐射区域经济，同时推动社会经济效益和区域生态效益
转型产业结构功能	带动高端装备制造业发展	高铁制造联动产业链发展，从轨道和电气化建设，到车辆生产和控制系统开发，并延伸至冶金、机械、材料、电子、电气、化工等众多基础工业
提高就业素质功能	增加就业机会	高铁发展高端制造业提升劳动者就业素质水平，带动相关产业就业，带来更宽广的就业机会

（500km/h—600km/h）之间的过渡区间，而该区间的交通时速满足了相当数量的旅客对快速、便捷、安全、准点率的出行需求，同时出于经济可持续的考虑要求高速铁路需要规模化数量的客流量。截至 2017 年 12 月 28 日，随着以京广线为首的一批高铁建成通车，中国高铁网运营里程已超过 2.6 万公里，国务院所提出的"四纵四横"高铁网于此基本成型。截至 2017 年，高速铁路与普速铁路共同构成的铁路客运网已超过 4 万公里，基本覆盖了常住人口大于 50 万的大中型城市[①]。在长三角、珠三角、渤海湾等经济较发达地区，高速铁路覆盖率与市场需求成正比，高铁成网在全国范围内实现了高铁互联互通。

高铁成网运行促进了规模化需求增长，"同城化"效应不断扩大。在超大城市和特大城市间实现一千公里内 5 小时通达，两千公里内 8 小时通达，这种便捷性在西南地区等原本交通不发达地区尤其显现。中国高铁的迅猛发展为人们提供了快速、便捷、舒适、安全的出行选择，在全铁路网客运量基本稳定的情况下，有效地激发了人们潜在的高铁出行需求，中国高铁发送旅客数量逐年增长，如图 5-1 所示。

截至 2018 年，高铁动车组旅客发送量已累计突破 90 亿人次。动车组列车占旅客发送量比重由 2008 年的 8.7% 增长到 2018 年的 60.5%。2018 年 5 月，动车组发送旅客 16 333 万人次，单月客流量便已突破一亿人次。2019 年端午假期，全国铁路动车组累计发送旅客 3 274 万人次，日均发送旅客量甚至

---

① 陈恒："从'四纵四横'迈向'八纵八横'"，《光明日报》，2017 年第 12 期，第 3 页。

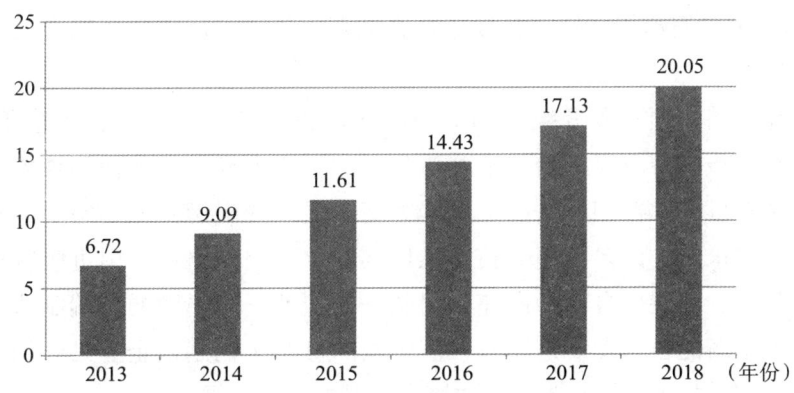

图 5-1 中国高铁发送旅客数量增长态势

数据来源：中国铁路总公司。

突破了 800 万人次。[①]持续快速增长的客流量背后，是先进发达的中国高铁网巨大运能的强劲释放，是铁路供给侧结构性改革的成果显现。

高速铁路的重要社会功能是区域经济拉动效应。区域经济是指在一定区域内经济发展的内部因素与外部条件相互作用而产生的经济综合体，是以一定地域为范围，并与经济要素及其分布密切结合的区域发展实体。每一个区域的经济发展都受自然条件、社会经济条件和技术经济政策等因素的制约，而高速铁路对区域发展的意义在于不仅打破了自然状态下的时空界限和地缘区位，更是对整个区域范围的社会经济带来变革性的影响。区域经济本身是一种综合性经济发展的地理概念，它反映区域性的资源开发和利用现状及其存在的问题，尤其是矿物资源、土地资源、人力资源和生态资源的合理利用程度，主要表现在地区生产力布局的科学性和经济效益性。

高速铁路的联通将沿线地区之间的人力和物力资源通过客流运动紧密地联动在一起，在为区域人口提供更加快速、便捷出行选择的同时，也促进了生产要素在不同区域间的流动。2014 年底广州至贵阳和南宁的高铁开通后，珠三角每天开往西南方向的动车组百余对，双向每天可运送旅客量超 10 万人次，春运期间大幅度分流了"摩托车返乡大军"，降低了摩托车返乡的事故率，助力于更安全的春运。高铁的开通也对那些因交通不便而"受冷落"的旅游景点带来了游客，助力地区的旅游服务收入，对拉动地区旅游经济发展带来积极影响。2014 年，广州至贵阳的高铁开通后，肇兴侗寨一跃成为西南地区的火爆景点。通车两年，为贵州省带来了近 4 000 万人次的广东游客。

---

① 数据来源：中国铁路总公司官网。

2016 年，肇兴侗寨景区的游客接待量突破百万人次，旅游服务综合收入突破 7 亿元[①]。

高速铁路引领产业升级的创新功能体现在带动了高端装备制造业发展。中国铁路起步于清政府统治日渐衰落的时期，比世界上最先使用铁路的国家晚了半个多世纪。德国、法国、日本等高铁强国局限于较短的空间距离和较小的市场需求量，许多高精尖技术难以实践。中国铁路通过引进吸收西方发达国家技术，发展出自己的高速铁路装备制造业，给中国的高端制造产业创出了一条全新的自主发展道路。目前中国的机车车辆制造企业已经拥有高铁装备先进制造技术，并且带动了中国高端制造业的发展。

增加就业机会是高速铁路促进国民经济繁荣最本质的功能。中国高速铁路运营里程目前居世界第一，2018 年运营里程达 2.9 万公里，覆盖了所有的省会城市、大中型城市和绝大部分人口，同时高铁产业链的扩展也创造了更多的就业机会。随着高铁网络的不断延伸，高铁运行车辆不断增加，高铁技能服务型人才将是需求较大的缺口，对高铁行业专业性人才素质水平的要求也在提高。除了高速铁路直接带来的就业机会，小时经济圈带来的区域半径人口流通也为更多的岗位输送人才，小时经济圈为"通勤族"开启了"双城生活"，为人们提供了更为广泛的选择和就业机会。

二、高速铁路顺应供给侧变革——产业结构转型升级

推进供给侧结构性改革，是适应和引领经济发展新常态的重大创新，是推动中国经济转型、改善供给、扩大需求、解决供需错配的根本举措。随着高增长的动能减退，中国经济面临下行压力加大，从内因看主要是供给结构与市场需求脱节所致，即供给不适应需求品质的变化，有效供给不足。推进供给侧结构性改革，需要从生产端入手，推动经济结构调整、产业结构升级，改善供给以满足市场变化着的需求，催发新的经济增长点。在供给侧结构性改革框架下，经济发展主要依赖于社会总供给结构优化，而社会总供给结构优化以产业结构调整转型为基础。因此，从供给侧推动产业结构调整和优化升级成为中国新时代时期推动经济可持续发展的根本。

高速铁路带来了巨大的客流、信息流、资金流和产业流，对沿线产业培

---

① 林小昭："中国高铁里程超全球六成改变国人时空认知"，《第一财经日报》，2017 年第 10 期，第 9 页。

育发展带来重大变化,促进资金和资源在不同梯度地区的交流与往来,由此串"点"成"线"、拓"线"为"带"而形成的沿线产业带,进一步深化了区域分工格局,改变了沿线各大、中城市产业结构趋同状况,顺应供给侧变革,有效推动了区域产业结构转型升级。如京沪高铁有力地促进了京、沪两大中心城市向河北、山东、安徽、江苏等沿途省份实施产业转移,总规模高达数千亿元。距长三角最近的徐州—宿州—蚌埠—滁州一线成为承接中国东部沿海制造业转移的重点区域。徐州是江苏、安徽、山东、河南四省交界处的中心城市以及陇海—京沪两条铁路大动脉的汇集点,京沪高铁的建成大幅拉近了徐州与南北两大经济圈的经济距离,使其在承接长三角技术与资源的同时,又能充分享受京津冀的环境优势。京沪高铁开通后,各沿线城市很快融入长三角、环渤海经济圈,围绕各地优势产业,实现互补对接、扩散对接、连锁对接,提高产业集中度,构建起高层次产业基地,立足于发展先进制造业基地,包括一些战略性新兴产业,提升第三产业的比重。一些三级城市的县级市,更多发挥其在劳动力、土地、资源方面的低成本优势,进一步承接来自二级城市的转移产业,通过不断改进生产效率和提升技术水平,发展和优化劳动密集型、资源密集型产业。

京沪高铁沿线旅游资源十分丰富,是中国旅游资源和旅游产业高度聚集的地区。沿线站点涵盖了长城、故宫、颐和园、明十三陵、八达岭长城、泰山、"三孔"、苏州古典园林等世界自然与文化遗产,八达岭、泰山、南京中山陵、太湖等国家级重点风景名胜区,北京、天津、济南、曲阜、徐州、南京、镇江、苏州等国家历史文化名城,数十个国家 5A 级旅游景区。据统计,这些国家级重点旅游城市接待的外国游客数已占全国重点旅游城市接待外国游客总数的 50% 以上。[①]不言而喻,高速铁路对促进中国旅游业的强劲发展功不可没,这对大力发展第三产业就业,促进区域经济结构转型,推动产业升级发展起到了不可替代的作用。

高速铁路驱动产业链发展

高速铁路在其发展进程中,也驱动了自身产业链的发展和产业升级。高

---

① 林仲洪、杨瑛、田亚明:"从京沪高铁看高铁经济的重要作用",《铁道经济研究》,2017 年第 1 期,第 1—4 页。

铁产业链从建筑工程、装备制造到运营服务商，范围涉及甚广，如图5－2和图5－3所示。

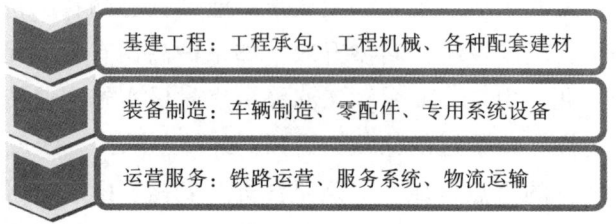

图5－2　高铁产业链

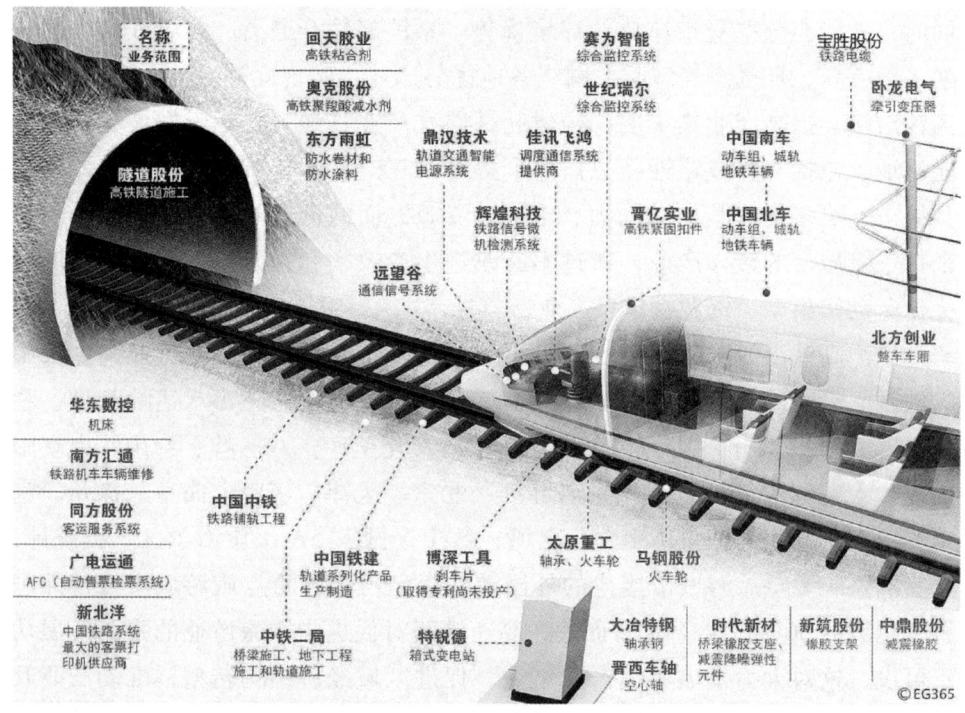

图5－3　高铁装备产业链

资料来源：中国经济导报。

一、中国高速铁路工程建设——高铁钢轨之基石

作为高铁产业链的上游链条，高速铁路工程建设主要包括高铁路轨基础建设、铁路工程机械和相关配套建材及零配件。中国能够承揽高铁建设工程的企业主要有中国铁路建设总公司（简称中国铁建）、中国铁路工程集团有限

公司（简称中国中铁）、中国交通建设股份有限公司（简称中国交建）等几家中国大型建筑公司。中国铁建和中国中铁承建了中国的大部分高铁线路，在高原、高寒地域的高速铁路设计施工技术稳居世界领先水平，中国交建也是中国高铁建设的主力军，先后参与了武合铁路、太中银铁路、哈大客专、京沪高铁、沪宁城际、石武客专、兰渝铁路、湘桂铁路、宁安铁路等多个国家重点铁路线路的设计和施工[①]。中国的铁路建设工程公司还积极参与了国际高速铁路的设计和工程建设，并扮演着重要角色，这些中国大型建筑公司在中国高铁工程建设中肩负着顶梁柱的作用，他们是中国高铁产业链的驱动者，他们的坚毅身影将永远定格在中国高速铁路两条轨道的延伸线上，没有他们的辛勤奉献，怎有如今高铁出行拥抱大自然的无限风光。放眼眺望，远见高铁银龙沿着两条钢轨飞越一座座凌空大桥，穿透一座座峻岭隧道，跨江河、越沟壑，天堑变通途。这是中国高铁建设者的伟绩，更是伟大的创造。

纵观中国高铁建设的产业链条，囊括了来自钢铁、机械制造、铁路设备制造、土建工程施工、电气化工程、信息化工程等诸多行业的产品。来自高铁建设对大量生产资料的需求刺激和带动了产业链上的这些行业企业的创新发展，使这些行业焕发了新的生命力，并将高铁产业链的创新发展延伸到更多的市场领域。高铁建设中采用了大量的高端技术装备，推动了产业链的升级和发展。在 2019 年 6 月，由中铁科工集团机械院自主研制的 40 米跨 1 000 吨运架成套设备运用于郑济高铁工程建设之中，这是该设备在中国高速铁路建设中的"首秀"。该设备的投入使用降低了高速铁路的建设成本，提高了工程建设效率，同时还能扩大高速铁路预应力混凝土简支箱梁桥的适用范围，减少了高速铁路建设占地[②]。在 2019 年年初，由中铁科工集团机械院研制的两台 900T 轮胎式搬运机加入了雅万高铁的建设施工，用于混凝土箱梁现场运输和导运，具有装卸起吊多功能、稳定性好的特点，确保了工程建设质量和速度[③]。高铁产业链上的诸多设备供应商在助力中国高铁建设的同时，对原用于高速铁路建设工程的设备继续进行创新发展，开拓了其产品的用途和市场。例如，2017 年 2 月，由中国核电设备供应商东方电气重型机器公司自主设计并制造的低压加热器运往欧盟国家，该设备原用于中国高速铁路的电

---

① 资料来源：中国交通建设股份有限公司官网。
② 人民网：我国高铁制架技术迎来第三次突破，硬核装备助力郑济高铁建设 http://henan.people.com.cn/n2/2019/0627/c351638-33081600.html。
③ 荆楚网：武汉研制高铁装备"神器"起航，助力印尼雅万高铁建设 http://wh.cnhubei.com/whyw/p/10181493.html。

气化建设工程,通过实施技术创新,更新后的产品用于法国电力集团 CP1 系列核电站的设备更换。这也是东方电气首次按照欧洲压力容器指令及标准进行核电产品的设计和制造①。

二、中国高速铁路装备制造——高铁钢骨之脊柱

在高铁产业链的中游,是列车制造装备、列车制造过程及其整个供应链,主要包括相关设备、车辆生产、零配件和电气化系统、通信信号及信息化系统等专用系统设备。近年来,中国动车组保有量快速增加,截至 2015 年动车组保有量达到 1.76 万,过去 5 年复合增速为 32.4%。中国中车是目前中国最大的铁路车辆制造企业,自 2008 年中国进入高铁的黄金时期以来,以中车为代表的中国铁路装备制造业也进入了蓬勃发展期。中车集团的铁路装备业务收入随之快速增长,年收入于 2015 年达到千亿元②。中国中车股份有限公司承继了中国北车股份有限公司、中国南车股份有限公司的全部业务和资产,是全球规模最大、品种最全、技术领先的轨道交通装备供应商。高铁装备制造是中车集团的主营业务,主要包括高速铁路车辆的研发、设计和制造;电力牵引与控制领域的"三大关键核心技术"即网络控制技术、变流技术、电传动系统集成技术,"两大关键核心系统"即网络控制系统——"大脑"、牵引传动系统——"心脏"产品的研发、制造和配套;高端齿轮传动系统的研制等,这些设计制造技术已成功应用于世界上运营速度最快、科技含量最高的 CRH380A 型动车组、世界最大功率 6 轴 9 600 千瓦交流传动电力机车;并拥有世界一流的研发制造平台、轨道装备高端产品制造基地、中国高速列车产业化基地、国家轨道交通装备产品出口基地;同时还覆盖了电气传动与自动化、高分子复合材料应用、新能源装备、电力电子器件四大产业板块③。

高铁车辆研制的自主化率的提高是高铁驱动产业链发展的重要标志。关于自主化,首先要区分一个概念,即国产化。在经济全球化和国际分工大背景下,自主化不等于国产化,自主化应当是以自己制定的标准规则进行生产和运营。诚然,关键技术和核心零部件能否国产化,会影响产品、企业,乃至国家的安全。随着中国经济水平和科学技术的发展,许多发达国家由于来

---

① 中国企业 2017 年出海报告之装备制造:出口高端化趋势明显 http://www.cankaoxiaoxi.com/finance/20180104/2250301.shtml.
② 数据来源:中车集团年报.
③ 资料来源:中车集团官网.

自政治、经济、文化等方面的压力,在高精尖领域对中国予以排斥,实行技术封锁或贸易禁运。面对这种环境,中国一直在推动关键技术和核心部件的国产化,避免受制于人,同时这也有利于应对国际市场的博弈与竞争。毫无疑问,在高铁高端装备制造领域,中国高铁创建了以中车为主导的价值链体系,通过攻克重重技术难关,实现关键技术和核心部件的自主化,拓通了中国高铁装备制造业迈向产业链高端的通道。中国高铁装备制造的高端化发展,铸就了支撑高铁钢骨的坚实脊柱,为通向产业链升级之路跨越重重沟壑搭建了桥梁通道。

三、引领产业链升级

高铁产业链涉及范围甚广,涵盖铁道工程建设、装备制造、电气化建设、控制系统等一系列链条环节,链接和一体化集成这些高铁产业链条并呈现高端水准的核心纽带是高速铁路的高标准体系。高速铁路的设计制造标准体系是其高端装备制造的核心高地,体现了高铁领域话语权,是行业水准的标志,同时也是引领高铁产业链升级的风向标。

中国高铁设计制造水平的不断提升,铸就了中国高铁设计制造标准的建立,也成为中国高铁产业链升级的显著标志。中国高铁动车组"复兴号"在两百余项重要标准中,中国标准占了84%,基本上实现全面自主化。其中颇有代表性的是国产润滑油脂成为中国高铁的原装配套产品[①],成为输出"中国标准"的典型范例。在高铁庞大的产业链中,中国润滑油行业从寻求进口替代到实现完全原装配套的历程,只是各行业努力创建"中国标准"的缩影。2012年,经过多年技术积累,长城润滑油依托全国研发网络,设立齿轮箱、减震器等部件润滑油脂专项攻关小组,推动高铁配套用油的国产化替代。在此之前,中国润滑油缺乏高铁应用基础,而且国内没有应用测试的环境,这导致长城润滑油无法实现自证,研发项目一度陷入停滞。直到2013年,当时中国南车开始推动关键零部件国产化,这给长城润滑油创造了机会。在高铁配套产品体系中,尽管润滑油脂不属于关键核心的阵列,但青岛四方给予长城润滑油很大支持。当时青岛四方只有2个台架,他们专门拨出1个台架供长城润滑油进行"350公里中国标准动车组"台架测试。值得一提的是,当时的"350公里中国标准动车组"就是还未命名的"复兴号"。经过两个多月

---

① 程武:"长城润滑油给力'复兴号'",《中华工商时报》,2017年第7期,第26页。

的台架测试，长城润滑油证明了自己的产品能适用。同时，2014年长城润滑油先后应邀，参加高寒车和"350公里中国标准动车组"润滑油油脂的同步设计和同步研发，并先后成为高寒车和"复兴号"中国标准动车组的原装配套用油，实现了从进口替代到原装配套的华丽转变。长城润滑油是中国石化旗下品牌，属第二代产品，有中国航天的背书，曾认为应该很容易在高铁产业链中找到自己的位置。事实上并非如此，这折射出中国高铁对配套产品的严格准入，也体现了中国制造企业要想在高铁产业链中站稳一席之地，需经历艰辛而漫长的爬坡。

随着中国高铁建设线路地貌趋于复杂，工程机械在高铁建设中扮演着愈发重要的角色。架桥机设备作为帮助高铁逢山开路、遇水架桥的机械巨人，就需要不断适应中国复杂的地形地貌，对出现的施工难题通过不断创新寻求解决方案，在这过程中体验着更新换代、升级产业的历程。

原先在铁路工程建造中，中国高铁建设普遍采用"以桥代路"方式。在建造京津城际和京沪高铁等线路时，由于所属地域环境大多为平原地貌，所需隧道建设并不多，传统运梁架桥设备尚能应付。但是，当高铁建设开始向山区延展时，原有的运梁架桥设备无法完成整台机器过隧道以及在隧道口架梁的任务。2007年，在武广高铁建造过程中发现传统的运梁架桥设备已无法适应施工需求，由于当地属丘陵地带，线路设计需要穿越大量隧道。①原运梁车采用车上载梁的驮运方式，车体和箱梁的高度加起来超过了可以安全运梁通过隧道的高度，且箱梁宽大超过了隧道上部宽度，运梁车一度被卡在隧道口不能通过。对此，中国高铁工程师专门研制了流动式架桥机，将原来车上载梁驮运方式改为车下吊梁跨运方式，调换了车体与箱梁的相互位置，悬挂在车体下面的箱梁虽宽，但可以很容易地使箱梁最宽部位调节到隧道最宽处的高度，而上面的车体收窄，保证整机顺利通过隧道，解决了进出隧道的难题。在沈丹高铁建设中，流动式架桥机不但能携梁轻松通过隧道，而且在隧道里面可以完成直行、横行、斜行和八字转向等动作。

然而，问题接踵而至，另一个难题又摆在面前。在中国的延绵山区中建设高铁，一个很常见的问题是桥隧紧密相连，如沪昆高铁线路，由于需要穿越丘陵地貌，拥有较多的桥隧设计，有的标段隔一两公里就需要桥隧连接。在平原地区建设高铁难度则下降许多，运梁和架梁可以由运梁车和架桥机分

---

① 文妮："跨武广高铁特大桥连续梁转体施工技术"，《交通标准化》，2013年第2期，第81—84页。

别完成,而这在山区施工则很难实现。所以,在山区建设高铁必须采用运架一体的工程机械。为解决这一难题,2013年中国高铁人自主研制出了SLJ900/32型流动式架桥机,长91.6米,宽7.1米,高9米,整机重约530吨,形如一只庞大的千足虫,这只"千足虫"没有导梁,只在身子前端多了两条悬挂的长"腿"。图5-4展现了这位铁壁巨人现场作业的壮观情境,也体现了中国高铁建设宏伟壮举中的一个缩影。

SLJ900/32架桥机的成功研制打破了此前国外运架一体机技术在中国高铁建设市场的垄断地位,整体技术达到国际领先水平,开创了世界重型桥梁架设技术的先河,这也是中国首台具有完全自主知识产权的新型运架一体机,展现了高铁产业链中国制造的高端水平,并使中国铺架装备制造水平实现了从"追赶者"到"领跑者"的巨大跨跃。它是助力中国高铁穿山越岭、横跨天堑的铁臂先锋。①

图5-4 中国高速铁路建设流动式架桥机
资料来源:中铁建第五设计勘察院;http://t5y.cru.cn/avt/2013/3/12/art58351313293.html。

高速铁路延伸消费链

高速铁路投资大、产业链长、集成多个领域的技术,带动了关联产业转型升级,形成高铁产业集群,提高了中国相关产业在全球价值链中的地

---

① 赵艳斌:"'铁臂先锋'助高铁穿山越岭——石家庄铁道大学研制的流动式架桥机破解世界性造路难题",《中国军转民》,2013年第12期,第43—44页。

位。高铁经济的拉动效用是巨大的,以高铁基础设施建设为例,其建设投资对关联产业的乘数效应一般超过 3 倍,远高于公路等其他运输方式。据测算,每 1 亿元高铁建设投资可直接带动金属冶金业 0.3 亿元、铁路建筑业 0.7 亿元、装备制造业 0.3 亿元、机械工业 0.2 亿元、化学工业 0.2 亿元、其他关联产业 1 亿元。不仅在工程技术领域,高铁发展还有力带动了旅游、商贸、餐饮、购物、文化等第三产业发展,为推动中国产业结构优化升级发挥了不可替代的作用。①

中国为什么发展高速铁路受到这么多人的关注? 2017 年仅在广州南站的统计显示,年客流量达 1.35 亿人次,2018 年更是突破 1.5 亿人次,而珠江三角地区人口数量也不过六千万人。2017 年中国乘坐高铁的客流已经超过 15 亿人次,也就是说平均每位中国人乘坐高铁出行超过一次。这意味着高铁对中国的旅游出行和商务出行选择都带来了天翻地覆的影响。同时,这个庞大出行人次所产生的出行消费也会连锁作用于其他相关的出行消费。在为铁路运输增加收入的同时,也在高铁运行区域内引发了因高铁出行而产生的消费活动,从而带来更广阔的经济利益,包括市内交通、餐饮、住宿、购物、广告等。2012 年底,京广高铁开通,武汉市旅游业于次年春节假期便迎来了明显增长。仅武汉市的旅游团组便超过 350 组,同比增长 160%,同时,武汉市的旅游收入增幅明显,达到了 15.5%。京津城际通车后,从北京到天津的旅途用时仅需半个小时,拉动了天津的旅游收入增长。"狗不理"在天津十个连锁店的营业额与高铁通车前相比增长了 20%。

一、车站经济圈辐射效应催生消费链

高速铁路沿线贯通形成的高铁车站经济圈辐射周边经济发展,对扩展周边辐射区域的人口消费链起到了推动作用。车站经济圈,是指由于铁路客运站及铁路运输对周边地区的影响,导致生产技术,贸易及人口向车站周围聚集,依托车站尤其是枢纽性车站人流、物流、信息流的优势,发展形成的多功能经济区域。车站经济圈的功能效应与是否临近高铁枢纽紧密相关。高铁枢纽是指汇集多种交通设施,提供多种交通间换乘,实现城市对外交通和城市内部交通便捷换乘的铁路综合设施②。高铁枢纽的功能促进了基础设施建设

---

① 林仲洪、杨瑛、田亚明:"从京沪高铁看高铁经济的重要作用",《铁道经济研究》2017 年第 1 期,第 1—4 页。
② 罗新剑:"浅谈铁路车站经济圈的发展",《中国电子商务》,2012 年第 22 期,第 159 页。

和多式联运的进一步发展,改变了资本、技术、劳动力以及货物和信息等各类流量经济要素的流动方式和效率,同时也为发展高铁经济提供了交通辐射条件。高铁枢纽与车站经济圈为引入产业发展工业园区提供了交通便利,进而会逐步形成和造就一个新城,这也是为什么许多城市都将高铁站建设在城市郊区而非闹市区。不仅避开了轨道横穿城市,保持城市的整体环境和文化景观,同时还涉及城市发展的战略导向。

城市未来要向新区发展,交通便利是重要的考量因素。高铁站建在新城区,可大大促进新老城区间的人员物流的流通,既有助于城市范围的快速延伸,又给周边经济相对滞后的地区提供了发展机会。以北京南站经济圈为例,自北京南站投入运营以来,以其自身规模和输送客流的能力,成为肩负北京市客运任务最为繁重的火车站。同时,北京南站的改扩建也为北京城南区建设创造了一个新的商圈。北京南站周边形成了以中档写字楼、酒店为主的商业地产聚集区。大量写字楼和酒店拔地而起,创造了更多的就业机会。同时,一批批从业人员的到来也为南城的商业带来了活力,包括零售业和房地产等。再如,湖北十堰高铁车站经济圈,该经济圈规划了五大功能区,其中之一为建材批发区,新市场建成后吸引了超数百家经营商入驻,年销售额达到数亿元。另外,围绕湖北襄樊高铁车站建成的"襄樊经济圈"也拉动了周边区域的快速发展,成为襄樊市的黄金地段。目前,以襄樊站为中心,逐步衍生出小商品批发商贸圈、餐饮服务商圈、房地产商圈等,区域内国民生产总值达数十亿元,有力地推动了地方经济的发展。

车站经济圈催生城市副中心围绕高铁的车站建设,很多城市纷纷借势打造城市副中心。在武广高铁沿线,以高铁车站为中心的现代化商圈逐渐涌现,成为中国经济发展的一个新动能。作为湖北城市经济圈的龙头,武汉市制定了发展轨道交通、现代服务业、制造业和纺织业等产业的规划,围绕武汉高铁车站周边地区打造城市副中心,开拓就业机会,提供更多的居住空间,带动城市消费经济的发展。高铁长沙南站也为长沙市城市的发展提供了巨大空间。长沙市在南站周边制定了"武广新城"开发规划,开发建设商业地产、住宅、旅游及文化娱乐设施,促使长沙向交通枢纽城市发展。高铁长沙南站所在的城市副中心,是长株潭城市群共同的城市副中心。在全国,高铁沿线各大、中型城市利用交通之便开发车站经济圈,其辐射效应极大地促进了高铁消费链的延伸。

高铁车站经济圈促进了城市综合交通发展。由于高速铁路具有速度快、密度大等特征,作为交通枢纽的高铁车站,尤其需要其他交通运输方式如公交、地铁与之配套发展,形成客流的快速集散功能,解决车站的城市交通疏通问题。因此,围绕着高铁车站形成的经济圈首先需要加快城市公交以及轨道交通的发展。以杭州东站为例,其广场综合体位于城东新城的核心区域,东站枢纽集中了除飞机之外的所有交通工具,形成了以车站为核心的"东站交通枢纽综合体"。东站广场综合体的换乘交通组织是围绕站前架空层广场的两个换乘核心进行,无论是高铁与地铁、公交、市域短途、旅游大巴和出租车及社会车辆之间的换乘都可在室内进行,极大地方便了旅客换乘[1]。

二、高速铁路互通成网拉动旅游消费

2008 年是中国高铁时代的起点,京津城际铁路开通之后,相继开通了多条高铁线路。2009 年底,世界上运营里程最长的武广高铁的开通运营标志着中国进入了高铁时代。据国家铁路局统计,2018 年国家铁路运输旅客发送量累计达 33.75 亿人,比上一年增长 9.4%[2]。其中,12 月旅客发送量达 25 164 万人,比上年同期增长 8.4%[3],体现了高速铁路对铁路运输旅客发送量增长带来的贡献。

高铁的出现为旅游业带来了翻天覆地的变化,它催生出一种全新的出游方式——高铁旅游。以北京为例,先后开通了京津城际高铁、京广高铁、京沪高铁等多条线路。以 2008 年为分界点,考察高铁投入运营后铁路运输业与旅游业之间的变化,可以看出高铁发展与北京市旅游业发展之间存在同向增长的关系,如表 5-2 所示。可见,自 2008 年北京开通了面向全国的高铁以来,客运量和来京旅游人数不断增长。由于京广高铁于 2012 年 12 月 26 日开通,将开通后的增幅对比纳入 2013 年,为整体客运量和来京旅游人数带来的增长贡献分别为 12.3% 和 8.9%。而京沪高铁作为连接中国东部经济发达地区的重要客运线路,为北京带来了较为明显的客流增长,达到了 16.4%。

表 5-2 高铁开通对北京市旅游业增长的影响

年份	高铁运营状态	客运量/万人	增幅	来京旅游/万人次	增幅
2008	京津城际开通	7 646	10.6%	14 560.0	9.7%

---

[1] 周新军:"车站经济圈:我国城市发展的新模式",《综合运输》,2012 年第 6 期,第 53—55 页。
[2] 数据来源:国家铁路局,2018 年铁道统计公告。
[3] 数据来源:国家铁路局,2018 年 12 月全国铁路主要指标完成情况。

续表

年份	高铁运营状态	客运量/万人	增幅	来京旅游/万人次	增幅
2009	武广高铁开通	8 161	6.7%	16 669.5	14.5%
2010	和谐号动车创造运营时速记录	8 915	9.2%	18 390.1	10.3%
2011	京沪高铁开通	9 800	9.9%	21 404.4	16.4%
2012	京石高铁开通	10 398	6.1%	23 134.6	8.1%
2013	京广高铁开通（2012.12.26）	11 680	12.3%	25 189.0	8.9%

数据来源：北京统计局、《北京统计年鉴》。

对旅游业而言，高铁的正外部效应更为显著。高速铁路互通对经济的拉动作用突出表现在旅游业上。高速铁路互通缩短了城市之间的相对距离，舒适便捷的乘车环境为线路周边旅游城市吸引了大量潜在游客。高速铁路的通达性促进了城市群内部以及不同城市群之间的游客流动，有助于充分利用各城市的旅游资源。高铁大大加速了旅客的流转，既能够便利原有景区的游览观光，同时又使原先交通不便的景区得到重视和开发。诸多具有旅游特色的小城镇，得益于高铁的开通，因人流涌动而迎来了旅游发展的新机遇。武广高铁开通当年，沿线 11 个城市，其中 8 个城市的旅游人数增长率达到 30%。

三、高速铁路引导房地产消费新选择

以地铁为代表的城市轨道交通作为一种大容量的公共交通方式，由于其快捷高效的特点在许多大城市得以快速发展，为居民出行带来了极大便利，也影响到了当地房地产消费的选择。同理，高速铁路凭借高速便捷的优势，有效地缩短了沿线各城市间通行的时间，大幅提升了联通便捷度，从而在高铁站点区域催生了住房需求。此外，许多滨江城市为拓展发展空间，培育新的经济增长点，纷纷借鉴上海浦东模式提出跨江发展战略，桥梁、隧道等跨江通道与高铁站衔接，强化了城市两岸的交流与联动。快速便捷的交通设施通过时空压缩效应，不断促进生产要素的快速流动与优化组合，进而释放出巨大的外部效益，设施站点、节点周边区域的房地产价格势必会受到影响。①

高铁对于房地产最重要的影响作用之一是能够提升沿线区域的土地价值。高速铁路开通促进了附近人口聚集，特别是城市中心或副中心的高铁车站若

---

① 王楠、吴巍、胡细英、赵晓杰："大型交通设施对房地产价格影响研究进展与评述"，《城市发展研究》，2018 年第 5 期，第 142—147 页。

未来会发展成为枢纽车站,那么其周边将会成为客流、物流、资本、科技、消费的聚集之地,进而对车站周边的土地价值产生影响。一个地方是否通高铁,对该区域的升值空间影响异常明显。以天津市宝坻区为例,当地的房源一直处于滞销状态,甚至不少楼盘都封盘了,可在京唐城际、京滨城际规划出台后,该区房源一下子变得炙手可热。此外,高速铁路与城市轨道相衔接,交通的便利性带来的"职住分离"现象也拉动了大城市周边城市的房地产发展。交通是影响区域发展的关键要素之一,只有交通发达了,城市才能有大发展。高铁对城镇化发展产生巨大的推动作用,显著刺激了沿线的住宅消费。

案例 5-1　高铁推动贵阳房地产升值[①]

截至 2019 年 7 月,正在规划建设中途经贵州省的高铁主要有四条:贵广高铁(贵阳—广州)、沪昆高铁(上海—昆明)、渝黔快速铁路(贵阳—重庆)、成贵高铁(成都—贵阳),这四条高铁都交汇于贵阳北站。

贵广高铁:贵广高铁是连通西南地区与珠三角地区的重要的区际铁路通道,于 2014 年正式通车运营,这标志着贵州开始迈入"高铁时代"。同时,贵广高铁的起点站(贵阳北站)作为西南地区最大的高铁枢纽站也正式投入营运。

沪昆高铁:沪昆高铁是连通西南地区与长三角地区的快速交通大动脉,途经昆明、贵阳、长沙、南昌、杭州、上海等城市,全线总长度 2 264 公里。贵阳至长沙段高速铁路于 2015 年通车,并于 2016 年下半年全线通车。

渝黔快速铁路:渝黔高铁是连通贵阳与重庆的快速城际通道,于 2018 年初投入运营,自此贵阳至重庆运行时间从原先 10 小时缩短至 2 小时。

成贵高铁:成贵高铁全长 515 公里,是中国西北、西南至华南的区际快速铁路新通道,预计 2019 年 12 月竣工通车,届时贵阳至成都的运行时间将由 12 小时缩短至 3 小时。

以上高铁全部建成投入使用后,贵阳通往各地城市的时间大大缩短,至北京、兰州 7 小时,至上海、郑州 6 小时,至广州、西安、武汉 4 小时,至长沙、南宁、成都 3 小时,至昆明、重庆 2 小时,至黔中城市群其他中心城市只需 1 小时,届时贵阳将全面进入"高铁时代",同时也将跃升为国家级的交通枢纽,这无疑会对贵阳地区的土地价值产生深远的影响,给予消费者更

[①] 袁嗣陶、黄福卫:"高铁对贵阳房地产的影响研究",《赤峰学院学报(自然科学版)》2015 年第 21 期,第 81—91 页。

多的购房选择。图 5-5 显示了贵阳市房价与高铁开通时间的对比状况，两者呈现正相关，也在预期之中。

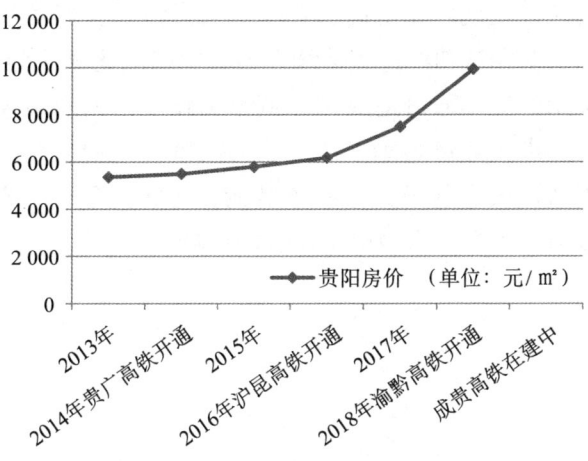

图 5-5　贵阳市房价与高铁开通时间对比图

数据来源：安居客。

高铁的开通冲击着人们传统的时空观，无疑会改变人们固有的物业区位观念，增加对不同位置物业的选择机会。从省外市场看，随着贵广高铁的开通运营，沪昆、渝黔等高铁也将相继开通运营。届时，贵阳与高铁沿线火炉城市的时间距离极大地缩短。贵阳与周边火炉城市相比有两大显著优势：首先是凉爽的气候资源优势，其次是贵阳的房价相对较低。这两大显著优势将吸引高铁沿线城市的人们来贵阳购房，作为他们的第二居所或者季节性住宅，这将增加贵阳房地产需求。从省内市场来看，全面进入高铁时代后，贵阳到都匀、凯里、毕节、遵义等省内其他的地州城市只需 1 小时车程，这将打破贵阳与其他地州城市之间的时空瓶颈，使城市边界的概念变得更加模糊，届时京津城际的"双城生活"也将上演贵阳。在遵义、都匀等城市工作的人，他们很可能在贵阳定居，因为这样可以享受到省会城市更为先进的医疗、教育等服务，这又将进一步拓展贵阳房地产市场。高铁全面开通后，从外部改善了贵阳的区位条件，省内其他的地州市及省外来贵阳购房的需求将一步增加，从而将推动贵阳土地价值的上涨。同时高铁通车后，受地缘关系影响，可能会把广州、重庆、长沙、桂林等地楼市的涨幅传导到沿线城市，缩短两地的房价差距。贵广高铁的开通运营，只是贵阳进入"高铁时代"的一个开端，随着贵阳全面进入高铁时代，高铁推动土地升值的趋势还会更加明显。高铁缩短了贵阳与外界的时空距离，这正对贵阳土地价值和房地产发展产生着深刻的影响。

  随着中国高铁技术不断发展，高铁网络不断拓展延伸，中国高铁正在成为驱动中国社会经济发展转型的时代动力。为适应国家经济转型、顺应产业结构调整、拉动消费经济和促进可持续发展，中国深化供给侧改革势在必行，中国高铁对此责无旁贷。通过适应国家调整运输结构的政策需求，增加铁路运输有效供给，促进产业链转型升级，中国高铁在方便公众出行、拉动交通和旅游消费、创新便民、利民交通服务措施、降低社会物流成本、创造就业机会、倡导环保治理等方面都做出了显著的贡献。

第六章　高速铁路效益：外部效应与经济可持续平衡机制

高速铁路所产生的效益不仅体现在客票收入方面，还有很大一部分是高速铁路带来的社会效益。高速铁路建设直接带来的投资增长、旅客出行时间节约、出行安全保障提升以及环境污染减少等都属于其直接对社会所做的贡献，这些社会效益即是高速铁路正外部性的体现。这种外部效应虽能够造福于旅客、沿线居民、区域经济发展和地方政府等，体现了高速铁路的公益属性，但由于高速铁路的巨额建造成本难以由其直接经济收入所覆盖，致使其在一定时期内会面临运营亏损。带来的问题是，高速铁路为社会带来巨大效益的同时，在现行体制下，其自身却不得不面临亏损运营，如何消解高速铁路的经济困境？不言而喻，需要高速铁路的社会效益受益人——地方政府通过转移支付提供相应的经济支持。

高速铁路的正外部性与社会效益

高速铁路具有明显的正外部性，主要体现在其带来的社会效益上。社会效益一般是指项目实施后对社会所做的贡献，其中既包括了项目本身直接对社会所做的贡献，又包括了由于项目的建立间接为社会带来的效益。

一、高速铁路的正外部性——社会效益之源

外部性是指那些生产或消费对其他团体强征了不可补偿的成本或给予了无需补偿的收益的情形[1]，即某个经济主体对另一个经济主体产生一种外部影

---

[1] 萨缪尔森、诺德豪斯：《经济学》，华夏出版社1999年版，第263页。

响,而这种外部影响又不能通过市场价格进行买卖。外部性包括正外部性和负外部性。顾名思义,正外部性即是使他人或群体在无须花费代价的前提下受益,负外部性则是使他人或群体受损而自身却没有为此承担成本。例如,高速铁路的建设推动了高铁车站周边的土地升值,从而使附近的房地产获得了土地增值收益,这是正外部性的表现。又如,化工厂将污水排入河流却没有采取治理措施,使水源遭受污染,对附近居民造成健康安全及财产的损失,而这种损失是由附近居民买单,化工厂并没有为此付出代价,这是化工厂的负外部性表现。如前所述,高速铁路建设成本巨高,且因其部分公益属性所限,在客流有限的情境下,客票收入难以覆盖全部成本,运营亏损在所难免。高速铁路的正外部性体现在它对社会效益的贡献,但是这部分社会效益并没有转换为对高铁运营公司的回馈补偿,这也给高速铁路的经济可持续带来了严峻挑战。

高速铁路所具有的社会经济内涵广泛而丰富。总体上说,开通高铁带来的促进国民经济快速发展的宏观社会效应被统称为"高铁经济"——泛指依托高速铁路的综合优势,促使资本、技术、人力等生产要素,以及消费群体、消费资料等消费要素,在高速铁路沿线实现优化配置和集聚发展的一种新型经济形态[1]。高速铁路作为快速规模化客运交通的有效方式,已成为世界各国未来铁路发展的主要方向,但同时又具有投资规模大、建设成本高、回收期长的特点。目前,中国已开通的高速铁路中,有多数尚处于客流培育期,运营收入难以弥补其建设成本,基本处于亏损状态,这引发了对高速铁路经济可持续性的疑虑。然而,已有的研究大多是从运营收益能否回收投资成本等会计角度出发,对于高速铁路的经济属性与其带来的巨大外部经济效益认识并不足。高速铁路作为一种客流量规模化(相比于公路和航空)、高速度(相比于普速列车)、受天气影响小(相比于航空),同时又安全可靠的交通方式,满足了交通需求色谱中的中端需求部分,顺应了人们不断变化的出行需求。高速铁路的发展不仅改变了区域间的交通布局与结构,还深刻影响了沿线区域和城市的经济发展。具体而言,除了直接的运营收益外,高速铁路带来的社会效益主要包括:时间节约效益、节能环保效益、产业结构优化效益、区域经济带动效益及社会就业效益等。

(一) 时间节约

开通高速铁路最直观的感觉就是出行的时间缩短了,让旅客出行时有了

---

[1] 刘继广、沈志群:"高铁经济:城市转型的新动力",《广东社会科学》,2011年第3期,第20—26页。

更多的选择,不仅能够享受到更快捷、更舒适的客运服务,还能节约出行时间,获取时间价值。如京津城际高铁,将北京至天津两地间120公里的路程时间压缩到半小时。与航空相比,高速铁路在300公里—1 000公里的距离间极具竞争优势,适合对时间性、舒适性要求较高的公务、商务人士出行。在当今快速发展的经济时代,时间对于人们而言就意味着经济价值,高速铁路大大缩短了出行的时空距离,给人们带来了从事更多的经济和社会活动的机会,获得了时间节约的价值利益。

(二) 节能环保

在公路、民航和高铁三种现代旅客运输方式中,高速铁路的能耗较低。据媒体报道,京沪高速铁路开通运行后,人均实际能耗仅为3.64度电/百公里,只有航空运输的1/12,极大地节约了能源资源。在现代社会中,公路和民航运输带来的环境污染日益严重,排放的废气及噪声对生态环境和民众健康的影响越来越大。飞机排放的大量有害物质在大气中要停留两年以上,是造成大面积酸雨、影响植物生长、侵蚀建筑物的直接原因。汽车燃气排放的有害物质,更是直接威胁着居民的日常生活与健康。而高铁使用电气化动力驱动,在低碳排放、节能环保方面优势十分明显,如表6-1所示。从公路运输、航空运输和高速铁路运输对环境污染程度的对比可以表明,高铁对污染环境的气体排放量最低,碳排放量几乎为零。另外,根据有关数据统计,各种交通工具平均每人公里的能耗为:高速铁路572.1焦耳,高速公路公共汽车583.8焦耳,小轿车3 309.6焦耳,飞机2 998.8焦耳[1]。可见,高铁在能源节约与环境保护方面,相比公路与航空运输有着较好的环境效益。高铁在降低能耗,减轻环境污染,改善环境绩效方面起到了积极作用。

表6-1　　　　　　　　不同交通方式对环境的污染影响

排放物质	公路运输	航空运输	高速铁路运输
CO	1.26	0.51	0.003
NO_X	0.25	0.7	0.1
CO_2	111	158	28
SO_2	0.03	0.05	0.01

数据来源。[2]

---

[1] 王鹏:"浅析高速铁路与其他运输方式的比较",《成铁科技》,2006年第2期,第6—7页。
[2] 乔英忍、曹国炳:《世界铁路综览》,中国铁道出版社2001年版。

(三) 产业结构优化

根据中国《中长期铁路网规划 (2008 年调整)》"四纵四横"高速铁路网进行测算，中国高铁 1.31 万公里主干线的投资额为 1.95 万亿元人民币，间接拉动产业资金规模 15 万亿。高铁建设投资对拉动铁路建筑业，交通运输装备制造业，通用、专用设备制造业，通信设备、计算机、电子设备制造业，非金属矿物制品业、金属冶金及压延加工业的直接经济影响显著，特别是铁路建筑业和交通运输装备制造业，占到铁路建设投资的 90% 以上。

高速铁路技术作为中国传统铁路技术的突破性成果，其产业化、规模化的进程对中国科技研发水平与电子、材料、信息等众多高精尖产业的发展是一个极大的促进。中国高铁励精图治，通过引进西方国家先进的高铁技术，加以消化吸收再创新，经历了快速发展，提升了自主创新能力，填补了诸多空白。京沪线新一代高速列车零部件数量近 10 万个，独立成子系统的有 260 余个。生产这些零部件涉及的核心层企业近 100 家，紧密层企业达 500 余家，覆盖 20 多个省区市，形成了一个庞大的高新技术研发制造产业链。京沪高铁总投资达 2 209 亿元，国产化率 70% 以上，绝大部分投资都为中国企业吸收，并进行自主研发投入，形成良性循环，积累了对外输出的技术资本。

(四) 区域经济带动

高速铁路对区域经济带动的显著作用体现在市场集聚和产业转移。高速铁路对改善区域交通环境带来的影响是双向的，对资源流通的扩散与聚集作用并存，具有明显引导市场集聚和带动产业转移的效用。从更大范围来看，高速铁路的聚集效用主要体现在：高速铁路沿线地区交通环境的改善促使运输成本得以降低，并形成区域规模效应，吸引周边地区的生产要素向沿线及节点城市集聚。高速铁路选线主要沿已有的区域核心或重要节点城市设计，这些地区经济基础较好，客流量大，对城际间快速交通的需求比较旺盛，建造高速铁路可以最大化地发挥其满足快速规模化需求的功能价值。

高速铁路开通后，加强了沿线经济区的交流与沟通，沿线区域人口频繁流动，加速了各生产要素在区域范围的流通。经济发展较快的城市可以向相对落后的城市输送资金、信息、技术等要素，而发展相对落后的城市可以利用其劳动力和土地资源优势承接产业转移，这种双向的优势互补可以提高整个区域内的资源配置水平，有助于缩小区域经济发展差异。例如，武广高速铁路、南广高速铁路、厦深高速铁路的开通为粤东西北拉来了人才、物资、资金等生产要素，进一步吸引珠三角企业向粤东西北更大范围和更高层次的产业转移，促进了珠三角与粤东西北产业共建互惠互利合作发展的机制，由此而产生了巨大变化。高铁车站辐射效应使得珠三角和粤东西北地区加速形成1—2小时经济圈，跨区域活动和要素流动显著增加，增强了珠三角对粤东西北的扩散效应，有助于广东省实现产业转移，实现珠三角与粤东西北协同分工的发展格局，由此充分发挥发达都市区的经济带动作用，形成由原先都市区自身范围的发展扩展到高铁沿线区域共同发展的新格局，从而实现经济平衡发展。

高速铁路的社会经济效应还表现为高速铁路经济带的形成及其功能效用。随着高铁外部效应辐射范围扩大，高铁沿线经济规模随之扩大，产业分工更加细化，人员流动速度提高，调动沿线各区域充分发挥自身优势，有重点的发展相应产业，加速各区域之间的经济分工以及产业联系，从而进一步推动区域经济一体化，形成高速铁路经济带。随着中国高速铁路网络日渐完善，由"四纵四横"向"八纵八横"发展，高铁经济带辐射能力将会大幅提升，通过引进具有发展前景的新兴产业，给区域性产业升级带来机会，同时对第三产业发展的影响也令人瞩目，最为显著的是对旅游服务业的拉动作用巨大。作为一种新的出行交通方式，高速铁路会对游客的出行方式选择、旅行时间安排和出游行为带来深远的影响。

2014年12月，随着贵广、南广高速铁路的开通，广东、广西、贵州三省签订贵广、南广高速铁路经济带合作框架协议，共同为全国高速铁路经济带建设探索经验[1]。四年来，粤桂黔三地合作全方位铺开，从工业项目、高新技术到基础设施、金融合作、旅游文化、现代农业等，不断向纵深推进。随着粤桂黔高速铁路网络日趋完善，粤桂黔高铁经济带沿线城市打破了区域行政的阻隔，紧密协作，深度互动，促进了沿线城市之间人才、物资、资金等要素的互联互通。同时，在高铁经济带效应带动下，游客、人才、投资者等络绎不绝地光顾粤桂黔沿线各城市，为地方经济发展引入了活水。粤桂黔三省以高速铁路为媒，谋划建设高铁经济带合作试验区，实现优势互补，开启了互利共赢、协同创新的区域经济合作新局面，为今后高铁经济带的发展探索出新样本、新模式、新路径。

（五）促进社会就业

高速铁路对社会就业的拉动作用不容忽视。高速铁路的建设与运营形成

---

[1] 贵广南广高铁开通 粤桂黔跨省区合作破除区域流动壁垒 http://www.gd.gov.cn/gdywdt/tzdt/content/post_68623.html。

了一个庞大的产业链，同时还带动了相关产业链的发展，衍生出多方面的岗位需求，为社会创造了大量的就业机会。如高铁工程建设拉动了工程机械制造、电气化系统配套、钢轨制造等产业。又如高铁机车车辆装备制造拉动了对上游产业金属冶金、机电设备、配套零部件等的需求。高铁的运营维护业提供了诸多就业岗位，吸纳了大量的就业人员。在高铁产业链下游，高铁车站辐射功能促使形成新的经济增长点，吸引更多外来商家，进而形成高铁车站核心商业圈，增加更多的就业岗位。更重要的是，区域通达性的提高有助于改善投资环境，吸引更多的商家前来投资，增加了对劳动力的需求，改善当地就业现状。

（六）其他社会效益

改革开放以来，中国经济快速增长，对货运需求旺盛，中国铁路是世界上最繁忙的铁路。但由于中国铁路长期客货运共线且运能短缺的现状，制约着中国铁路货运运能的提升。虽然近些年来大力实施运输组织创新，挖掘潜力，提高运能效率，但仍远不能满足国民经济发展水平的需要。

自高速铁路投入运营以来，实现了客货分线，极大地释放了既有线路的货运能力，带来了十分明显的综合效益。随着进一步优化运输组织，增加高速铁路列车开行对数，增大客货分线运输的空间，使既有线路能够释放出更多的货运能力，不断提升铁路综合经济效益，有效地降低了全社会物流成本。据测算，在中国整个社会货物运量中铁路货运比重每提高一个百分点，可节约社会物流成本212亿元。[①]由此可见，高速铁路对节约物流成本的贡献相当可观，功不可没。

此外，高速铁路在各种运输方式中，安全性最高，有利于减少社会交通损失。统计结果显示，对于每亿人公里平均死亡人数，高速铁路的死亡率仅是民航的1/6，公路交通的1/600[②]。中国公路交通造成的事故直接损失金额远高于高速铁路。欧共体每年用于处理公路事故的费用占其国民经济总产值达3%之多。高速铁路具有先进的列车指挥系统和运行控制系统，采用非常严密的管理系统，可以保证运输过程中的安全状况，减少事故发生。

---

① 徐强："论我国高铁物流的发展"，《经营管理者》，2016年第24期，第228—229页。
② 公有制铁路与私有制公路交通安全情况对比 http：//www.caogen.com/blog/infor_detail.aspx?id=227&articleId=28628。

二、京沪高速铁路溢出社会效益

综上可见,高速铁路对宏观经济和区域经济的发展起到了巨大的推动作用,产生的社会效益直接使民众和地方政府终身受益。就高速铁路产生的效益而言,京沪高速铁路堪称典范,在世界也是首屈一指。

京沪高速铁路全长 1 318 公里,全线共设 23 个车站,由北向南路途分别经过:北京南站、廊坊站、天津南站、沧州西站、德州东站、济南西站、泰安站、曲阜东站、滕州东站、枣庄站、徐州东站、宿州东站、蚌埠南站、定远站、滁州站、南京南站、镇江南站、丹阳北站、常州北站、无锡东站、苏州北站、昆山南站和上海虹桥站。京沪高铁作为京沪快速客运通道,是中国"四纵四横"高速铁路网的其中"一纵",也是中国《中长期铁路网规划》中投资规模最大、技术水平最高的高铁线路,其总投资达 2 209.4 亿元人民币,是自中华人民共和国成立以来资金一次性投放最大的工程。京沪高铁于 2014 年首次实现盈利,当年日均发送量超过了 29 万人次,客票收入约 300 亿元,运送旅客超过 1 亿人次,比上年同期增长 27%,实现利润约 12 亿元。2017 年京沪高铁营业收入 295.95 亿元,同比增长 12.5%,实现利润 127.16 亿元。京沪高铁自 2011 年开通运营,截至 2018 年底,其全线累计开行列车 85.3 万列,年均增长 17.6%。2019 年春运期间,京沪高铁创造了单日开行 606 列的最高纪录。仅 2018 年,京沪高铁发送量达 1.92 亿人次,占全路高铁发送量的 9.6%,占全路旅客发送量的 5.8%[①]。

京沪高铁的开通,有效拉动了沿省商贸、旅游、文化、房地产的发展,其所带来的社会效益十分广泛,也难以测算。为了将社会效益更直观清晰地表现出来,选取能够量化的指标,即时间节约效益、以旅游产业为代表的产业结构优化效益,社会就业效益,以及其他间接效益中的物流成本节约三个指标,对高速铁路社会效益进行测算,观察高速铁路所带来的社会效益。

(一) 时间节约效益

依据旅客出行目的的不同,测算高速铁路带来的时间节约效益。借鉴时

---

① 京沪高铁运营指标持续保持"中国第一",共运送旅客 9.3 亿人次 http://muji.bandao.cn/a/236506.html。

间价值模型方法①,采用生产法来反映商务出行旅客的时间价值,采用收入法来反映用个人收入支付出行费用的旅客的时间价值。其中,生产法认为劳动力是生产要素之一,出行者出行时间的节约可用于国民生产,相当于增加了生产要素,增加了 GDP。收入法测算的时间价值反映了出行所占用时间相对于个人的机会成本,即时间因出行过程消耗而导致出行者未能工作所引起的收入减少。高速铁路未开通之前,旅客可以选择的出行交通工具有公路、普速铁路、航空等。高铁开通后,乘坐其他交通工具的客流量会有一部分转移到高铁上来。相对于公路而言,高铁的替代性多体现在相对短程出行上,时间节约效益和安全性效益较为显著;相对于航空而言,高铁的替代性多体现在中远程出行上,时间节约效益不甚明显,但是便捷性、安全性、准时性和经济性效益较为显著;相对于普通铁路,高铁的替代性最强,且时间节约效益最为显著。此处仅就高铁相对于与普速铁路的旅客时间节约效益进行了考量。据测算,2017 年京沪线旅客时间节约效益约为 198.82 亿元②。

(二) 产业结构优化效益

京沪高铁在拉动沿省宏观和区域经济发展的同时,也有效带动了产业结构的优化升级。京沪线沿途各省 2011—2017 年的 GDP 的增长变化状况如图 6-1 所示(注:各省 GDP 仅包括京沪高铁途经城市的 GDP)。由图 6-1 可见,京沪高铁的开通,有效地促进了沿省 GDP 的增长,且沿途省市第三产业增加值呈现逐年递增的趋势,高速铁路带来的产业经济结构调整效益显著。

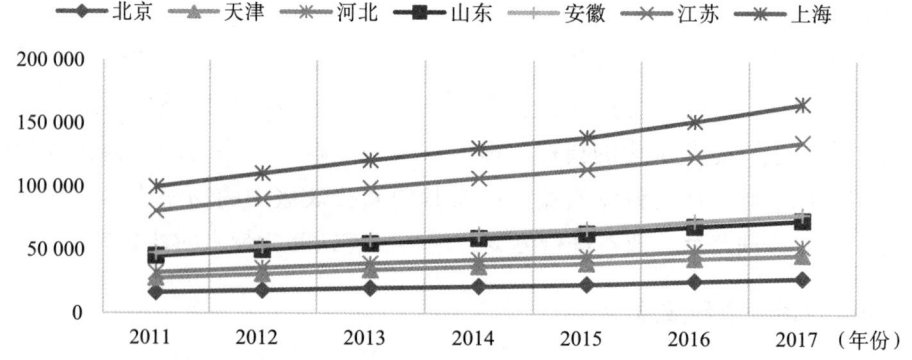

图 6-1　2011—2017 年京沪高速铁路沿省 GDP 增长情况

数据来源:各省统计年鉴。

---

① 丁慧平等:"高速铁路定价机制探析——成本、社会经济效益、旅客时间价值三维视角",《北京交通大学学报(社科版)》,2018 年第 1 期,第 33—40 页。

② 测算方法及相关数据来源:《高速铁路定价机制研究》研究报告,北京交通大学,2017 年。

北京和上海三大产业增加值的变动趋势,如图6-2、图6-3所示。由图6-2可知,北京市第一产业增加值从2014年开始减少,第二产业增加值相对较低,第三产业增加值则保持持续增长的态势。类似地,由图6-3可知,上海市第一产业增加值在2013年有所降低,第二产业增加值上下浮动,而第三产业增加值保持持续上升的趋势。由此可见,京沪高铁有力地带动了区域产业结构的优化升级。

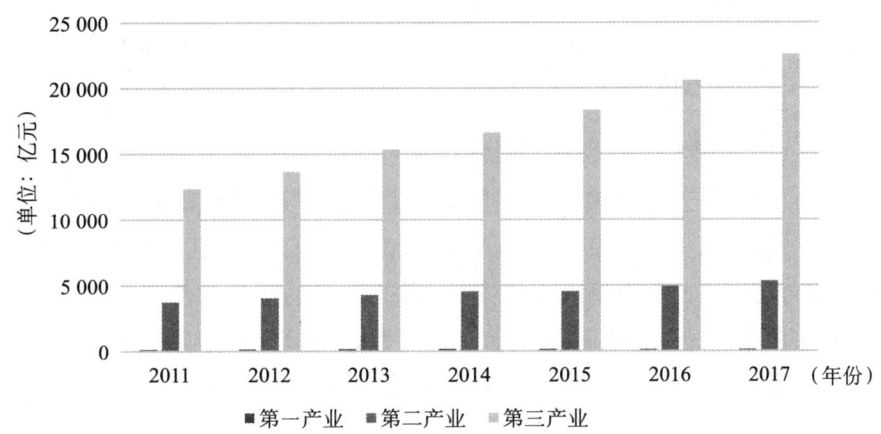

图6-2 北京三大产业增加值变动趋势

数据来源:北京市统计年鉴。

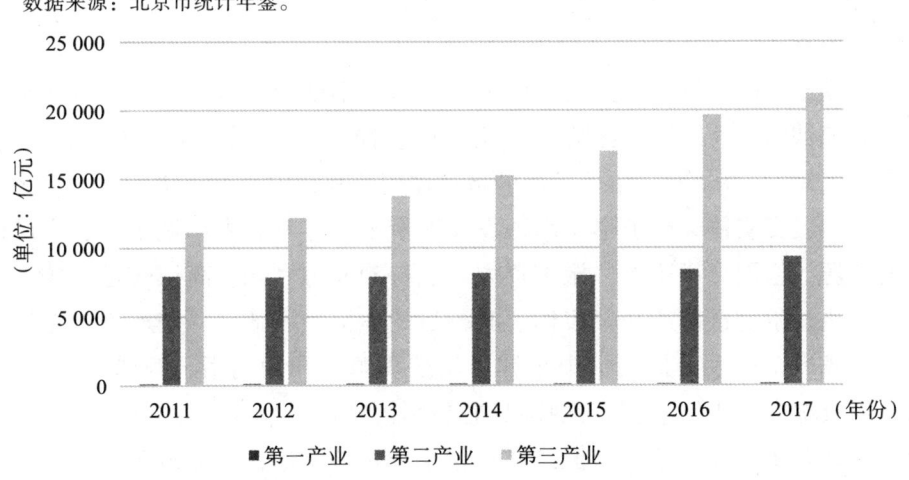

图6-3 上海三大产业增加值变动趋势

数据来源:上海市统计年鉴。

从旅游业角度看,高速铁路推动旅游业发展的同时,显著拉动了第三产业的发展。表6-2汇总了2011—2017年京沪线沿线各省市国内旅游总收入情况。可见,京沪沿线各省市的国内旅游总收入都呈稳定增长势态。

表6-2　　　2011—2017年京沪线沿线省市国内旅游总收入　　　单位：亿元

省份	2011年	2012年	2013年	2014年	2015年	2016年	2017年
北京	2 864.3	3 301.3	3 666.3	3 997	4 320	4 683	5 122.4
天津	—	—	—	—	2 590.63	2 919.06	3 292.13
河北（廊坊）	77.2	97.1	124.6	151.1	198.6	276.6	453.59
山东	1 089.84	1 334.2	1 540.75	1 754.1	1 997.53	2 272.14	2 605.80
安徽	170.43	237.7	278.8	319.1	393.8	476.4	599.9
江苏	3 945.2	4 602.23	5 229.36	5 882.03	6 515.65	7 346.99	8 293.0
上海	2 786.54	3 224.39	2 968	2 950.13	3 004.73	3 443.93	4 025.33

数据来源：各省市统计年鉴及旅游局官网。

由京沪高铁沿途各省市统计年鉴数据，可测算出京沪高速铁路沿途7省（仅含停靠城市）2017年旅游总收入共增加2 974亿元。根据相关资料统计，旅客出行交通方式的选择偏好也体现了高速铁路的竞争优势，如表6-3所示[①]。若由此取高速铁路对旅游业收入的贡献度为27.8%，可估算出2017年京沪高铁通过旅游产业所带来的社会效益增量为826.77亿元。

表6-3　　　　　　　旅客出行交通方式选择偏好

交通方式	高速铁路	普速铁路	长途汽车	自驾车	飞机	其他
占比	27.80%	12.90%	12.50%	13.60%	29.60%	3.60%

高铁旅游的盛行，一方面与中国经济水平不断提高有关；另一方面则归功于高速铁路大大缩短了各城市之间的往返时间，真正做到了"朝辞天安门，午逛城隍庙"。高铁对旅游业发展的带动作用尤其在中小城市更为显著，中小城市的居民真实体会到了享受高铁发展所带来的红利。中小城市有着丰厚的旅游资源，但因交通不便，旅游资源未能得到充分利用。高铁疏通了旅游通道，为更多游客选择这些城市作为旅行目的地提供了便利，交通不再是游客出行的障碍，这大大提高了中小城市旅游资源的开发利用。例如山东枣庄，其旅游资源十分丰富，拥有抱犊崮国家森林公园、岩马湖、熊耳山国家地质公园、台儿庄等知名景点。但是枣庄位于山东省南部，东偎沂蒙山区，交通较为不便，而且周围可以依附的旅游城市较少。京沪高速铁路开通后，枣庄到达北京最快只需要2小时33分（G107），到达上海仅需2小时49分（G234），京沪高速铁路的开通运营大大缩短了客源地所在城市到达枣庄的旅

[①] 冯英杰："高铁时代背景下的城市居民出游行为研究"，南京大学，2012年。

行时间,提高了枣庄对中远途游客的吸引力。高速铁路对旅客旅游目的地的导向作用以及当地政府对旅游业的重视与推进,使得枣庄市的游客数量呈现明显的增长趋势。根据枣庄市统计年鉴的数据显示,枣庄市每年接待的国内游客数量都在不断增长,2011 年至 2012 年游客增长 214 万人,是近年来增长最多的一年,且自此枣庄的国内旅游人数逐年上涨,如图 6-4 所示,可见高铁对枣庄旅游业发展的重要影响。

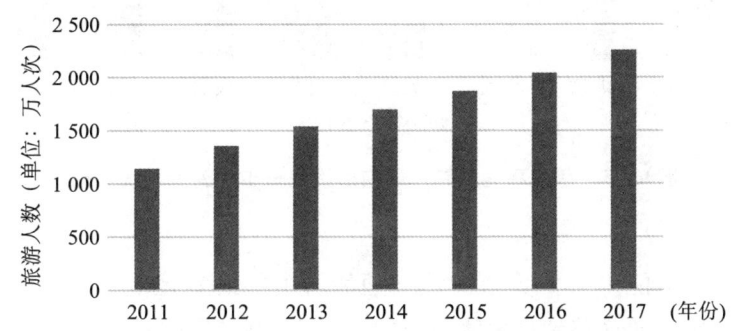

图 6-4 2011—2017 年枣庄市国内旅游人数变动趋势

数据来源:枣庄市统计年鉴。

正是高铁的便捷、保障安全、快速规模化的优势和特点顺应了大众对旅游出行的交通需求,成就了高铁旅游的新气象,高铁为推动旅游业发展添加了新动能与催化剂。

(三)社会就业效益

京沪高速铁路开通前后沿线省市的就业状况如图 6-5 所示。[①]可见,京沪高铁开通后,沿线各省市就业状况均有所改善,如上海市就业人数由 2010 年的 1 091 万人增加到 2017 年的 1 373 万人,提高了 25.84%,天津市就业人数由 2010 年的 729 万人增加到 895 万人,提高了 22.80%。

(四)其他社会效益

高速铁路的其他社会效益主要包括对提升货运能力的贡献,因难以获得京沪高速铁路开通后所释放的货运能力的统计数据未能予以直接估算。据悉,武广区段货运列车增加 33 对,年货运能力增加 8 760 万吨[②]。考虑以武广高铁

---

① 注:各省就业人数仅包括京沪高铁途经城市的就业人数,其中安徽省数据由滁州、蚌埠和宿州的就业人数构成,河北省数据仅由沧州的就业人数构成。
② 英大证券研究报告。

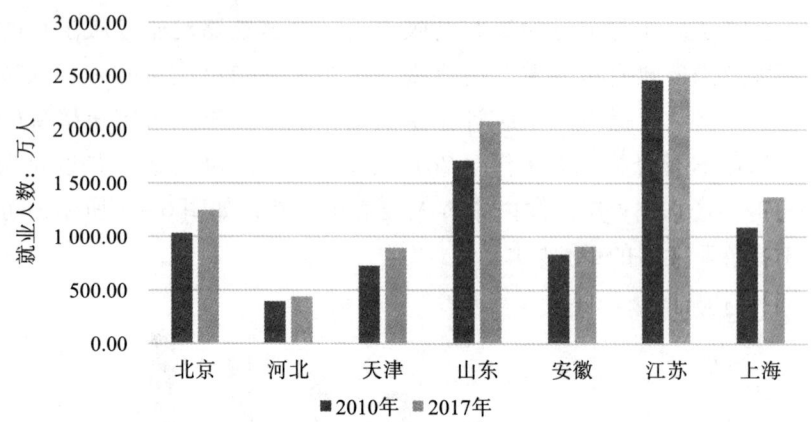

图 6-5　京沪高速铁路开通前后沿线省市的就业状况对比

数据来源：各省市统计年鉴。

释放的单位货运能力来推算京沪线开通后所增加的货运能力，如表 6-4 所示，并测算出高速铁路带来的物流成本节约为 419.77 亿元左右，[①]进而可以估算得出 2017 年京沪高铁产生的社会效益，如表 6-5 所示。通过对京沪高速铁路的社会效益进行粗略测算，结果表明，2017 年京沪高速铁路产生的可定量估算的那部分社会效益超过约 1 446 亿元。可见，京沪高铁开通所带来的社会效益是巨大的。除了定量估算的部分，还有非定量的部分，如高速铁路带来的环保效益、安全效益、技术经济溢出效益等，这些效益远远高于高速铁路自身运营获得的客票收入。

表 6-4　京沪高速铁路释放货运能力测算

高速铁路线路	里程（公里）	增加的货物输送能力（万吨）	每单位里程增加的货运能力（万吨/公里）
武广高速铁路	1 069	8 760	8.194574
京沪高速铁路	1 318	10 800.45	8.194574

表 6-5　2017 年京沪高速铁路产生的社会效益定量估算

项目	测算价值（亿元）
时间节约效益	198.82
产业结构优化效益	826.77
其他间接效益	419.77
合计	1 445.36

---

① 测算方法及相关数据来源：《高速铁路定价机制研究》研究报告，北京交通大学，2017 年。

交通位移速度与时间价值的经济平衡

高速铁路区别于普速铁路的特点是其运行速度高，其初期运营速度不小于200km/h。然而，高运营速度势必会带来高昂的建造和运营成本，由此产生问题是，这部分成本能否与旅客愿意为其享用的时间价值所支付的票价相平衡？

一、高速铁路的交通位移速度

高速铁路的交通位移速度是其获得旅客尤其是商务出行旅客青睐的主要原因之一。快速运行减少了旅客出行时间与旅途的沉闷感，提高了旅客体验。但是，不同区段高铁速度的规划应当既要考虑市场经济因素，又必须考虑自然地理环境因素的影响。中国建造高速铁路虽起步较晚，但在引进、吸收、再创新及自主创新的进程中逐步形成了独特的高速铁路技术。中国高铁依据因地制宜原则确定高速铁路建设标准。高速铁路主通道原则采用时速250公里及以上的建设标准（地形地质及气候条件复杂地区可以适当降低时速），其中沿线人口城镇稠密、经济比较发达、贯通大城市的铁路可采用时速350公里的标准。区域铁路连接线原则采用时速250公里及以下标准，城际铁路原则采用时速200公里及以下的标准。①关于高速铁路运行时速的确定，值得深入思考的问题是，高速铁路运营速度如何在考虑运营成本的基础上与旅客交通出行需求相适配，高铁定价机制又如何寻求与旅客对时间价值的支付意愿相平衡？这可以借鉴交通需求色谱理论逻辑来说明。

随着交通速度的增加，虽然带来的时间价值越趋明显，但同时因支撑速度增加所产生的技术成本增幅也是不可低估的。高速铁路提供了快速交通位移，其目的在于通过满足旅客需求来赢得市场，而这取决于高铁的票价与其他交通工具相比是否能被旅客所接受？众所周知，旅客的需求可区分为价格敏感型和品质（时间价值）敏感型，前者表现为低端需求，后者表现为高端需求。对于前者，交通工具的经营者采用的是低价格匹配大规模批量销售的经营策略，所提供的是较低速度的交通工具，如普速铁路；而对于后者，经

---

① 2016—2025年八纵八横高铁规划图 https://www.huoche.net/show_495880/。

营者运用的策略是采用高价格来应对因满足小批量的高品质、个性化需求而发生的高成本,如提供高速度节省时间的交通工具,如航空运输。由交通需求色谱图可知,区别于这两者之间的则是那些既非价格敏感型也非品质敏感型的中端需求,这类需求有着中和价格与品质偏好的特点,而它正好坐落于交通需求色谱的中间区域地带,即同时要求相对高的速度和品质,且票价要能够接受,表现为快速便捷和安全舒适,且价格适中,而这正是高速铁路能够满足的目标客户需求。但考虑到因满足快速出行所带来的高昂成本,且票价受限于旅客乘坐高铁对支付所享有时间价值的意愿程度,从经济可持续角度而言,高速铁路运营必须实现客流量规模化,以保证有足够的客票收入来覆盖成本。换言之,"快速规模化"体现了高速铁路供给与需求相适配的核心理念,即"快速"是满足目标客户需求的要素,是高铁交通位移速度的真实写照;"规模化"是维持高铁经济可持续发展的必然要求,是高铁交通位移速度的经济支撑。

二、高速铁路速度与成本的关系

与普速铁路相比,高速铁路在建设成本和运营成本上都要高出许多。首先是建设成本。轨道类型、沿线地形、天气条件、设计速度等都会影响建设成本。从理论上讲,设计速度越快,高速铁路的建设成本越高。区别于普速铁路,高速铁路的最大特点是高速度。当列车以高速运行时,为保障行车安全,必须增加线间距,进而增加曲线半径。因此,高速铁路的轨道铺设会比普速铁路需要更多土地空间,这不仅会占用更多的耕地,同时也会增加城市中的土地拆迁费以及土建工程费。另外出于安全因素考虑,列车运行速度越高,对线路的平顺度以及轨道的精度等要求也就越高,这就需要更精良的线路基础结构以及更高的稳定性,进而需要支付更高的成本。同时,速度提高对列车车辆的基础配置及信息化程度也都提出了更高的要求,从而大幅提升车辆制造成本。其次是运营成本。电费和维修费属于速度相关成本,其成本大小在很大程度上受运行速度的影响。速度越高,阻力越大,耗电也越多,且设备及部件磨损加剧,维修成本也会高于普速铁路。可见,高速铁路因速度提升导致成本的增加。然而,现实问题是高速铁路的建设和运营成本能否被票价所覆盖?这取决于旅客的支付意愿,和对高铁时间价值的感知和与普速铁路票价和航空票价的影响。目前部分京沪线的高速铁路和普速列车的票价对比如表6-6所示。

表6-6　京沪线部分高速铁路车次与普速铁路的行程用时及票价对比

车次	全程用时	票价（二等座/硬卧）	票价（一等座/硬卧）
G7	4小时28分	553元	933元
G5	4小时40分	553元	933元
G13	4小时36分	553元	933元
G17	4小时18分	553元	933元
G141	5小时55分	553元	933元
G151	6小时17分	553元	933元
T109	15小时13分	156.5元	283.5元
1461	19小时25分	177.5元	304.5元

注："G"表示高速铁路，"T"表示普速铁路。

从表6-6中可知，京沪高铁全程最低票价为553元（二等座），而普速列车的最低票价为156.5元（硬座），高速铁路最低票价明显高于普速列车最低票价，前者是后者的3.41倍，间接反映出高速铁路的成本显著高于普速铁路。

三、速度—成本—时间价值的关系

从速度与时间价值的关系来看，速度提升带来出行时间的节约，由于旅客在出行途中耗用的时间存在着机会成本，因此时间的节约会减少机会成本，从而带来时间价值，但旅客对时间价值大小的感受则取决于双重因素的影响，即旅客的收入水平以及高速铁路能够为其节省多长的时间。据调查统计，旅客选择高铁出行的主要原因是可以节省时间。高速铁路的竞争优势得益于其为旅客提供了高于普速铁路的速度和低于航空的票价，填补了普速铁路与航空之间的时间价值差距。

通过对速度与成本两者关系的认知，可以认为：无论是对建造成本还是运营成本，速度提升均会增加其对应的成本。综合来说，速度提升一方面会导致高速铁路成本增加，另一方面会节约出行时间带来时间价值。如何判定高速铁路运营可接受的盈亏水平并实现交通位移速度与时间价值的经济平衡，成为高速铁路实现经济可持续与普惠性相平衡的根本所在。在高速铁路运营成本与时间价值平衡的过程中，居民收入水平起着至关重要的作用。不同收入水平的旅客在选择出行工具时对时间（速度）的敏感程度和对价格的敏感程度各不相同，对应于交通需求色谱的不同位置。一般而言，收入水平高的旅客对时间（速度）敏感程度高，对价格敏感程度低，即收入水平越高，其在交通需求色谱图中的位置越靠右，也意味着对高速铁路时间（速度）价值的支付意愿越高，因此收入水平是决定高铁票价的关键因素。

如图 6-6 所示，高速铁路的成本随其运行速度的提升而增长，图中垂直线代表高速铁路的某一运行速度，该直线与成本曲线的交点即为高速铁路在该速度下的成本，只有当票价高于成本时高速铁路公司才能获得经济平衡。图中四条平行直线分别代表不同收入水平下旅客愿意支付的时间价值，相当于其能够接受的票价。旅客收入水平越高，当高速铁路为其带来的时间价值越大时，旅客会更愿意支付相应的高票价。从图 6-6 中可以看出，当旅客收入水平为 y1 和 y2 时，在既定速度下，旅客能够接受的票价（时间价值支付意愿）难以覆盖高铁的运行成本，无法实现经济平衡，此时高铁运营存在亏损可能性。当收入为 y3 时，高速铁路带来的时间价值（旅客可接受的票价）能够正好覆盖高铁的运行成本，即高铁可以基本实现经济平衡；只有当旅客收入水平高于 y3 时（如 y4），旅客能够接受的票价高于高铁的运行成本，高速铁路能够实现经济平衡。

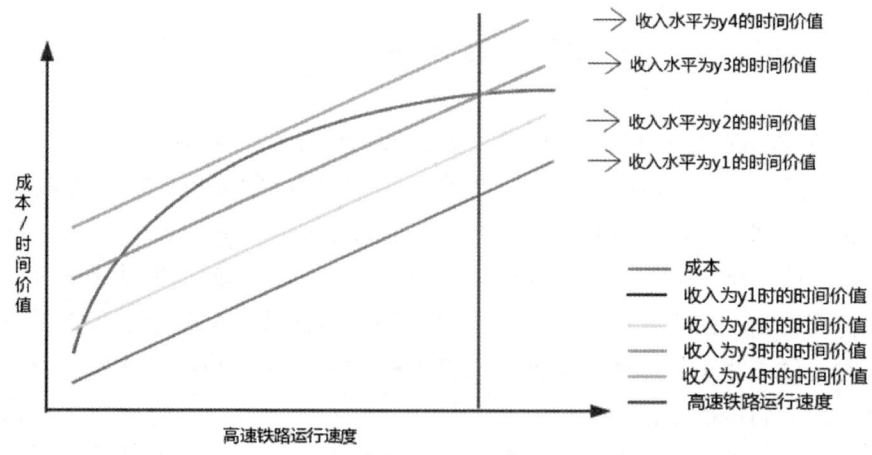

图 6-6　高速铁路成本与不同收入水平的时间价值

京沪高铁是中国首个实现赢利的高速铁路。京沪高铁总投资规模为 2 209.4 亿元，于 2011 年开通，在全球绝大部分高速铁路都处于亏损的状况下，2014 年实现利润约 12 亿元，系首次实现盈利[①]。京沪高铁最高速度达到

[①] 华星："京沪高铁运营 3 年即盈利票价仅为日本新干线 1/4"，《金秋》，2015 年第 7 期，第 8 页。

350km/h，时速居全国首位。在高投资、高时速下的京沪高铁不但能够做到收支平衡，还能实现盈利，实属罕见，但这似乎也在预期之中。京沪高铁连接了中国最大的两个特大城市（在世界也排列前茅），途径世界屈指可数的黄金线路，贯穿了中国东部经济发达区域。高速铁路的快速规模化模式在京沪高铁上体现地淋漓尽致，为其能实现交通位移速度、成本和时间价值的经济性平衡创造了充分条件。

京沪高铁提速后北京到达上海最快只需要 4 小时 18 分钟，相比于最慢的 1461 列车的 19 小时 25 分，高速铁路最多可以节省 15 小时 7 分钟，票价增加约 396.5 元，平均每节约省一小时多支付 26.23 元。京沪高铁的盈利归功于速度与时间价值的平衡，而时间价值主要受旅客收入水平的影响，可见旅客收入水平是影响交通位移速度与时间价值能否平衡以及如何平衡的关键因素。表 6-7 列示了 2017 年京沪高铁沿线各省的平均收入水平。可以看出，京沪高铁沿线居民的收入水平普遍居于全国中高收入水平，反映了他们对较高票价的承受能力，对时间价值较高的感知度，更为关注交通出行的时间节省，以及更愿意选择高速铁路作为出行工具的偏好。尤其京沪高铁的始发站和终点站，北京、上海两城市的平均收入水平分别位列全国第一和第二，且北京与上海之间的商务旅行也不在少数，从而解释了京沪高铁较高的上座率。

表 6-7　　　　　　京沪线沿线省市平均月收入水平　　　　　　单位：元

省（直辖市）	北京	上海	江苏	天津	安徽	山东	河北
平均月收入	9 240	8 962	6 680	6 178	6 173	6 057	5 886

数据来源：https://www.chashebao.com/shebaotiaoli/17709.html。注：各省以省会城市为代表。

根据京沪高铁股东之一——河北建投交通投资有限责任公司披露的数据，2014—2017 年 3 年期间，京沪高铁公司盈利 288 亿元。2017 年京沪高铁公司营业收入 295.95 亿元，同比增长 12.5%；实现利润 127.16 亿元，同比增长 33.5%，平均每天赚近 3 500 万元，成为名副其实的"全球最赚钱的高铁"。仅 2018 年，京沪高铁发送量就达 1.92 亿人次。可以说，较高的客流量是高速铁路实现盈亏平衡的必要保证。京沪高铁的案例向世人证明，要维持交通位移速度与时间价值的经济平衡，首先要考虑的是高速铁路沿线区域经济发展水平和居民的收入水平，这是高速铁路经济可持续发展的基础。

高速铁路收益最大化模式

收益管理理论是实现收益最大化的重要理论依据,航空公司运用收益最大化管理模式由来已久,在这方面积累了丰富的实践经验,应为高速铁路实行收益管理所借鉴。虽然两者各自所处行业的特点及经济属性存在区别,且在市场环境方面两者之间存在市场竞争情况,但对中国高速铁路来说,其客票定价机制僵化,在收益最大化管理方面还是新手,尚难以适应高速铁路经济可持续发展的要求。中国高速铁路是市场的参与主体,对其收益管理体制和定价机制改革应顺势而为,适应市场竞争的潮流。

一、收益管理模式

收益管理体系真正的产生和形成是在20世纪70年代,当时美国民用航空委员会(Civil Aeronautics Board)颁布法案,宣布不再控制航空公司的机票价格,各航空公司可以自主决定其票价、时刻表和服务,放松了航空领域的政策管制。在这种背景下,美国出现了一大批以美国人民捷运航空公司(People Express)为代表的廉价航空公司,这些航空公司针对价格敏感的客户,推出了只提供基本服务的廉价机票,吸引了大量学生和低收入家庭等对价格比较敏感的旅客,从而使其公司的市场份额迅速扩大,对其他航空公司形成了巨大压力。对此,美国航空公司(American Airlines)迅速做出应对,提出收益管理的思想。一方面,该公司对不同时间预定的机票设定不同的价格;另一方面,公司将旅客划分为价格敏感型和时间敏感型,在此基础上实现了差异化定价以及席位预定管理模式。在这些措施下,美国航空公司既能扩大市场份额,又能将机票以更有优势的价格售出,能够更加灵活地应对市场变化,获得了显著的竞争优势,为公司带来了丰厚的经济利益,在推行收益管理的最初3年就为其带来了14亿美元的收入增长。

美国航空公司进而发展了收益管理模式,并建立了相应的计算机系统用于信息收集和优化测算。收益管理系统主要包括动态定价和仓位控制的优化手段,提高客户需求与公司供给的匹配程度,从而提高收益。之后,其他航空公司迅速开始接受并运用收益管理模式,使其成为现代航空运输业经营管理的重要手段之一。各大航空公司应用收益管理系统后,其乘坐率显著提高。

收益管理是一种通过差异化价格和分配存量的方式实现收益最大化的管理模式。收益管理的核心目标在于将产品在最优的时间以最优的价格出售给相应的客户，其要点在于对市场进行细分，预测消费者的行为，了解不同需求并以此来调节席位管理和价格优化，使其与目标客户的需求相匹配，从而获得最优收益。收益管理的目的在于实现收益最大化，在航空业、酒店业得到了广泛的应用，但收益管理在传统制造业的应用却比较少，主要是由于收益管理模式适用于特定的行业，如服务业等。这些行业都具有以下的特征。

（一）产品具有时效性、不可储藏性

产品的时效性要求企业在特定时间内出售产品使其实现价值，超出期限后，产品的价值也随之消失。如运输工具的席位或仓位及酒店客房都具有时效性及不可储藏性，若未能在有效期内利用，其产品价值则会消失。

（二）产品前期投入相对较大，供给能力相对固定

适用收益管理模式的行业，其前期投入相对较大，且决定了产品供给能力，因此在之后的运营阶段，该类行业难以灵活地调整产品供给能力，无法在淡季缩减供给，也无法在旺季大幅增加供给。因此，这类行业在既定供给能力条件下只能顺应市场环境变化灵活调整价格策略及销售策略，实现销售额最大化，以达到收益最大化的目的。例如航空、酒店、影院及铁路、公路运输等服务行业都符合该特点。

（三）固定成本较高，变动成本较低

产品的生产及维护费用较高，而销售单位产品所需的成本却相对较低。如酒店建造及维护客房的成本很高，在产品成本中占较大比例，而旅客入住客房所带来的成本却相对较低。航空公司同样如此，购买和维护飞机所带来的成本远大于旅客乘坐座位带来的成本。

（四）产品可以进行分级管理

收益管理的核心是针对不同的客户对产品进行分级并采取不同的管理策略。不同的客户对产品价格及性能的接受程度有所不同，因而需要根据客户的不同需求对产品进行分类管理，提供相应的不同价位及特点，实现产品的差异化，以此达到收益最大化。

(五) 客户消费产品需要预定

若要实施收益管理,客户需要在消费产品前进行预定,这样才能使得企业有足够的时间对市场的变化做出反应,对现有产品进行存货管理及价格调整,进而实现收益最大化。

二、中国高速铁路开源之旅:优化收益管理

中国高速铁路客票定价尚没有摆脱沿袭传统铁路的客运票价体系,作为市场参与主体,中国高速铁路对自身的市场定位认识不足,缺乏应有的市场竞争意识,缺乏积极拓展收入来源的理念。遵循客运市场需求规律制定票价是高速铁路拓展收入的最直接途径,优化收益管理是中国高速铁路开源之旅的重头戏。中国高速铁路实施收益管理模式,其必然性源于多方面需要。

(一) 中国高速铁路资产负债现状

中国高速铁路隶属于中国铁路总公司(以下简称"铁路总公司"),是后者的直管资产,各高速铁路均为铁路总公司下属的全资子公司或控股子公司。铁路总公司资产实力雄厚,2018 年总资产达到 80.02 千亿元,其中高速铁路营运里程占铁路总营运里程约 22.14%。观察铁路总公司的资产负债状况,其负债水平相当可观,资产负债率常年高于 60%,面临很大的还息压力,也从某种程度反映了中国高速铁路的财务状况。相对总负债而言,高速铁路板块负债还息压力更甚。就铁路总公司负债还息而言,财务状况并不乐观,其收益管理方面有着很大的提升空间,实有必要借鉴航空公司的收益管理模式,进行高速铁路收益最大化的探索,从而提高其还息能力水平,改善财务结构。

(二) 中国高速铁路营运能力

铁路总公司的总资产周转率如表 6-8 所示,可以看出,其总资产周转率相对较低,一方面是由于其行业特点所致,固定资产比重较大,资产流动性较低;另一方面则是由于其客运业务的公益属性特征,铁路总公司整体收益能力受限。就高速铁路的营运能力和资产周转率而言,不同区域的线路差异较大。经济相对发达的地区,高速铁路客座率高,客票收入可观,营运能力和资产周转率相对要高一些。相反,经济欠发达地区的境况就不容乐观了。总之,铁路总公司应该吸纳先进的收益管理理念,通过运用收益管理最大化

模式,尤其是在高速铁路板块提高整体运营能力,提高资产利用效率。

表 6 – 8   2013—2018 年中国铁路总公司的总资产周转率

年份	2013	2014	2015	2016	2017	2018
总资产周转率	21.89%	18.67%	15.46%	13.45%	13.63%	14.00%

数据来源:中国铁路总公司年报数据计算整理。

(三) 高速铁路的盈亏水平

图 6 – 7 展示了铁路总公司 2012—2018 年的盈利水平,可以看出,铁路总公司营业利润呈现波动态势,在 2017 年之前一直处于下降状态,之后有所回升,如表 6 – 9 所示。据公开数据显示,2018 年净利润总额为 20.45 亿元,资产回报率尚不到 0.03%,营业利润率只有 5.03%。但是,考查铁路总公司的收入会发现,其收入则高很多,2018 年总收入达到 10.96 千亿元。可以看出,铁路总公司整体盈利水平低,这虽与其整体承担的公益性运输任务和普速铁路客运价格受国家管制直接相关,但从中对高速铁路的盈亏状况也可见一斑,不容乐观。鉴于国家对高速铁路的定价政策已放松了管制,铁路总公司有必要优化高速铁路的收益管理模式,提高其获取收入的能力。

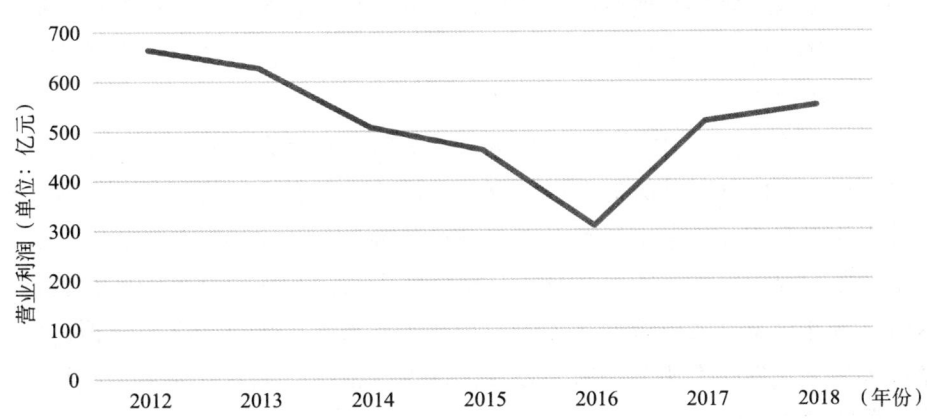

图 6 – 7   2012—2018 年中国铁路总公司营业利润变动趋势

数据来源:中国铁路总公司年报。

表 6 – 9   2012—2018 年中国铁路总公司营业利润率   单位:亿元

年份	2012	2013	2014	2015	2016	2017	2018
营业收入	9 632.49	10 433.94	9 948.53	9 162.58	9 074.48	10 154.49	10 955.31
营业利润	663.99	627.34	507.40	460.63	307.98	519.28	551.28
营业利润率	6.89%	6.01%	5.10%	5.03%	3.39%	5.11%	5.03%

数据来源:中国铁路总公司年报。

（四）铁路总公司的发展能力

表 6-10 为中国铁路总公司 2013—2018 年的营业收入增长率和营业利润增长率。可以看出，铁路总公司的营业收入不甚稳定，营业收入增长率和营业利润增长率常为负。这说明企业的营业收入处于下降趋势，铁路总公司需要采取相应的措施来提高企业的收入能力和发展能力。

表 6-10　　　　2013—2018 年中国铁路总公司发展能力

年份	2013	2014	2015	2016	2017	2018
营业收入增长率	8.32%	-4.65%	-7.90%	-0.96%	11.90%	7.89%
营业利润增长率	-5.52%	-19.12%	-9.22%	-33.14%	68.61%	6.16%

数据来源：由中国铁路总公司年报数据计算而得。

（五）中国高速铁路运营模式的局限性

2013 年，国务院批复组建中国铁路总公司，顺利实施铁路政企分离改革，但是由于技术经济等因素的限制，改革将是一个漫长的过程，目前中国铁路总公司主要以《铁路售票组织管理办法》为依据来支撑高铁客运的运营体系。在现今市场条件下，这种运营体系尚存在若干弊端，需要通过收益最大化管理模式予以改进。

1. 票额分配合理化。目前的票额分配方式难以满足市场客流需求。目前高铁客运的票额分配以历史平均客流为基础，并结合高铁客运经验及客观因素等人为对客流预测做出调整，进而进行票额分配。这样的分配方式一方面受主观影响因素较大，另一方面在票额分配无法满足配额之外的旅客出行需求时，该部分需求无法通过出行记录的方式作为下次预测的参考依据，导致票额分配方式难以反映市场的动态变化，难以精准匹配客户需求，不利于高铁运营的收益最大化。

此外，现行的票额分配制度也造成不同铁路局之间争夺客票资源。各铁路局可以依照对应的票额管理权限，将票额以计划的模式分配给不同车站。在这种票额分配制度下，某一路段占有的票额越多，该段路铁路局的收益就越大。因此，处于本位主义思想，各铁路路局会在权限范围内尽可能的争夺票额，导致部分路段的票额过多而未能全部售出，而其他部分路段的票额较少则难以满足旅客需求，不利于全局路段的收益最大化。因此，从收益最大化的角度考虑，票额分配应站在整体角度，合理客观地向各路段分配票额，提高整体客运能力的利用率。

2. 客流预测长短期相结合。长期以来，对客流的预测多着眼于长期预测，对短期客流预测的研究不足。目前，客流预测分析大多着眼于中长期预测，一般以年、月为单位，而短期客流预测受天气、季节、节假日等多种外界因素影响，具有较大的偶然性，在实践中应用甚少。然而，短期客流预测能够更精准地反应市场的动态变化，为客运票额分配提供更具有价值的依据。因此，高铁客运系统应该建立更加科学的预测模型，增强对短期客流的预测能力，从而更准确地把握旅客行为，实现收益最大化。

3. 改革客票定价机制。多年来中国铁路票价机制过于僵化。虽然政府已经相对放开高速铁路的定价权，但是目前中国高铁的定价方式还是不够灵活，难以适应复杂的市场需求和竞争，对实现收益最大化形成障碍。从整体看，高铁票价的确定尚缺乏对地域经济条件、不同线路差别的考虑，未考虑季节变化、节假日以及交通竞争等对旅客出行计划的影响。对于同一班列车，工作日与周末的客流量可能会相差巨大，但是价格却没有任何区别。另外，高铁定价策略也存在部分不公平的现象，如京沪线上的 G1 车次和 G117 车次的二等座都是 553 元，但是 G1 全程仅需 4 小时 28 分钟，而 G117 却需要 6 小时 12 分钟，G1 的旅客享受到更多的时间价值，而这两列车次的乘坐票价却相同，这对 G117 的旅客是显失公平的。此外，无座旅客和二等座旅客支付相同的票价同样也是不公平的。

由于历史遗留等原因，中国高铁客运的整体收益管理体制依然没有摆脱计划经济的色彩，缺乏市场竞争观念，难以正确预测客流，存在票额分配的非效率弊端，且定价机制与收益最大管理目标相悖。因此，收益管理科学化是中国高铁应对市场竞争新态势的必然选择。市场趋势的变化要求高铁运营与时俱进，提高铁路运输的利用效率，在满足旅客细分需求的基础之上，创新收益管理模式，力争使高铁收益最大化。

高速铁路与航空运输有着诸多共同点，符合收益管理模式适用的行业特征。纵观中国高铁所处的市场环境，实施收益管理模式是切实可行的。其一，高速铁路提供乘座席位具有时效性及不可储藏性，列车开行之前票未售出便会失去价值。即使列车运行过程中可以通过补票的方式实现未出售席位价值，但其比例非常小。其二，高速铁路的供给能力相对固定，即固定数量的乘座席位，难以增减供给量。处于经济发展因素的考虑，高速铁路所提供的客运能力一般会高于日常需求，但由于其所能提供的客运服务相对固定，难以在春节、暑假等节假日运载高峰大幅增加运输能力。其三，高铁线路的建造成本每公里约为1亿元,列车运行还需日常检修和维护成本,其固定成本远高于乘座席位的边际成本,提高客座率,就意味着提高客票总收入对成本的覆盖率。其四,高铁客运产品分不同席别,且具备自主定价的条件。针对不同的旅客群体提供不同的座席服务是实施收益管理的前提条件。高铁客运根据不同需求分别提供了一等座、二等座、商务座等不同座席,以此来满足不同的客户需求。其五,高铁客运需求受客观因素影响具有较大的波动性,寒暑假、春运及其他节假日期间,旅客出行需求增多,有时会出现一票难求的状况。而普通工作日等淡季期间,高铁客座率较低,需求不均衡。其六,旅客乘坐高速铁路前可提前预购车票。高铁票务系统的预售期从2012年开始调整为10天以上,2015年春运期间预售期改为60天,目前高铁客票预售期为30天。客票预售可以根据市场的变化情况,运用收益管理的方法对客票存量及票价进行调整。

三、中国高速铁路收益最大化策略

借鉴航空公司的可行做法,收益管理通过提高高速铁路整体客座率和营业收入实现收益最大化,但是,收益管理的实施还要结合高速铁路的具体实际情况。针对现行高速铁路运营体系的实际,其收益最大化模式框架可包含客流信息收集、客流行为分析、客流预测、价格策略、客票营销策略、策略执行及反馈、收益评估等,如图6-8所示。

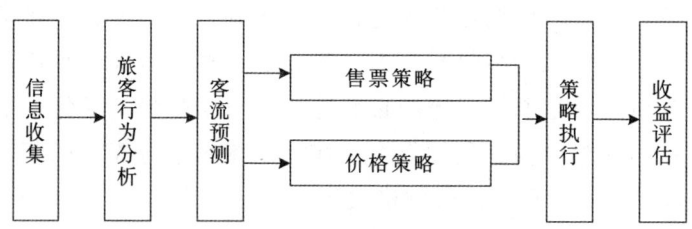

图6-8 高速铁路收益最大化模式框架

收益管理的第一步是需要进行客流信息的收集,收集旅客出行的相关数据,作为旅客行为分析的基础。其次,基于收集到的客流信息对旅客行为进行分析,根据旅客的不同特征进行分类、细分市场,并针对不同特征的旅客进行出行需求预测,从而提出收益优化策略,包括价格策略和客票营销策略。继而在实际应用中执行相应定价策略并及时获得旅客购票行为的反馈,并进行收益评估,进而对收益管理模式及策略应用效果进行评估。随着新的策略实施,一个收益管理周期完成后,旅客行为及客流数量会作为新的信息成为新一轮旅客行为分析的基础,进而形成新的策略,不断完善整个收益优化进程,优化策略与市场反应同步呼应,寻求科学的收益最大化管理策略。

(一) 客流信息收集

客流信息收集是实现收益管理的基础,任何优化策略的提出都不能脱离市场数据的支撑。高速铁路客流信息主要包括两个方面:一是旅客的行为特征,包括旅客的出行目的及规律、消费偏好以及价格敏感度等。二是高速铁路的竞争环境,包括公路、普速铁路以及航空的市场份额及竞争能力等。完备的客流数据是客运决策部门进行运量预测、经营决策的重要依据。

(二) 旅客行为分析

旅客行为分析的重点在于旅客市场分析,铁路总公司应充分了解旅客出行的差异化需求,以及旅客对票价、服务品质的敏感程度,并根据旅客的不同特征进行分析,得出其市场行为及客户价值,为优化策略提供基础。高铁旅客出行受多种主客观因素影响,如出行原因、旅途时间、出发时点、收入水平、列车服务水平等都会影响到旅客的出行选择。在获得旅客出行数据的基础上,对旅客出行目的、出行时间、价格敏感性、对服务水平的要求等进行归类,分析不同因素对旅客出行选择影响程度的大小,从而为提高服务水平、增加客运收入提供更有针对性的依据。

(三) 客流预测

准确预测客流是高速铁路系统能够有效实现收益管理的基础,预测客流是运输行业的重点,也是难点,对客流的预测越准确,就越是能够提升收益管理水平。从整体来看,客流量的大小主要取决于旅客的出行需求以及出行意愿。其中出行需求主要受到当地经济水平的影响,而出行意愿则受多种因素影响,包括旅客的收入水平、旅客对价格的敏感程度、节假日、列车的服务水平等。

(四) 客票营销策略

航空售票只有始发地和目的地,飞机一经起飞,不存在中途下飞机的情况。与航空不同,高速铁路在始发站与终点站之间有多次停靠,这造成了售票模式的复杂多样性。因此,售票模式的设计与策略管理空间是收益管理在高速铁路相对独特的策略管理要素。在高铁客票营销方面，改进票额分配模式是均衡运输、优化收益的重要手段。一般票额分配会在始发站预留大量票额，中间停靠站点预留较少，剩余票额在临近开车前一两天开放销售。这种票额分配制度可能会使始发站的旅客需求得到满足，而难以满足沿途客流需求。虽保证了始发站的客流输送量在遇到淡季时可能会出现沿途座位大量空缺的现象，但浪费了高铁运能。为了更好地匹配客户需求，高铁客票系统的设计应能够适应客票营销策略的机动性和灵活性，从系统方面支撑客票营销策略对收益增长的贡献。

（五）价格策略

在中国高铁票价机制正处于逐渐改进的阶段，针对不同的客户群体，铁路总公司推出了一系列优惠车票，如学生票、团体票、动卧优惠等。与航空多级票价体系相比，高铁票价的形式仍显僵化，定价思维受传统铁路模式的束缚，仅从供给工具方式角度考虑，其价格水平仅取决于列车种类、座席类别以及乘车里程等，而未考虑订票时间及客户类型（特殊群体除外）的影响。航空公司对于同一航班、同一舱位的旅客，会依据其不同的订票时间和是否为重点客户收取不同的价格。借鉴航空票价体系，高铁票价系统应依据旅客行为差异来预测客流，并做出相应的策略改进。可综合考虑以下几方面的因素提升制定定价策略的科学性。

1. 不同预订时间。通常情况下，购票时间较早的旅客多以休闲娱乐为目的，这类旅客对价格较为敏感，而对时间的敏感性相对较弱。而购票时间较晚的旅客多以商务出行为目的，这类旅客的价格敏感性相对较低，而对时间的敏感性较强。因此，相比于休闲出行的旅客，商务出行旅客更可能选择价格高的席位，但这类旅客预订时间较晚，可能会出现订票前车票售罄的情况，因而只能选择航空出行。考虑到客票预定与需求敏感性差异的关联性特点，高速铁路应对预定期较早的旅客提供票价折扣（促销策略），同时预留出部分席位提供给消费水平更高的旅客，在提高客座率的前提下尽量优化客票总收入。

2. 不同客户群体。客户出行意愿受多重因素影响，高速铁路可以对出行频繁的旅客提供优惠，增强高铁的吸引力和客户黏度，进而提高客户忠诚度。

3. 不同出发日期及出发时刻。同一时刻同一列车在不同日期的需求水平是有差异的。一般情况下，节假日前后多为旅客出行高峰，工作日出行旅客相对少些。即使是同一天出发的同一区段的车次，不同时刻的客流需求也不尽相同，对于两地通勤的短途车次，早晚时间段的车次客流较多；对于商务出行的旅客，上午出发的列车上座率可能会高一些。高速铁路可以根据供求关系适当调整票价，视客流需求高低上浮或下浮票价。同时，还需对乘坐高速铁路的旅客进行划分，通过挖掘旅客出行需求偏好进行市场细分，根据不同的旅客需求制定相应的票价策略，进而达到优化收益的目的。

4. 收益评估。高速铁路收益最大化管理模式构成一个封闭反馈的过程，运用客票营销策略和价格策略进行高铁收益优化，还需跟进优化效果的反馈，并对实施优化策略后的收益状况进行评估，评估结果可作为对优化策略方案的考量，同时可作为数据积累和更新，以便用于后续的旅客行为分析，不断优化策略方案，持续提高高铁收益最大化管理水平。

四、收益管理在高速铁路中的应用

收益管理模式在国外铁路运营中已得到了应用。20 世纪 90 年代初，国外一些铁路公司开始引进学习收益管理理论，并建立相应的计算机系统，用于收集信息和优化测算，确定铁路客票定价和车次排班方案，旨在降低成本、提高上座率，增加利润。如美国铁路客运公司（Amtrak）在 20 世纪 90 年代与 Sabre 公司合作，建立了铁路行业的第一套收益管理系统，以达到合理分配运输能力、实现价格浮动的目的。其管理重点在于改善长途城际列车的票价折扣以及票额分配，以求更合理地分配其运输能力。21 世纪初，Amtrak 公司宣布扩大收益管理的应用，允许票价浮动，客流量较小的车次可以收取更低的票价以求客票总收入的提升，显著增加了 Amtrak 公司的收益。在美国铁路客运公司学习并采用收益管理系统的同时，法国国家铁路公司（SNCF）也开始学习收益管理模式，开发了铁路客票预定、分配系统和综合决策支持系统，包括收益管理、列车时刻表计划以及座位量管理系统①，旨在使整个铁路网络车次排班最优化。该系统的应用大大提高了法国国家铁路公司的竞争优势，使其扩大了市场份额并获得巨大的收益增长。

中国高速铁路对收益管理的探索及应用尚处于起步阶段，在国家发布《关于改革完善高速铁路动车组旅客票价政策的通知》之后，中国铁路总公司拥有了一定的自主定价权。该政策规定设计时速 200 公里以上的高速铁路动

---

① 田原、黄四民、李济坤："收益管理在欧美铁路的应用"，《中国铁路》，2008 年第 6 期，第 63—66 页。

车组列车一、二等座票价由铁路运输企业根据价格法律法规自主制定,商务座、特等座、动卧等票价,以及社会资本投资控股的新建铁路客运专线旅客票价继续实行市场调节,从而给予了中国铁路总公司一定票价定价权,提升了中国铁路总公司调整高铁客运价格、实行票价策略的自主性和灵活性。结合中国高速铁路运营现状,中国铁路总公司开始尝试对部分高铁票价做出了相应调整,以期扩大客票收益。

首先是贵广线,从2018年5月27日起,贵广高速铁路动车组一等座票价做出了调整[①]。其中,贵阳北至广州南(往返)从321元调增为428元,调增幅度约为33.33%,二等座和无座票票价不作调整。但是从7月5日起,贵广高速铁路动车组票价做了再次调整,与之前不同的是,这次调价有涨有降,其全程二等座票价最高上浮至323元,最低下浮至212元。贵广线根据开行时段和客流多少的不同,每天的票价呈现三个档次,即"一日三价"(往返票价基本一样),其中高峰时段(8时-16时)涨幅又分为两个档次,一等座最高518元,涨幅为21.03%;二等座最高为323元,涨幅为20.75%。平峰和低谷时段(17时以后)降幅1个档次,一等座为340元,降幅为20.56%;二等座212元,降幅为20.75%。贵广线高铁"一日三价"的调价措施既是中国高铁尝试浮动票价的第一小步,又是向航空公司学习收益管理的一个良好的开端。

阳江至广州南段的线路在2018年9月做出了部分调整,根据非繁忙时段或非旅客高峰期的市场需求推出不同的促销优惠票价,让更多旅客体验高速铁路服务[②]。同时也对部分高峰时段的车次进行了提价调整,以缓解运输压力、保障服务能力和服务水平。客流量较少时段的D7488和D7496车次,二等座票价由122元下调至108元,而高峰时段的D7456、D7462、D7472和D7480车次,二等座票价则从122元上调至131元。

高速铁路的经济可持续发展[③]

高速铁路能否维持经济可持续是高速铁路在中国得以长远良性发展的关

[①] 江湛铁路票价调整,部分车次将降价 http://gz.sina.com.cn/news/city/2018-05-24/detail-ihaysviy1440318.shtml。

[②] http://www.sohu.com/a/256242663_161794。

[③] 《高速铁路经济效益及财务可持续研究》研究报告,北京交通大学,2012年。

键。经济可持续一方面要实现财务可持续,包括三个内涵要念:即运营可持续,偿债可持续以及发展可持续。另一方面要实现直接经济效益与社会效益的平衡,这涉及高铁沿线受益者对高速铁路正外部效应的回馈。

一、高速铁路经济可持续发展的内涵

探讨高速铁路经济可持续发展的内涵,首先要明确高速铁路发展的周期性与其经济可持续发展的关系。可以结合产品生命周期理论来认知高速铁路经济可持续发展的时间区间。众所周知,产品生命周期是指一种新产品从开始进入市场到被市场淘汰的整个过程,与人类的生命相似,任何问世的产品都要经历孕育、出生、成长、成熟、衰退这样一个周期,与产品的开发、入市、成长、成熟、衰退的阶段相对应。产品进入市场后,其销售量和利润都会随时间推移伴随不同的阶段而变化,呈现一个由少到多由多到少的增减过程。高速铁路也不例外,作为一种公共交通产品进入市场,其发展历程也会呈现产品生命周期的特征。但又与普通商品不同,如前所述,高速铁路的特点在于兼具公益性和商品性,这与其满足的目标客户需求在交通需求色谱图中的位置相吻合,即快速规模化的需求。同时,高速铁路又具有高投入、高成本、收入定价受约束的特点,从而对高速铁路的经济可持续带来了挑战。将产品生命周期理论应用于高速铁路客运,以客流量或客票收入相对于发展阶段的变化状况来描述高速铁路客运的市场表现,可以将高速铁路客运的生命周期划分为培育期、成长期和成熟期三个阶段,如图 6-9 所示。除非高铁客运在不远的将来会被新生的交通运输产品所替代,则会出现高速铁路的衰退期。借助产品生命周期理论,可以判断高速铁路客运处于生命周期的具体阶段,推测其后续的发展趋势,正确把握其经济寿命;并根据高速铁路客运在不同阶段的特点,采取相应的运营策略,增强其竞争优势,提高整体经济效益,实现经济可持续,尽可能地延长高速铁路的成熟期直至永远。

对高速铁路经济可持续的理解,可从其经济效益及财务可持续的角度进行认知,它们之间相互关联,如图 6-10 所示。其中,经济效益包括直接经济效益和社会经济效益,财务可持续则表现为现金流可持续与盈亏平衡共存,盈亏平衡是维持现金流长期可持续的基础[1]。现金流可持续的影响因素包括高

---

[1] 丁慧平、何琳、李远慧、肖翔:"我国高速铁路经济可持续及发展路径",《北京交通大学学报》,2016 年第 4 期,第 130—136 页。

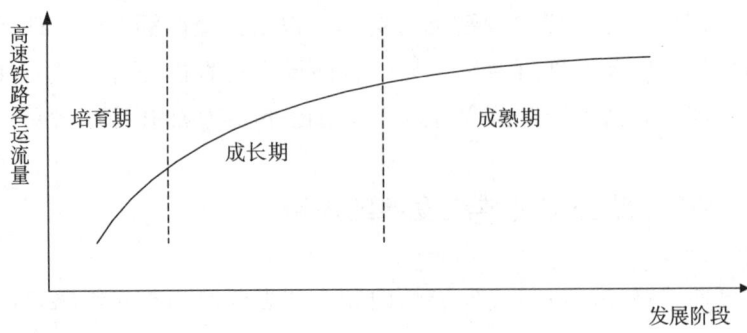

图 6-9　高速铁路客运生命周期

速铁路运营相关现金流、社会经济效益转移支付、资本投入、负债水平和利息支付等。项目盈亏平衡应当站在高速铁路全生命周期视角，考虑不同投入资本的回报率要求，通过净现值分析方法进行考察。基于对高速铁路可持续发展内涵的认知，并透视其关键影响因素的内在逻辑关系，可将高速铁路经济可持续发展的内涵表述为：在高速铁路整个生命周期中，与其相关的所有经营活动能够产生持续的现金流来满足在既定的财务结构下达到资本投资回报的要求。

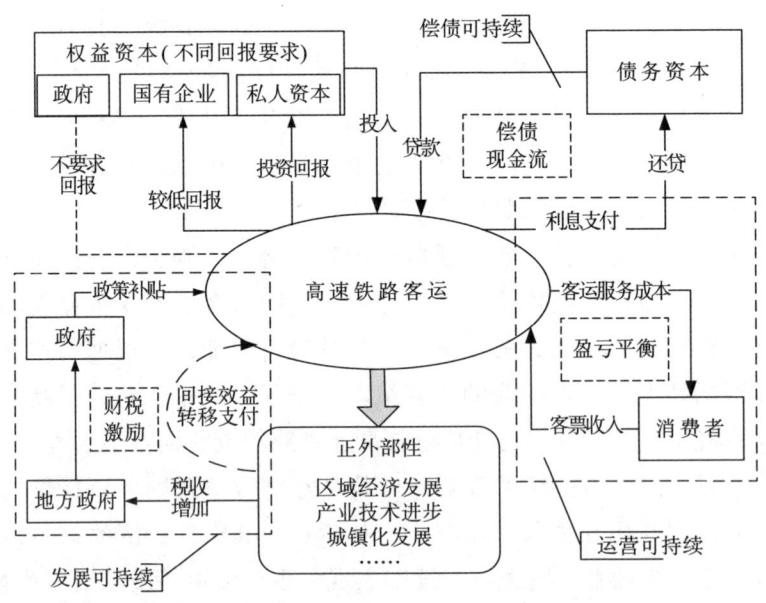

图 6-10　高速铁路经济可持续及其影响因素关系

图 6-10 综合描述了高速铁路的经济效益及财务可持续的关系。首先高速铁路具有多元的产权属性，其政府出资不需要回报，国有企业需要较低的

回报而社会资本需要较高的回报,多元产权体现了高速铁路同时具有公益性和商品性。公益性体现在高速铁路服务于规模化公共交通,具有正外部性,形成社会经济效益,如拉动区域经济发展、加快城镇化建设、增加政府税收等。商品性体现在高速铁路可通过提高客票收入维持盈亏平衡,达到运营可持续。在这种情况下,秉承"谁受益,谁出资"的原则,政府应该给予高速铁路财政补贴,维持高速铁路经济可持续发展,同时也能稳定提高政府自身收入。可以说,直接经济效益与社会经济效益的平衡和财务可持续是经济可持续问题的两个方面,应分别从长期视角和短期视角来分析经济可持续问题,短期视角直接涉及高速铁路的财务可持续问题。

二、高速铁路财务可持续的内涵及发展路径

高速铁路可持续发展的核心问题是其财务可持续问题,不仅需要考察高速铁路按时还本付息的能力,还需要考察在日常运营中的财务可持续能力;不仅需要保障已建成高速铁路的财务可持续性,还需要稳定高速铁路产业发展的财务可持续性。高速铁路财务可持续的内涵主要包括偿债可持续、运营可持续和发展可持续三个层面,如图 6-11 所示。

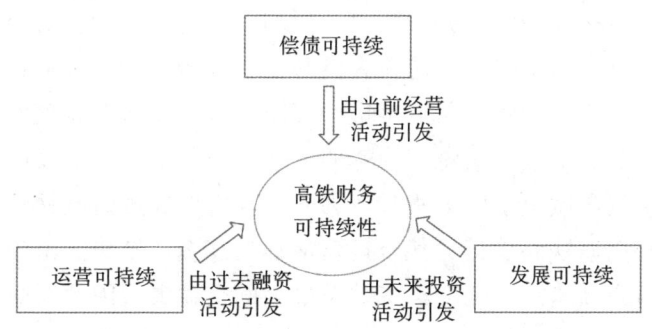

图 6-11 高速铁路财务可持续内涵

高速铁路运营活动的财务可持续性。在不考虑还本付息的前提下,已投入运营的高速铁路在日常运营活动中是否能维持现金流的平衡。

高速铁路还本付息的能力。由于高速铁路的还本付息额主要取决于其融资结构,取决于高速铁路建设期的融资活动,与开通运营后的经营成本无关,有必要与运营活动进行区分并单独考察。

高速铁路发展的可持续性。高速铁路产业是否具有投资吸引力,是否具备产业可持续发展的财务基础。这一方面取决于高速铁路自身的运营绩效;

另一方面也取决于政府对高速铁路发展的支持力度。

中国高速铁路经营活动中遇到的财务可持续问题已成为社会关注的热点，一些学者从现金流、投融资、偿债等不同方面和角度进行了探讨，认为中国高速铁路跨越式发展得益于创新投融资模式，即共同投资建设、补贴运营、政府控股下的产权模式。结合学术界和业界对高速铁路财务可持续问题的见解以及中国高速铁路的实践，基于高速铁路财务可持续逻辑内涵，可从中国高速铁路偿债、运营和发展可持续三个方面认知高速铁路财务可持续发展路径。

1. 偿债可持续路径。由于高速铁路资产负债率较高，还本付息压力巨大，不仅影响了高速铁路当前的财务绩效，也降低了高速铁路对潜在投资人的吸引力，不利于高速铁路产业的长远发展。政府和银行是解决偿债可持续的两个关键主体，相应可采取的偿债可持续路径主要包括财政补贴、债务重组、借新还旧等。

（1）财政补贴。由于高速铁路建设的融资结构中大量采用了债务融资，使得高速铁路在运营过程中需要承担高昂的利息成本，仅靠自身运营活动的现金收入恐怕难以完全支付每期的利息。目前，中国铁路运输的政府补贴主要是投向一些特殊的公益性线路。然而，由于铁路客运票价管制等原因，中国铁路客运的直接经济效益并不明显，但却存在着巨大的社会经济效益。现阶段中国一些既有高铁线路建造在客流并不十分密集的运输通道，承担着巨额运营亏损（至少在运营初期是如此），但却促进了欠发达地区与经济较发达地区之间的人员、资金、信息、物资的流动，繁荣了高铁沿线的旅游业，为拉动地区经济发展做出了巨大贡献。因此，政府应通过财政补贴或税收优惠的方式，弥补高速铁路偿债、甚至运营活动的现金流缺口。由于高速铁路沿线及地方政府是高速铁路社会经济效益最大的受益者，因此财政补贴应由中央和地方两级政府共同承担。

（2）债务重组。在 20 世纪 80 年代左右，欧洲各国和日本采取"网运分离"或私有化的模式，对本国铁路进行了重大改革。这些改革的一个共同特征是，清算铁路原有负债。在不影响新公司投资回报的前提下，由新公司承担部分债务，其余转移为国家债务，使新成立的铁路公司以"轻债务"甚至"零债务"启动，为其展开市场化经营和竞争奠定了基础。中国也可考虑借鉴欧洲和日本铁路改革的做法和经验，在必要的时候，由政府牵头重组高速铁路建设过程积累的全部或部分债务，降低高速铁路的资产负债率，改善财务指标，为提高高速铁路投资回报水平、吸引社会资本和公开募集资金奠定基础。

（3）借新还旧。由于高速铁路具有稳定长期的经营现金流，付息能力将逐渐增强。但从长远看，债务本金偿还的压力将更为突出。从高速铁路自身角度，如果债务到期时资金链仍然紧张，可通过借新债偿还旧债方式，能够将本金偿还的压力向后递延。从银行角度看，由于高速铁路的债务受到国家财政的支持，信用风险极小，在能够按时付息的前提下，继续向高速铁路提供贷款也是理性的选择。同样，增发铁路债券也是可行的路径。

2. 运营可持续路径。高速铁路在日常运营过程中，需要支付人工费用、维修费用等日常开支，但是在运营初期，客流量还很有限，高速铁路自身盈利能力不强，同时还需要支付银行贷款利息及本金，若没有可行的日常运营的财务可持续发展路径，可能会导致资金链不稳定。为此，可考虑从三个方面构建高铁运营可持续路径，即大力提升经营绩效、采用动态折旧方法和开辟多元融资途径。

（1）大力提升经营绩效。提高经营绩效是高速铁路偿债可持续和未来发展可持续的根本保障。提升经营绩效，可考虑从三个方面着手：一是完善高速铁路委托运营管理体制；二是建立灵活、可浮动的票价制度，推行收益最大化管理模式；三是注重多元商业开发，依托高速铁路运输形成的商业圈，开发诸如商业地产、旅游餐饮、广告传媒等多种衍生产业，充分挖掘高铁资产的经济价值，提升高速铁路的总体经济效益。

（2）根据工作量动态计提折旧。高速铁路拥有大量的线、桥、隧、站场、牵引供电设备、通信信号设备、房建设施、动车组等固定资产，这些固定资产造价高昂，因此折旧费用在经营成本中占有很大比重。当前的折旧计算方法多为直线折旧法，即不考虑实际发生的业务量，在资产的使用年限内使用相同的折旧率计提折旧。这种方法虽然简单，但是不能准确反映经营成本，也不符合收入支出的配比原则。可以认为，折旧率应该与当年的运输密度、车流量或作业量相关，采用动态计提的方式，在运营初期使用较低的折旧率，随着业务量的上升，折旧率也随之逐渐提高。这不仅可以更加真实反映高速铁路固定资产价值转移的过程，而且折旧率前低后高，客观上降低了前期的折旧成本，对改善高速铁路初期的账面财务状况有利。后期折旧费用逐渐增加，可能起到避税的作用。

（3）开辟多元融资途径。通过开辟多元融资途径，缓解高速铁路运营过程中的现金流压力，维持运营过程的财务可持续。短期融资券、融资租赁等都是可运用的融资方式。采用融资租赁方式购置动车组、大功率机车、智能化和信息化设备等运输装备,不仅开辟了不同于借款的融资渠道,还可以运用融资租赁模式约定由租赁公司提供软件更新、维修、操作培训等方面的服务内容。从推动技术创新发展的角度,对于高速铁路在高端装备设施方面的创新性投入,国家在政策方面可考虑予以鼓励的倾斜,这也是转移支付的一种形式。

3. 发展可持续路径。财务可持续是高速铁路产业未来发展可持续的基本保障。为了实现财务可持续发展的目标,需要从高铁项目规划、运营、融资等各方面进行合理安排。就高速铁路产业未来发展的财务可持续路径而言,尤其是新建高铁线路的财务可持续发展模式,应从高铁项目立项论证、融资结构、融资渠道、互联互通网络构建等方面进行考虑。

(1) 充分论证项目可行性。充足的运输收入是高速铁路财务绩效的根本保障,而客票收入建立在旅客出行需求基础上。在某一条旅客运输通道中,旅客出行需求的行为变化具有其内在的规律性,主要取决于该运输通道沿线地区的人口密度、收入水平、运输供给方式和运输阻力,运输阻力即旅途行程时间和票价成本之和。在这个运输通道中,可能存在高铁运输、公路运输和航空运输等多种方式。在不同方式下,旅客感知的运输阻力不同。运输阻力越小,吸引的客流越多。运输通道中的不同运输方式各有优势,相互竞争。高速铁路所能做的是尽量降低自身的运输阻力,吸引更多客流,但对于决定运输需求的另外两个外部因素,即人口密度和收入水平是无法左右的。从这个意义上说,高速铁路的线路选择非常关键。如果高速铁路沿线不是人口稠密和经济发达的地区,即使采用各种营销手段,也很难获得足够的客流量来覆盖高昂的建设成本和运营成本。因此,对新建高速铁路的可行性论证,充足的客流保障是关键因素。如果在经济尚不够发达的地区过于超前建造高速铁路,日后的亏损运营将是必然的结果,会在相当长的期间徒增政府的财政负担。如媒体报道的东部高速铁路客票收入可观而西部高速铁路亏损运营的现象,充分说明了高铁线路选址对于高速铁路经济持续发展的重要性。

(2) 提高政府资金的出资比例。按照现阶段高速铁路建设的融资模式,整体债务资金占比过高,导致高速铁路在随后运营中偿债负担沉重。尤其是在高速铁路运营初期,在经营潜力尚未充分发挥的状况下,还息压力巨大,影响财务绩效,进而降低了高铁产业对社会资本投资的吸引力,并最终影响高速铁路的持续发展。

在对高速铁路的权益融资中,政府的财政资金投入应当占有相当比重,旨在引导社会资本的投入和降低还息压力。政府的财政资金取之于民,则应用之于民,其投入不要求回报,甚至无须计提折旧,这是因为其投入的对象是高速铁路的公益属性部分,这样可大大降低高速铁路的运营成本。政府财政资金投入的理论依据在于:其一,高速铁路具有巨大的正外部效应,社会可以通过高速铁路带动区域经济发展从中获益,并创造更多的税收。因此,政府应该将一部分税收收入通过转移支付投向高速铁路,作为高速铁路的权益资本金。其二,政府出资比例的提高将降低高速铁路建设对债务资金的依赖,从而缓解日后运营中的还本付息压力。同时,政府出资可以不计提折旧,从而降低账面经营成本,改善高速铁路的财务绩效,从而对吸引社会资本进入、拓宽高速铁路融资渠道具有正面效用。从这个意义上讲,政府出资比例的原则应该是:至少使社会资本能够获得必要的投资报酬率。政府投入由中央政府和受益的地方政府共同出资,具体比例可协商而定。由于地方政府是高速铁路社会效益的主要受益者,有理由考虑地方政府应作为主要的出资主体。

(3) 探索多种融资渠道。在高速铁路的建设融资中,除了政府出资之外,应设计和尝试多种融资渠道,如资产证券化、公私合作项目融资、上市融资等,满足高速铁路建设的资金需求。

资产证券化(Asset – Backed Securities,ABS)融资能够优化企业资源配置、增加资产流动性、扩大企业融资规模,助推融资多元化,近些年来得到政府的大力推进。2015 年全国共发行 1 386 只资产证券化产品,总金额达 6 032.4 亿元,同比增长 84%,市场存量为 7 703.95 亿元,同比增长 129%[①]。高速铁路可以以其未来的客票现金流作为资产证券化的标的资产进行融资。伴随高速铁路拉动区域经济的发展,沿线客流量的增加会带来稳定且逐年增长的客票收入,符合资产证券化的要求,可作为资产证券化的优质资产。

公私合作(Public – Private Partnership,PPP)项目融资是引入社会资本参与公共基础设施建设并获取相应的稳定回报的一种融资模式。公共基础设施项目通常投资额巨大,社会效益明显,投资回报率偏低,私人资本缺乏意愿、也没有能力完全承担全部建设和运营成本。如果完全由政府承担投资成本,则需要财政的巨额投入,而政府在一定期间内缺乏这样财政实力。PPP 提供了一种既能降低政府财政投入,又能吸纳社会资本,同时引入高效管理的基础设施融资和经营模式,在北京地铁建设运营中得到了成功运用,也逐渐在

---

① 2015 年我国共发行 1 386 只资产证券化产品总金额 5 930.39 亿元 http://stock.caijing.com.cn/20160128/4062783.shtml。

中国其他城市得到了推广应用，这为高速铁路引入 PPP 模式提供了宝贵经验。作为基础设施项目，高速铁路与城市地铁存在诸多共同之处，表现为：其一，社会效益明显，盈利能力差，票价服从政府管制。其二，投资额巨大，投资回收期长。其三，与其他线路联网，运输收入需要清算。其四，专线专用。可见，高速铁路可以借鉴城市地铁项目 PPP 模式的成功经验，考虑引入 PPP 模式作为试点，探索和创新高速铁路的融资模式，探寻良性发展轨道之路。

上市融资则是通过资本市场进行直接融资的市场化方式。美国铁路发展的历史表明，资本市场极大地促进了铁路的发展。日本的三家新干线公司 JR East, JR Central 和 JR West 均为上市公司。中国广深铁路公司也于 2006 年上市。已有的国内外铁路融资实践表明，依托经济效益较好的既有铁路进行股份制改造并上市融资，可成为新线建设的有效融资途径。

然而，由于现阶段中国不少高速铁路仍然呈现账面亏损，远未达到资本市场可接纳的程度，不满足上市融资的要求。即使是账面盈利的高速铁路项目公司，由于这些高速铁路公司尚未具备独立、完整的经营管理权，即其全部运营管理活动全权委托给中国铁路总公司所属的铁路局，同时向铁路局支付委托管理费，两者之间存在"关联交易"，难以判断高速铁路真实的盈亏状况。因此，对中国大多数高速铁路公司而言，上市融资（包括私募融资）不是近期能够适用的融资途径。只有当高速铁路公司理顺了产权和经营管理权，提供了清晰的收入和成本构成，具备上市的规定条件，上市融资才是可行的渠道。但是从盈利的角度看，根据其披露的财务状况，京沪高铁看似具备可行的上市融资前景，它毕竟拥有世界上屈指可数的高速铁路黄金通道。

（4）培育发挥网络优势。位于中西部的部分高速铁路，由于自建成以来客流量远不饱和，暂处于亏损运营状态。诚然，对事前的决策因果及结果不能只停留在现今的抱怨，而需采取积极有效的应对策略和措施。针对这样的状况，除了从多方面积极改善经营业绩之外，还需要铁路总公司统筹规划，及早将这些线路与中、东部其他高速铁路线路实现互联互通，形成网络规模效应，从而推动区域间经济发展的联动互动，以便极大地激发潜在的客运需求，从根本上解决区段性运量不足导致的亏损问题。对中西部高速铁路与中、东部高速铁路联通后网络规模效应的溢出和经济效益潜能的发挥，将拭目以待。

三、高速铁路直接经济效益与社会经济效益平衡发展

(一) 高速铁路直接经济效益面临的困境

高速铁路发展因其正外部性带来了极大的社会效益,但自身却未能因此获得经济效益。从经济效益的角度来思考高速铁路的财务可持续问题,首先要正确认识经济效益。从逻辑上讲,高速铁路的经济效益包括直接经济效益和社会经济效益,其社会经济效益即为高速铁路发展带来的社会效益。高速铁路实现经济可持续首要目的是要实现正的直接经济效益,但是目前中国高速铁路的直接经济效益并不乐观,除少部分高速铁路能实现盈利外(如京沪高铁),大部分高速铁路都处于运营亏损状态。

世界上公认的收支平衡或者能够盈利的高速铁路仅有两条:1964 年通车的日本东海道新干线和 1981 年通车的法国巴黎—里昂 TGV 东南线[1]。法国高速铁路在 1995 年依旧处于巨额亏损状态,甚至因其拖欠工资导致工人罢工长达 3 周。虽然中国少部分高速铁路可保持收支平衡,但从整体来看,很多高速铁路都在经历着持续亏损运营的局面。《中国经济周刊》记者于 2016 年 8 月了解到,中国多条中西部高速铁路一直面临亏损的局面,如郑西、贵广、兰渝、兰新、成贵、南广等,且有些高铁线路距离收支平衡遥遥无期[2]。究其原因,主要是因为这些高速铁路沿线城市的经济发展水平尚欠发达,出行需求与高铁的时间价值(票价)不相适配,难以满足高速铁路经济可持续的要求。

郑西(郑州—西安)高铁于 2010 年 1 月开始运营,时间早于京沪高铁,然而该区段线路的客票收入始终堪忧。郑西高铁当时的可行性报告对未来数年的客流预期和拟开行的动车组对数做了过于乐观的估计,未能充分预判该高铁线路沿线地区当时经济发展水平欠发达的程度。郑西高铁开行运营后数年,每天开行动车组时数仍低于预期,就其直接经济效益而言,形成巨额亏损。这也给了中国高铁建设一些启示,即高铁项目建设应当有底线思维,在充分了解线路沿线客流培育期特点的同时,对能够容忍的直接经济亏损额有明确的认知。

---

[1] 民主与法制网:高铁盈利地图 http://www.mzyfz.com/cms/guanzhuminsheng/xinwenzhongxin/toutiaoxinwen/html/1180/2016 - 08 - 02/ content - 1211955. html。

[2] 高铁盈利地图 http://news.ifeng.com/a/20160802/49702090_0.shtml。

虽然郑西高铁的直接经济效益并不乐观，但是其带来的社会效益是非常显著的。郑西高铁的开通促进了沿线城市之间的经济、文化交流，加速了资金、人才、信息等要素在这些城市之间的流通，优化资源配置，促进了当地的经济发展。另一方面，郑西高速铁路缩短了沿线城市之间的旅行时间，增强了当地旅游业对游客的吸引力，带动郑—洛—西旅游经济带的形成。郑西高铁将豫陕两省带入飞速发展的高铁时代，促进了当地区域经济一体化的发展。像郑西高铁这样的高速铁路在中国有多条，它们的客流培育期显然超出了当时项目可行性报告的预期，尚难以实现与其收支平衡所要求的直接经济效益，却带来了巨大的社会效益。可以认为，如何实现高铁的直接经济效益与其社会经济效益之间的平衡乃是实现高铁经济可持续发展的关键，也是面临的挑战。

（二）实现直接经济效益与社会经济效益的平衡

高速铁路的正外部性告诉我们，高速铁路只有实现其直接经济效益与社会经济效益的平衡才能实现长久的经济可持续发展。然而，如何破解如此具有挑战性的问题，也是摆在中央与地方政府和高速铁路公司面前无法回避的难题。可行的思路不外乎于开源节流。开源，即大力开拓客流源，运用收益最大化管理模式，提高供给服务效能；拓展多元化融资渠道，改善财务结构；争取政府财税的支撑。认识到高速铁路的混合经济属性，政府对高速铁路予以财税支持责无旁贷。节流，即努力提高资产利用效率，加快客运周转；在保障满意旅客服务水平的同时，节约成本；优化融资结构，降低财务费用等。从开源的角度，科学的客票定价机制和满足需求的客运营服务能力是关键要件。

1. 灵活制定票价。通过采纳收益最大化管理模式，针对旅客行为特点灵活调整票价，提高高速铁路的总客票收入，为高速铁路的经济可持续提供支撑。中国铁路总公司可根据市场行情实施差异化定价，针对同一座席种类，根据旅客在预订时间、出发日期、出发时间以及客户群体的不同而制定差异化票价。差异化定价政策有助于提高高速铁路的总收入水平，同时也能起到引导客流的作用，最大限度地利用客运能力，促进高速铁路客运市场的良性发展。

2. 调整列车运行频次。区域经济发展水平及居民收入水平是影响高铁交通位移速度与时间价值经济平衡的重要因素。对于经济发达的城市，旅客对高速铁路的需求较高，可以适当增加列车开行频次，如京沪线路每日开行高速铁路动车组多达 40 多对。而对于经济发展水平较低的城市，旅客对时间的敏感性低于对价格的敏感性，对高速铁路的需求相对滞后。因此，高速铁路在这些地区可延缓建设。如果出于某些战略意图需要在该地域开通高速铁路，可以适当降低高速铁路运行的频次。

3. 地方政府财税转移促进直接经济效益与社会经济效益的平衡。政府的财税支持对高速铁路财务可持续非常重要，政府对高速铁路给予补贴不仅是重要的，也是必要的。一方面，高速铁路对带动沿线经济发展贡献巨大，带来了时间节约、环境保护、产业结构调整、区域经济发展等社会效益，为国家及地区经济的发展注入了强劲的生命力，地方政府和中央政府的财税收入因此增加。另一方面，高速铁路投资巨大，客票收入即直接经济效益往往难以覆盖其建设成本和运营成本。由于中国区域经济发展的不平衡，致使相当数量的高速铁路需要经历较长的市场培育期而呈运营亏损状态，尤其是在初期客流培育阶段，存在相当数额的资金缺口。为保障高速铁路得以持续运营，及时偿付负债利息是必要条件。虽然通过票价调整可以改善高速铁路的直接收入，但受制于大多数旅客对票价接受的有限程度，这也是高速铁路的混合经济属性特征所致，高速铁路提价幅度受限，即使提价后仅凭客票收入尚难以弥补资金缺口。①因此，政府通过财税转移支付对高速铁路给予财税补贴是必要的，即通过对高铁收支平衡的缺口部分进行财税补贴的方式，来反哺高速铁路的建设运营，如图 6-12 所示。为此，通过地方政府和中央政府给予财税转移支付，从而实现高速铁路直接经济效益与社会经济效益的平衡，进而促进高速铁路的经济可持续，这里高速铁路带动区域经济发展的正外部效应是政府财税补贴的逻辑基础。

纵观中国高速铁路的发展历程，政府投入，包括巨额负债融资，起到了中坚作用，这也体现了高速铁路投资资本来源的固有特征，即政府主导巨额投资和高负债融资，这也正是高速铁路在融资渠道及融资来源方面区别于其他基础设施投资的显著特征。

---

① 丁慧平、赵启兰、李远慧、张哲："高速铁路定价机制探析——成本、社会经济效益、旅客时间价值三维视角"，北京交通大学学报（社会科学版），2018 年第 1 期，第 33—40 页。

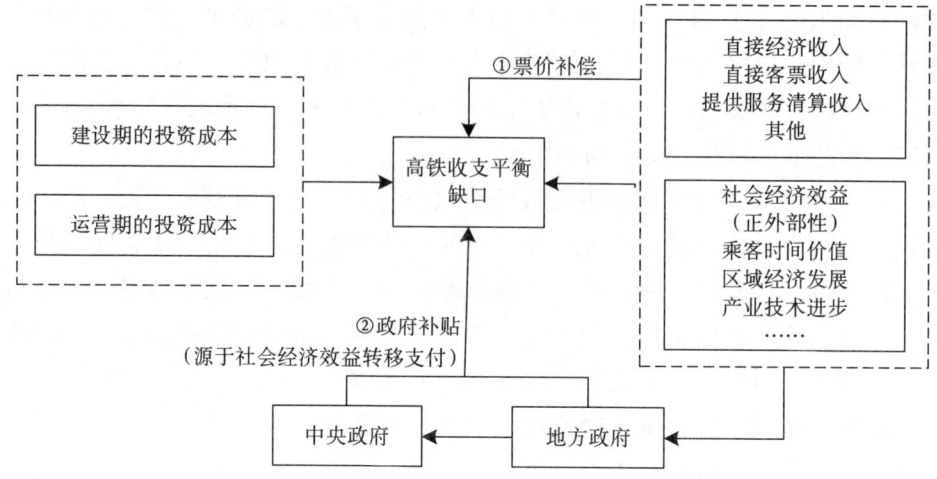

图 6-12　高速铁路的经济效益与政府转移支付

第七章　高速铁路发展：市场定位

　　高速铁路作为交通基础设施的一部分，是国民经济发展的重要组成部分，给整个国家和民众带来了巨大的社会效益。中国高速铁路关乎民生大计，通过两根通向远方的钢轨，在中国攻坚脱贫致富、实现全面小康社会的前进道路上筑路搭桥，穿山越岭，建立了一个又一个的里程碑。中国高速铁路改变了国民的出行方式，不仅弥补了交通供给的部分空白，为旅客提供了更加快速、便捷、舒适、安全的出行方式，同时，中国高速铁路后来者居上，发展迅速直至迈出国门，为促进中国经济增长和扩大国际影响力做出了不可估量的贡献。在中国高速铁路的快速发展进程中，机遇和挑战并存，机遇靠有准备的头脑去捕捉，面对的挑战是严峻的，要么接受挑战，要么被淘汰。中国高速铁路在过去的 20 年当中把握住了战略发展机遇，并取得了卓越成就。但仍需努力，有必要清晰认知中国高铁赖以生存的土壤、得以快速发展的支撑基础、未来发展的市场定位和战略目标，认清大格局，辨明大方向，继往开来，捕捉机遇，面对挑战，走上更加光明的未来。

高速铁路满足市场需求的时空特征

　　如前所述，不同于公路、普速铁路和航空，高速铁路在交通需求色谱中填补了由不同时间价值与时间敏感度组合形成的交通供给空白，为旅客出行提供了更多选择，满足了不同旅客的多样化交通需求。然而，只有在一定条件下，高速铁路才是旅客的最优选择，即高速铁路满足交通需求具有一定的时空特征。

一、时间与价格：涵盖交通需求色谱

　　如前所述，高速铁路的鲜明特征在于同时具有公益性及商品性，前者在

于满足了大众出行的基本需求,后者则表现为通过快速、便捷的交通方式为旅客提供了时间价值、更好的服务品质,以换取更好的客票收入。如前所述,高速铁路的混合经济属性特征使其区别于普速铁路(公益性)和航空(赢利性),满足了社会大众对介于这两者之间的多样化交通工具的需求。由交通需求色谱可知,普速铁路速度较低,为旅客带来的时间价值较低,但其以低廉的价格满足了那些对价格较为敏感且数量众多的旅客需求,这部分旅客对速度、时间价值的敏感性较低。航空以速度取胜,但票价高,其目标客户是那些对时间敏感而对价格不甚敏感但数量甚少的旅客。而高速铁路的出现,填补了两者之间的过渡区间,满足了那些既非对价格敏感、又非对时间敏感,而是兼具价格与时间偏好的多样化旅客需求,这部分旅客是具有相当规模的中端消费者,具有低价格与高时间价值相对融合的特征。高速铁路的价格相对航空机票较低,其行驶时速达250—350km,且能够满足规模化交通出行需求,为社会大众提供既快速、又省时的出行工具。简而言之,高速铁路弥补了低速低价的普速铁路和高速高价的航空飞机之间的空缺,填补了中高速中高价格这部分市场供给的空白,体现了时间与价格的市场竞争逻辑,也是从时间—价格视角对高速铁路混合经济属性的诠释。

二、速度与距离:满足快速出行规模化的需求

高速铁路在为不同旅客满足对速度和时间价值需求方面提供了更多的选择空间。如前所述,交通需求色谱的中间过渡地带才是高速铁路满足其目标客户需求的范围,也就是说,高速铁路满足旅客需求在时空区域上是有选择的,即只有在某些条件下,高速铁路优先于普速铁路或航空等其他出行方式。

在空间距离方面,旅途长短是旅客选择交通工具时需要考虑的一个重要因素。在短途旅行中,时间节约空间有限,高速铁路的速度优势难以体现,且其舒适的乘车环境也难以凸显感观优势,反而会因为较高的票价而被旅客所忽视,短途旅行的旅客会更倾向于乘坐普速铁路或公路等交通工具。在长途旅行中,飞机的速度优势明显,尤其体现在时间节省上,据旅客体验统计,高速铁路行程时间超过5小时,商务旅客会倾向于选择航空出行,即对这部分旅客,高速铁路的价格优势并不明显。在时空速度方面,高速铁路仍是地面交通工具,受技术因素的制约,其速度虽然不能与飞机媲美,但作为地面交通工具其速度堪称之最。自然规律决定了存在,旅客在体验时间节省的感受与其为时间价值买单的价格之间有自身的选择偏好。感谢上帝通过自然规

律之手给了高速铁路发掘生存土壤的机会，赋予其使命去满足那些出行需求对速度与价格两者都有偏好的旅客。使命驱使，只有在中短途、中长途距离且速度与旅客的时间节省要求相适配的时空区域，高速铁路才能够成为大多数旅客出行的首选。

高速铁路对城市群来说更有意义。高速铁路的开通促进了小时经济圈的形成，意味着在城市群中，各城市之间经济、文化交流更趋密切，跨城市就业、城间贸易、旅游等活动更趋频繁，由此衍生了大量的出行需求，此时快速、便捷、价格适中且环境舒适的高速铁路成为更多人的选择。尤其对于商务出行的旅客来说，时间的重要性高于票价的重要性，他们对时间的敏感性高于对票价的敏感性，更倾向于选择快捷舒适的高速铁路出行方式。相比于普速铁路，高速铁路不但为旅客提供了时间价值与中高票价相融合的多样化出行方式的选择，同时又能够满足快速规模化出行的需求，在中国，这种效应更直观的反映在春运上。据济南网数据显示，2018年中国铁路旅客发送量已增至33.7亿人次，其中动车组发送旅客20.05亿人次，占比为59.5%，相当于将非洲、欧洲、大洋洲的总人口运输了一次[①]。可见，在居民出行规模化的今天，高速铁路不但提供了更为便捷舒适的出行方式，同时缓解了交通压力，满足了人们对规模化出行的需求。正是因为高速铁路满足快速—规模化交通出行的特点，这才体现了其满足交通市场需求的时空特征。

中国高速铁路发展的机遇与挑战

中国高速铁路要想更具优势的发展，需清晰其使命所在，明晰其面临的机遇与挑战。得益于中国经济的发展及其对交通运量需求的增长，尤其对高速铁路需求的日益增长，高速铁路要做好准备迎接发展机遇。然而，高速铁路的融资问题一直是个重点，也是难点。高速铁路耗资巨大，周期长，社会资本进入较少，使得高速铁路融资方式相对单一，对借贷依赖度较高，资产负债率不容乐观，这些都会对高速铁路长远发展带来不利影响，这是中国高速铁路发展中需要应对的严峻挑战，不容忽视。

---

① 2018年中国铁路旅客发送量已达33.7亿人次 http://news.ijntv.cn/qyzx/2019-02-20/022025Q12019.html。

一、机遇：中国经济发展推动高铁出行需求增长

经济的飞速发展可以提高消费者的购买能力，而购买能力对市场的形成与发展具有重要的推动作用，因为只有在具有充分购买力的前提下，消费者才能将消费需求转化为消费行为，促进市场发展。因此，高速铁路市场的发展离不开经济水平的持续发展。当今中国高速铁路的发展机遇主要源于国家整体经济增长、区域经济发展和民众收入水平的提高。

近些年中国整体经济快速发展，直接促进了服务型产业的发展，大幅刺激增加了旅客的总体出行需求。根据统计年鉴数据显示，2017 年中国国内生产总值达到 820 754.3 亿元，经济增长率为 7.99%。2010—2017 年，中国国内生产总值保持增长趋势，但是从 2012 年开始，经济增长速度开始放缓。从产业结构角度看，中国第三产业生产总值的增长率始终保持在 10% 以上，显著高于中国全产业经济增长速度，这说明在中国经济增长的组成中，服务性产业所做出的贡献越来越多。从产业结构占比可看出，第三产业占比逐年提高，并于 2017 年占比达到 51.89%，第一产业和第二产业占比有微弱的降低，尤其是第一产业增加值的增长率降为负数，如图 7-1 所示。中国正在积极调整产业结构，大力扶持发展第三产业，推动服务型产业发展，进而带来旅客高铁出行需求的大幅度增长。中国经济增长速度虽有放缓，但第三产业维持更高的增长率，其占比逐年提高，为高速铁路产业的发展提供了良好的经济环境。

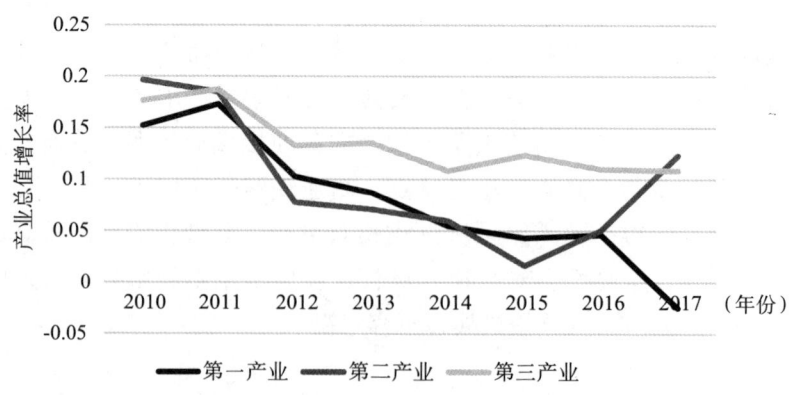

图 7-1 2010—2017 年中国产业结构生产总值增长率

数据来源：历年《中国统计年鉴》。

随着区域经济的不断发展，交通运输业也经历了一个从低速逐渐到高速的发展过程，同时也催生了高铁旅客出行需求的规模化增长。在自然经济时期，生产力水平低下，人类只能在有限的空间进行小规模的活动，人们对于出行的需求较少，从而制约了交通运输业的发展。然而，随着区域经济的快速形成与发展，交通运输发展也得到了推动。一方面，交通运输服务于区域经济，承担了区域间人员、物资、原材料及产品的运输和流动。另一方面，区域经济发展水平也决定了交通运输的现代化程度。区域低水平经济发展与其落后的交通运输系统相关联。区域内人员、物资等与外界互通往来稀少，区域发展缓慢。经济发展越快的区域对产品、原材料和人员等的流通需求越大，越需要加快完善其交通运输能力。

中国改革开放40多年，取得了举世瞩目的成就，其特点之一是区域经济发展迅速，形成了一定规模的经济圈。目前，中国最具代表性的四大经济圈分别是：一是以珠江三角洲为职能中心的泛珠江三角洲区域经济、广东以及所辐射的福建；二是以长江三角为主的沪宁杭苏经济区域、长江出海口（上海）为中心继而辐射的江苏、浙江；三是环渤海经济圈，以京津为中心辐射河北、河南、山东；四是东北老工业基地，黑龙江、吉林、辽宁。另外，中国如今还发展出以乌鲁木齐、太原、西安等城市为中心的新兴经济圈。所有这些经济圈内部及相互之间融合发展，人才、物资流动加速，产生了大量的运输需求，这引导了快速、规模化、便捷的高速铁路成为经济圈之间的最优选择，这些经济圈形成了中国高速铁路赖以生存的沃土。以沪宁杭苏经济圈为例，上海是中国金融型国际大都市，是中国的金融中心，在城市发展的同时还能以自身优势带动周边省市经济的发展，从而促进城市之间的物资、人员的流通。江浙沪各城市之间距离较近，在高房价的压力下，高速铁路成为跨城市就业人群选择交通出行工具时的首选。另外，城市间的交流与发展使得各城市之间出差、旅游的人数迅猛增长，高速铁路也成为他们最便捷、实惠的交通工具。

随着中国民众生活水平不断提高，人均收入得到提升，居民的消费结构趋于优化，对交通出行选择高铁的票价敏感度也随之降低。中国统计年鉴数据显示，2010—2017年，中国城镇居民人均可支配收入增长90.46%，人均消费性支出增长了81.46%；农村居民人均纯收入增长了126.93%，人均生活消费支出增长了150.01%，如表7-1所示。随着人民购买力的提升，旅客可以承担更多出行费用，对价格的敏感性程度逐渐降低，而其需求也就开始更多地侧重于出行的快捷性与舒适性，增加了旅客对高速铁路的市场需求。另外，中国民众的消费结构正在发生改变，在基本生活需求得到满足后，对健康和精神层次的需求也越来越多，用于医疗、文化、旅游、娱乐等方面的支出随之增加，而旅游方面的需求能够直接拉动对高速铁路需求的增长，同时高速铁路对旅游市场的快速发展又起着促进作用。

表7-1　　　　　2010—2017年中国城乡居民人均收入与支出　　　　　单位：元

年份	城镇人口		农村人口	
	人均可支配收入	人均消费性支出	人均纯收入	人均消费性支出
2010	19 109.4	13 471.5	5 919	4 381.8
2011	21 809.8	15 160.9	6 977.3	5 221.1
2012	24 564.7	16 674.3	7 916.6	5 908
2013	26 955.1	18 022.6	8 895.9	6 625.5
2014	28 843.9	19 968.1	10 488.9	8 382.6
2015	31 194.8	21 392.4	11 421.7	9 222.6
2016	33 616.2	23 078.9	12 363.4	10 129.8
2017	36 396	24 445	13 432	10 955

数据来源：历年《中国统计年鉴》。

可见，一方面，中国经济持续平稳增长、服务性产业占比增加、区域经济发展以及旅游业蓬勃发展共同拉动了中国高速铁路需求的增长；另一方面，随着中国民众购买力水平提高，对出行的快速性、便捷性、准时性、安全性和舒适度的要求也越来越高。客运需求的快速增长及高端化发展为高速铁路市场带来了广阔的发展空间，中国高速铁路发展正面临着前所未有的机遇。

二、挑战：巨额投资导致负债瓶颈

截至2018年底，中国高速铁路运营里程已达2.9万公里，占铁路所有线路的22.14%。中国高速铁路里程如此之长，得益于中国对高速铁路的大力投资。2005年6月，中国开始建造第一条高速铁路即京津城际高铁，2005年6月同时开工建造京广高速铁路，2007年8月建造哈大高速铁路，2008年4月建造京沪高速铁路，2008年7月开始建造沪宁城际高速铁路，2009年2月建造沪昆高速铁路……中国一直高密度地建造高速铁路，形成的高速铁路投资额非常庞大。据介绍，250km/h的普通动车组一节车厢的造价约为1 600万元,350km/h 的动车组一节车厢造价约为 2 300 万元①。京津城际高速铁路投资额为 133.24 亿元,京沪高速铁路总投资额为 2 209.4 亿元,武广高速铁路投资额为 1 166 亿元,2017 年一年中国对高速铁路的投资额为 8 000 亿元左右。按规划,中国将于 2020 年建成"四纵四横"高速铁路网,届时全国人口 50 万以上的城市基本上都将连通高速铁路。在这样的规划下,中国仍需加大对高速铁路的投资。可以看出,中国对高速铁路的投资密集且巨大。然而,中国高速铁路建设投资主体较为单一,主要靠国家投入,社会资本介入较少,高速铁路建设资金缺口非常大,致使负债融资是高速铁路建设资金的主要来源,造成高速铁路较高的负债率。截至 2018 年底,铁路总公司负债 5.21 万亿元,较 2017 年的 4.99 万亿元增长 4.52%,资产负债率高达 65.15%。每年仅利息需要支付 844 亿元左右,铁路总公司面临巨大的还息压力。表 7-2 与图 7-2 反映了铁路总公司 2012—2018 年的资产负债状况。

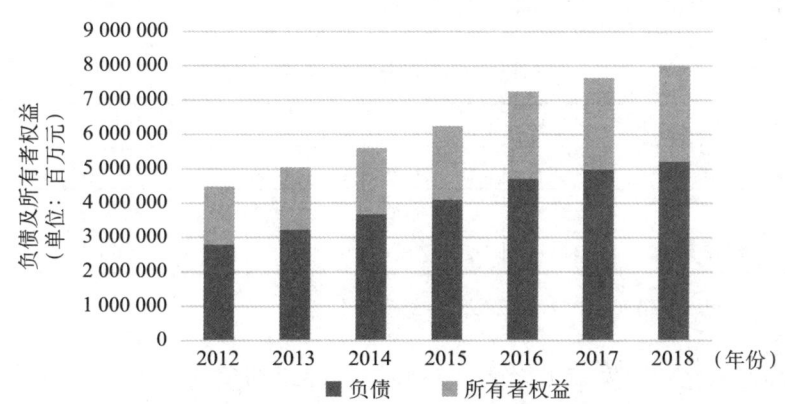

图 7-2　2012—2018 年中国铁路总公司资本结构

数据来源:中国铁路总公司年报。

表 7-2　　　　　　2012—2018 年铁路总公司资产负债状况　　　　　单位:亿元

年份	2012	2013	2014	2015	2016	2017	2018
资产	44 877	50 462.18	56 099.30	62 458.70	72 512.61	76 483.87	80 023.39
负债	27 925.62	32 258.50	36 755.51	40 951.45	47 153.44	49 878.50	52 133.79
资产负债率	62.23%	63.93%	65.52%	65.57%	65.03%	65.21%	65.15%

数据来源:中国铁路总公司年报。

---

① 为何高铁每年负债 4 万亿,中国仍不停建造新的 https://baijiahao.baidu.com/s?id=1588054041493179282&wfr=spider&for=pc。

自 1995 年起，截至中国铁路总公司 2018 年第五期债券发行前，铁路总公司债券发行情况如表 7-3 所示，包括所有已发行的中国铁路建设债券、中期票据、短期融资券和超短期融资券均按时支付本金和利息，其中尚未兑付的债券情况如表 7-4 所示。可以看出，铁路总公司在负债率较高的情况下面临着巨大的还本付息压力，其财务状况并不乐观。

表 7-3　　　　　　　　　已发行的债券　　　　　　　　　单位：亿元

债券类别	总金额	已兑付	尚未到期	存续期每年需支付利息
中国铁路建设债券	15 287	1 032	14 255	653.98
中期票据	2 450	1 150	1 300	56.72
短期融资券	2 800	2 800	/	/
超短期融资券	1 650	1 450	200	4.30

数据来源：2018 年第五期中国铁路建设债券发行文件。

表 7-4　　　　　　　　已发行尚未兑付的债券

债券名称	期限	额度	付息情况
中国铁路建设债券	3—30 年	14 255 亿元	每年付息，最后一期利息随本金一并支付
中期票据	5—10 年	1 300 亿元	每年付息，最后一期利息随本金一并支付
超短期融资券	180 天	200 亿元	到期一次性还本付息

数据来源：2018 年第五期中国铁路建设债券发行文件。

在高速铁路快速发展的今天，高额投资导致的负债瓶颈成为中国高速铁路在高歌猛进过程中遇到的严峻挑战，也是决定高速铁路能否维持自身优势、把握发展机遇的关键因素。充分应对并破解负债瓶颈带来的挑战，是中国高速铁路经济可持续进程中所面对的关键问题中的重中之重。这对中国高速铁路能否走上坦途，继续成为驱动中国经济继续发展的强大动能关系重大。

中国高速铁路发展定位

前文阐述了高速铁路的目标市场以及中国高铁面对的机遇与挑战，继而至关重要的是中国高速铁路必须明确自身的战略发展定位，以便能够高瞻远瞩，充分发挥自身优势，把握机遇，迎接挑战，稳步推进，实现自身经济可持续，维持长远可持续发展。

一、满足需求：市场定位及目标市场

中国高速铁路的市场定位是其发展战略最为重要的决择，取决于其使命，关系到其目标市场的确定，乃至其长远发展及目标的实现。

（一）高速铁路市场定位

企业市场定位，即明晰其准备要满足的目标市场需求是什么，进而明确将提供什么样的产品或服务来满足其目标市场需求。作为高速铁路，如前所述，其市场定位于交通需求色谱图中的中端旅客需求，立足于其特长，即以提供快速规模化的交通位移的能力来满足那些兼顾价格与时间敏感的旅客出行需求。根据中国高铁的实践，目前其市场定位于快速客运和快递货运的服务范围。

1. 快速客运市场。在中短途距离（与高速公路相比）的客运市场上，高速铁路具有较强的竞争优势。以北京至天津为例，由表7-5可知，北京至天津高速铁路最快31分钟，票价为54.5元，而长途汽车理想情况下耗时2小时，票价为40元。在中短途客运中，高速铁路显现出明显的速度优势，票价相对长途汽车来说也并不是很高。旅客的最终选择取决于其是对速度较为敏感还是对票价更为敏感。

表7-5　　　　北京至天津（120km）部分列车的时长及价格

车次	时长	票价（高速铁路为二等座）
G5	31分钟	54.5元
C2001	35分钟	54.5元
G9015	36分钟	54.5元
长途汽车	约2小时	40元

数据来源：12306官网及携程网。

在中长途客运市场上，高速铁路的竞争优势最为明显。以北京至上海为例，如表7-6所示，三种方式的旅途用时和票价相差悬殊，高速铁路时长和价格都较为适中。

表7-6　　　北京至上海（1 318km）部分列车的时长及价格

	车次	时长	票价（二等座/经济舱）
高速铁路	G17	4小时18分	553元
	G151	6小时17分钟	553元
飞机	MU5102	2小时15分钟	1 192元（八折票价）
	SN8178	2小时25分钟	991.2元（八折票价）
长途汽车	/	约18小时	342元

数据来源：12306官网及携程网。

乘坐长途汽车的票价最低，是高速铁路票价的60%左右，但是耗时太久，且乘坐环境相对高速铁路较差，乘坐长途汽车18个小时以上的旅客体验会非常差。乘坐飞机往返京沪的时间较短，但是表中列示的时间只是飞行时间，飞机场一般建设在城市较偏地区，前往机场及候机都会耗用较多的时间，因此会削弱飞机的速度优势。以门到门的用时相比较，飞机优势明显减弱。同时，飞机票价不占优势。因此综合来说，在中长途客运市场上，高速铁路占有极大优势。

在长途客运市场上，与航空相比较，高速铁路竞争优势相对较弱。以北京至广州为例，从表7-7可知，高速铁路用时最短为8小时，长时间的乘坐会降低旅客体验感，高速铁路的速度优势无法凸显。虽然，高铁的票价是飞机票的一半左右，但在长时间的旅行时间下，其票价所占优势也会降低，而飞机此时在速度上占绝对优势，适合对时间较为敏感的旅客。

表7-7　　　北京至广州（2 338km）部分列车的时长及价格

	车次	时长	票价（硬座/二等座/经济舱）
高速铁路	G79	8小时1分	862元
	G69	9小时21分钟	862元
飞机	KN5897	3小时25分钟	1 680元（八折票价）
	CZ3116	3小时15分钟	1 848元（八折票价）

数据来源：12306官网及携程网。

由此可见，高速铁路客运以中短途和中长途为目标市场，对应于交通需求色谱图中的中间过渡区间。

2. 高速铁路快运。在互联网经济的驱动下，快递行业表现出爆发式增长。2007年全国快递业务量为12亿件，2017年增长到400.6亿件，在10年内增长近33倍①。近几年，淘宝、京东等电子商务平台的高速发展，有效地刺激了消费者网购需求，进一步加快了快递市场的扩展速度。再加上中国人口众多，快递行业具有十分庞大的市场规模，且有继续增长的趋势，拥有良好的发展前景。其中，快递服务高端化是快递行业的重要发展趋势，从高端件快递需求发展情况看，中国高端件市场尚未得到充分开发，发展空间巨大。高端快件根据客户类型可以细分为公务快件和私人快件。公务快件是往来于政府、企事业单位之间的快件，接收时间一般为8:00—16:00；私人快件来往于私人之间，对接收时间的限制相对较松，一般要求不晚于22:00送到。因此，根据客户对快递的实际需求，开发和扩大高速铁路参与快递的市场份额也符合高速铁路的功能特点，类似于航空快递但存在市场细分，高速铁路适合参与市场竞争的快递业务应控制在中短途距离范围，即当天或隔夜完成高铁行程路段的送达。

高速铁路快运具有速度快、成本低、安全性高、准点率高等特点。因此，高速铁路快运应充分利用快速、安全、低成本的干线运输优势，大力拓展高端快递市场。结合高速铁路快运优劣势分析，从产品服务范围和承诺送达时间两方面甄选高速铁路快运的目标市场。

（1）产品服务范围。将快递运输按照服务范围可分为4类：短途运输（0—500km）、中途运输（500—1 000km）、中长途运输（1 000—2 400km）和长途运输（2 400km以上）。在短途运输中，适合的运输方式有公路运输和铁路运输，但在小城市之间快递运量相对较少，两点间货源不足则难以维持高频次公路班车，该区域非常适合现有载客动车组的"客运捎货"运输模式。在中途运输中，公路运输形成规模化优势，与高速铁路快运形成竞争。在中长距离运输中，高速铁路可以发挥其速度优势，与航空进行竞争。但是在长途运输中，航空则以其他运输方式难以媲美的高速快捷维持其明显的竞争优势。由此可见，高速铁路快运的目标市场为中短途和中长途运输。

（2）承诺送达时间。高速铁路的平均运行速度为250km/h，短途运输则需要高速铁路运行1—2小时，外加两端短驳时间5小时左右，短途运输送达快递的全程时间在10小时以内。同样地，中长途运输送达快递的全程时间在24小时以内。因此，短途运输可以发展当日达、次晨达等快递服务，如长三角经济圈当日达、珠三角经济圈当日达、京津冀经济圈一日达等。中长途运输可以发展次日达业务，如推出京沪次日达、沪广次日达等快递服务。高速

---

① 国家邮政局发展研究中心："2017年邮政行业发展统计公报"，国家邮政局，2018年。

铁路凭借其高效、快捷、准时的优势,适合于重点发展高端快递产品。

(二) 高速铁路目标市场细分

高速铁路目标市场可依据旅客出行目的、出行距离、旅途时间进行细分,旨在制定收益最大化策略。

1. 旅客出行目的。就高速铁路旅客出行的动机而言,主要可以分类为商务出行、度假旅游出行、探亲访友及回家、上学和其他五类。参考研究报告的数据[1],在京广线通过调查问卷研究,关于出行目的的调查结果显示,商务出行占问卷调查总数的27.2%,度假旅游的占24.34%,探亲访友、回家的占36.4%,这三类不同出行目的占比总和约为87.94%,而选择上学的仅占4.4%。可以看出,商务出行、度假旅游、探亲访友及回家的旅客是构成高速铁路旅客的主要组成部分,他们对铁路运行速度、便捷及舒适度有较高的要求而对价格敏感度较低。通过问卷调查,针对这部分旅客,高速铁路需要注重提高服务水平。另外,学生及其他旅客对出行速度及舒适度有一定程度的要求,但同时对价格的敏感度也比较高。问卷调查表明,高速铁路应采用收益管理模式,通过确定适宜的价格来吸引这部分旅客。

2. 出行距离。根据专家调查显示,300km以内的高速铁路占有极大优势,对民航的冲击力几乎到达100%;在300—500km的距离范围内的高速铁路的优势有所下降,但对民航的冲击力仍达到50%以上;对于500—800km的运行距离,高速铁路的竞争优势稍显不足,对民航的冲击力为30%以上;在800—1 000km的运输距离范围时,高速铁路对民航的冲击力仅为20%左右;而运输里程在1 000—1 500km范围时,高速铁路对民航的冲击力仅有10%左右;1 500km以上的运行里程是民航的天下,高速铁路对民航几乎没有影响[2],即长距离运输高速铁路相对于民航的竞争优势已经不复存在。高速铁路应充分发挥其优势,对应不同区间的旅客出行距离,通过收益管理模式匹配旅客需求与票价,拓展其运行距离相对占优的市场份额。

3. 旅途时间。日本交通省的研究认为,单程旅行时间在5小时之内的高速铁路具有竞争优势,若单程旅行时长超过5小时,高速铁路则会失去其竞争优势,致使旅客选择其他交通工具。调查研究给出的启示和建议指出,高速铁路应将每趟列车的单向运行时间尽量控制在5小时之内,以维持其竞争

---

[1] 《高铁定价机制研究——成本、社会经济效益、乘客时间价值三维视角》研究报告,北京交通大学,2017年。
[2] 陈万钧:"高铁客运市场营销策略研究",《上海铁道科技》,2012年第2期,第5—6页。

优势。相对于其他国家而言，中国地域宽广，人口众多，乘坐高铁出行的客流规模相对更大，中国高速铁路涵盖交通需求色谱的过渡区间可能会宽泛一些，对目标旅客的甄选范围也会结合收益管理模式更为灵活一些。

需要提及的是，中国高速铁路在国内的发展模式是否能照搬到中国高铁"走出去"的战略路径中，这一点是需要审慎思考的。毕竟国内与国际市场环境天壤之别，与国内相比，国际市场复杂多变，存在着诸多的不确定性，面临的挑战可能也是前所未有的。事实上，中国高铁在"走出去"的历程中也在积累教训和经验，这将是一个曲折而漫长的过程。

二、普惠价值功能：协同区域经济发展

经验和事实证明，高速铁路能够推动区域经济的协同发展。高速铁路为区域经济的发展注入了巨大动力，为中国搭建的交通网络托起了一条条经济走廊，使沿线居民的生活发生了巨大的变化，这也将会为中国发展带来更多的机遇。宏观上，高速铁路能够推动国民经济的增长，提升国家的综合实力。微观上，高速铁路能够拉动区域间的联通，推动区域经济的均衡发展，起到有效配置资源的作用。

相对于民用航空而言，高速铁路的普惠价值还体现在能够增强沿线城市的互联互通，加快新型城镇化进程。航空对经济的拉动仅作用于起始城市，而高速铁路的经济拉动能够作用于沿线城市，尤其是节点城市，并从点、线辐射连成为面。在高铁时代，高速铁路对人才、资源的聚集能力逐渐增强，进一步带动新型城镇化的发展，铁路枢纽对当地经济发展的拉动作用毋庸置疑。继"四纵四横"，《中国中长期铁路网规划》在原高速铁路规划基础上，拓展建设以"八纵八横"主通道为骨架、区域连接线衔接、城际铁路补充的高速铁路网。相比之下，新的高速铁路规划网络会使各个经济圈内部交通资源分配发生变化，部分节点城市发生变更，高铁线路更加密集，交通枢纽地位更加突出，促进地区发展溢出效应愈加明显。沪昆高铁开通一年，贵阳北站旅客发送量从日均发送旅客不到5 000人次迅速增长到2.2万人次[1]，缩短了贵阳、昆明等西部地区到上海、杭州、南京等东部较发达地区的距离，显著拉动了贵州等西南地区的经济发展水平。中国高速铁路正走向飞速发展的新时代，高速铁路能够连接轨道沿线城市，促进经济较发达地区与经济欠发

---

[1] 黄喜："借力高铁加快产业转型升级"，《投资北京》，2017年第3期，第27—29页。

达地区之间的经济、文化交流，带动经济欠发达城市的经济增长，将其原先未能获得充分利用的资源转化为经济效益，有助于消除区域壁垒，被高速铁路所覆盖的城市其经济发展能力将获得不断提升。高速铁路作为国家经济发展的重要支柱，在高速铁路线路及站点选择时需要综合考虑区域经济均衡发展因素，加强对中小城市站点的合理布局，借以带动经济欠发达城市，助力消除贫困，从而实现不同区域之间经济协同均衡发展。

三、高速铁路经济可持续：均衡发展是铁律

相比发达国家，中国高速铁路的发展起步较晚，属于国际高速铁路发展当中的第三波浪潮。但是中国高速铁路的发展速度与势头的迅猛，令世界刮目相看。尤其在进入 21 世纪以后，2018 年，高速铁路运营里程超过了世界高铁总量的三分之二，成为高速铁路运营里程最长的国家，举世瞩目。中国高速铁路的快速发展一方面得益于国家政策的大力扶持，作为关乎民生大计的重要基础设施建设，国家一直对高速铁路的建设和发展提供了强大支持。另一方面，中国高速铁路的进取与成就也归功于中国各类人才兢兢业业、奋发图强、勇于创新。如今，中国高速铁路无论是在技术水平还是客运量上都取得了令人欣喜的成果，为社会经济发展提供了强劲动力，在提高人民生活水平方面发挥出了重要作用。同时，近几年中国高速铁路逐渐走出国门，为国际经济发展贡献了自己的一份力量。

成就固然喜人，然而发展之路从未平坦过，挑战会接踵而来。面临高速铁路"高速"发展的重要时期，如何才能走出适合中国高速铁路发展的自主之路，是当前面临的重大挑战。毫无疑问，追求经济可持续，均衡发展是铁律。中国高速铁路要审时度势，放眼未来，准确把握整体发展方向，明确战略定位与目标，部署整体战略，创造机遇，实现均衡发展。

高速铁路可以带动区域经济发展，同时其发展也借力于区域经济发展的推动，两者相辅相成。更重要的是，高速铁路的重任还在于促进区域之间、城市之间的协同均衡发展，只有消除了区域间经济发展的不平衡，提高了国民整体人均收入水平，才有助于缓解乃至消解高速铁路经济可持续发展的瓶颈，即由于不同区域经济发展水平的差异导致的高速铁路运营亏损。为此，高速铁路的发展要能够经济可持续，就需要沿线区域的经济收入水平与之相适应。应当遵循高铁经济可持续发展的客观规律，整体规划，分区域、分步骤的发展高铁网络。

区域经济发展水平决定着交通运输量的大小和构成，交通运输量又是维持高速铁路运营的基础。配置高速铁路供给，必须考虑旅客的票价支付能力。由于高速铁路建设成本高，且节省时间，其价格高于普速铁路，旅客能否接受高速铁路的票价对高速铁路开通运营来说是一个至关重要的问题，这正是高速铁路经济可持续面对的挑战。区域经济发展水平较高的地区，居民收入水平较高，对价格的敏感性较低而对时间的敏感性较高，因而愿意支付高铁票价来享用高铁服务。相反，对于区域经济发展水平较低的地区，居民收入水平较低，故对价格更敏感而对时间不甚敏感，因而不愿支付高票价来追求时间的节省，他们更愿意以时间来换取更低的票价。因此，高速铁路应首先考虑建造在区域经济较为发达的地区，这些地区对时间价值敏感，且人口相对稠密，居民对较高票价的接受能力较强，是高速铁路的目标市场。反之，对于区域经济欠发达地区，客流需求水平滞后，尚达不到高速铁路所要求的规模化程度，不足以支撑高速铁路的经济可持续发展。为此，应权衡在这些区域建造高速铁路的时机，适当延滞该区域的高速铁路建设。如京沪高铁、武广高铁都建造在沿线较为发达的城市，都收获了较高的客座率，其中京沪高铁逐渐扭亏为盈，成为"全球最赚钱的高铁"，截止到 2017 年年末，京沪高铁公司营业收入为 295.95 亿元，实现利润 127.16 亿元。而欠发达地区与之相比，天壤之别。如兰新线自开通运营以来客座率一直低迷，目前兰州到乌鲁木齐每天仅开行 4 对动车组。兰新线里程长，投资额巨大，斥资 1 435 亿元，当前面临经济可持续的难题。区域经济发展不平衡带给了中国高铁宝贵的教训和启示，同时，也敦促中国高铁积累经验，在发展中须重视客观经济规律，走均衡发展之路。实践是检验真理的唯一标准。中国高铁网络的规划与建设需要大智慧、大战略、大气魄，勇于实践，在实践中改正，在实践中创新，在实践中进取，在实践中走向成功。

毋庸质疑，国家财税政策助推高铁经济均衡发展至关重要。从高速铁路经济可持续的角度考虑，中国高速铁路"八纵八横"的宏伟规划如何在全国范围内推进，仍是值得深思的问题。其中重要的顾虑之一，还是因为中国地区经济发展水平不一，难以提供高速铁路均衡发展的土壤。在经济欠发达地区，居民收入水平低，缺乏承受高速铁路较高票价的意愿，从而降低了高速铁路在这些地区的经济可行性，这也是造成中国高铁经济发展不平衡的根源所在。在此情境下，政府财税政策对助推高速铁路均衡发展起着非常重要的作用，同样，对高速铁路维持自身经济效益与社会效益的平衡至关重要。地方政府是高速铁路的最大受益者，高速铁路产生的巨大社会效益带动了当地经济发展，直接增加了当地政府的财税收入。应当改革完善地方政府的税收政策，增加地方政府对高速铁路建设的支持力度，给予高速铁路税收减免优惠政策，并通过间接转移支付，给予相应补贴，弥补高速铁路运营亏损的资金缺口，回馈对当地发展带来的社会效益，帮助高速铁路实现经济可持续，实现良性循环。配套的财税政策有助于推动高速铁路与地方发展相融合，拉动地区经济，进而助推高铁经济均衡发展。

四、融资渠道多元化：破解负债困境

鉴于高速铁路同时具有公益性和商品性的特征，其资金来源与政府投入却又不能完全依靠政府，中国高速铁路的资金主要来源于中央和地方政府投入以及银行贷款，融资渠道单一。而高速铁路资金需求巨大，不仅会导致政府财政压力大，还会使得高速铁路的资产负债率趋高，还本付息压力大。根据中国铁路总公司公布的 2017 年财务报告，其负债总额已从 2012 年的 27 925.62 亿元跃升到 49 878.5 亿元，负债率达到 65.21%。2017 年支付利息 760.21 亿元，加上 2018 年第一季度陆续发行的 800 亿元中国铁路建设债券，中国铁路总公司的负债已超过 50 678.5 亿元。高负债率一方面会影响高速铁路当前的财务绩效，面临资金短缺、运营亏损的风险；另一方面也会降低高速铁路对社会资本的吸引力，不利于融资多元化。因此，中国高速铁路需要改变融资方式，开辟多元化的融资渠道，缓解高速铁路运营过程中的现金流压力，维持财务可持续，支持高速铁路的长远发展。实现融资渠道多元化，高速铁路可以设计和采用多种融资方式。表 7-8 列示了四种融资方式及其特点。

表 7-8　　　　　　　　　多元化融资渠道及其特点

融资方式	优点
资产证券化	提高资产的流动性，降低资产负债率，缓解还本付息压力
PPP 项目融资模式	有利于引导社会资本，提高市场资源配置效率，打破基础设施领域准入瓶颈
BOT 项目融资模式	在不改变政府对高速铁路终极所有权的前提下，充分引入社会资本，引入市场竞争，完善市场机制
充分利用资本市场	控制负债水平，拓宽资本市场融资渠道，盘活存量资产

资产证券化，是指以基础资产未来所产生的现金流为偿付支持，通过结构化设计进行信用增级，在此基础上发行资产支持证券（Asset - backed Securities，ABS）的过程。资产证券化包括实体资产证券化、信贷资产证券化、证券资产证券化和现金资产证券化四类，其中实体资产向证券资产的转换，是以实物资产和无形资产为基础发行证券的过程。不同于传统的债务融资，资产证券化的关键点是要求标的资产是良性资产，具有稳定且持续的现金流。

可以认为，目前中国的高速铁路初步具备了实现资产证券化的前提条件。一方面，高速铁路的收益主要以客票收入的形式表现，具有相对稳定且长期的现金流，是较为理想的可证券化的资产。另一方面，经过多年的稳定运行，中国部分高速铁路已开始收支平衡，京沪高铁已实现盈利，被喻为"最赚钱的高铁"。除此之外，其他东部区域部分高速铁路也逐渐开始扭转亏损，初步具备实现资产证券化的基本条件。高速铁路前期投入巨大，固定资产占比高，通过资产证券化能够盘活高速铁路流动性较差的资产，解决长期资产的流动性问题。通过资产证券化融资获得的资金使用相对灵活，融资方可以将资金用于项目建设、偿还借款、投入运营等。同时，资产证券化融资期限较长，通过设置条款，期限一般可达5年及以上。由此可见，高速铁路资产证券化可以拓宽其融资渠道，改善财务结构，降低资金压力，有助于高速铁路与社会资本实现双赢。

探索高速铁路PPP（Public—Private—Partnership）融资模式。PPP模式是指政府与私人组织之间，为了提供某种公共物品和服务，以特许权协议为基础，彼此之间形成一种伙伴式的合作关系，并通过签署合同来明确双方的权利和义务，以确保合作的顺利完成，最终使合作各方达到比预期单独行动更为有利的结果。PPP模式通过特许经营权的方式将政府及企业维系起来，形成一种利益共享、风险共担的契约关系，不但能减轻政府的经济压力，同时还能为企业带来经济利益并降低其风险。PPP投融资模式在中国高速公路发展中得到了广泛应用。相比于其他融资模式，从高铁融资的视角，PPP项目融资具有提高融资效率、分散融资风险的优势特点。有一点值得肯定的是，PPP融资可以将高速铁路的公益性和商品性更好地结合，既通过政府出资满足高铁提供公共交通服务的功能，又可引入社会资本投资实现其回报要求，实现社会福利最大化。通过引入社会资本，PPP融资模式可有利于缓解政府的资金压力，有助于高铁建设资金供给多元化和风险分担，改善高速铁路的负债状况，提高资金利用效率，促进资金良性循环和稳健发展。

就中国高速铁路投融资而言，从长远看采用PPP模式是必要的，随着区域经济发展水平的提升，引入PPP模式也将越来越具备可行性。其一，中国民间资本充足。随着中国经济发展迅速，居民收入不断提升，在民间沉淀了大量资本。社会资本若能得到充分利用，将对中国高铁带来巨大的能量补充。

采用 PPP 项目融资方式可以充分利用社会资本，并通过各种扶持政策保证其一定水平的盈利，提高社会资源配置效率。通过 PPP 模式使社会资本进入实体经济，无论对社会资本增值还是中国整体经济发展都有极大的益处。诚然，实质问题在于需要制定能够吸引社会资本参与高铁建设的利益分配机制和退出机制，由于社会资本的逐利本质，没有满意的回报它是不会陪你玩的。其二，存在基于合作理念的机制。在 PPP 模式下，不仅有助于缓解政府的融资压力，减小高速铁路的资金缺口，还可以将社会资本先进的经营管理理念和服务模式引入到高铁建设运营中来，旨在带动高铁发展又可提升高铁服务水平，同时也可带来稳定的实际收益。PPP 融资模式在项目初期便已确定项目风险在各个阶段的分配，在权责明晰的前提下降低社会资本及政府各方的风险。社会资本介入高铁运营管理，这对政府履行监管职责也提出了更高的要求。其三，体制改革促进政策环境改善。高速铁路项目长期以来一直处于垄断性经营的状态，缺乏竞争机制，易出现资源浪费、运营效率低下的现象。随着国家经济体制转型，在自然垄断行业允许混合所有制改革，这为 PPP 模式的引入提供了政策环境氛围。将 PPP 模式引入高铁的建设运营，实质上涉及混合所有制创新机制的引入，有助于改善管理机制，提高经营效率。

目前国内外都有通过 PPP 项目融资方式建设并运营的高速铁路项目。如韩国史上最大的投资项目——京釜高速铁路，其一期工程的投资额为 12.7377 万亿韩元，政府与企业（社会资本）具体资金承担比例如表 7-9 所示。二期工程（大邱—釜山高速铁路新线）1998 年的预算投资额为 56 981 亿韩元，政府与企业各自承担资金比例与一期工程相同，最终二期工程于 2010 年 11 月通车，共计投资额为 79 454 亿韩元，多出的 18 473 亿韩元由政府承担。通过 PPP 项目融资方式，政府与企业合作，充分发挥各自优势，从项目的可行性研究开始共同对高速铁路项目的全过程负责，降低双方融资压力，高效高质地完成了京釜高速铁路的建设。

表 7-9　　　　　　　　京釜高速铁路一期工程资金构成[①]

	政府承担部分	企业承担部分
承担比例	共承担 45%	韩国高速铁路建设集团（KHRC）承担 55%
明细	其中：35% 为政府财政补贴，10% 为政府贷款	其中：24% 来源于国外借款，28% 为发行国内债券，2% 来自于私人投资

[①] 谢泗薪、孟钊："中国高铁 CBOT 融资模式新探索"，《铁路采购与物流》，2014 年第 7 期，第 29—32 页。

PPP 融资模式为高速铁路的建设注入了社会资本,既能让高速铁路的组织方式、开发模式更趋多元化,也能探索运用商业化模式来做公用事业,借用社会资本的整合能力使资源配置更科学、更高效。但高铁投资额巨大,采用 PPP 项目融资会存在诸多复杂性,在政策规制方面还有待进一步探索。实践是最有效的探索。近些年,中国也逐渐开始探索将 PPP 项目融资模式应用到高速铁路项目上。2017 年 9 月 11 日,中国铁路建设史上第一条社会资本控股的高速铁路 PPP 项目——杭绍台高铁项目在杭州正式签约。杭绍台高铁项目对铁路行业现行机制与 PPP 模式的创新,首次冲破高铁民营资本控股的"玻璃门",在铁路建设史上具有里程碑的意义。杭绍台高速铁路作为中国首条民营控股高速铁路,复星集团牵头的民营联合体占股 51%,成为国家级 PPP 高速铁路示范项目。杭绍台 PPP 项目若能形成可复制推广的经验,将促使其他社会资本踊跃进入高速铁路建设领域,极大地缓解了政府及铁路总公司的负债境况。

BOT(Build – Operate – Transfer)作为 PPP 的一种形式也是吸引社会资本的一种项目融资方式。BOT 即建设—经营—转让,是指政府就基础设施项目与企业(社会资本)签订特许经营协议,授予签约方企业(包括外国企业)承担该项目的融资、设计、建设和运营。政府对这一基础设施有监督权、调控权,特许经营期满后签约方企业将该基础设施无偿或有偿移的交给政府部门。BOT 项目融资模式保留政府对高速铁路的最终控制权,同时引入竞争机制,有利于引进先进的管理理念和管理机制,提升服务质量和绩效。另外,采用 BOT 项目融资模式能够积极引导社会资本投入到高速铁路项目中,从而缓解基础建设投入的资金压力,开拓融资新模式,减少政府的财政支出并降低铁路总公司的负债水平。

与中国高速公路 BOT 项目融资蓬勃发展不同,中国高速铁路项目应用 BOT 项目融资模式的案例尚未见公开报道,可能还在孕育之中。也许可以参考中国台湾地区台北—高雄高速铁路的"BOT"融资案例。1997 年 9 月,台湾公司大陆工程集团、长荣集团、东元电机集团、富邦集团和太电集团,以及境外的法商杰卡斯东集团、德商西门子集团等合伙组成的台湾高速铁路联盟在台湾高速铁路项目中夺标,并获得 35 年期的特许经营权。该联盟于次年 5 月成立台湾高速铁路股份有限公司,随后与银行签订融资委托书,并于 1999 年 3 月正式开工,该公司签订协议承诺工程完工运营 6 个月后开始偿还贷款。该工程是世界规模最大的 BOT 工程,也许是因为高速铁路所需的高额投资规模所致。联盟公司在其竞标计划中是不需要政府出资的,但工程后期联盟公司可提供的资金有限，需要政府协助出资。在此情境下的资金筹措中，台湾当局对高速铁路建设中不直接产生经济效益的部分予以拨款支持，而对客流运营具有盈利潜力的部分则吸引社会资本进入。因此，该项目实际上并非是一个单纯的 BOT 融资案例，而是 BOT + 政府部分出资的"类 BOT"融资模式，其实质更接近于 PPP 投融资模式。尽管台湾高速铁路项目融资不算是一个成功的 BOT 融资模式，但在丰富高速铁路项目融资的模式选择方面也给出了值得深思的问题，毕竟不同于其他基础设施建设项目，高速铁路项目所需的资金投入是巨大的。

无论是股权融资还是债券融资，充分利用资本市场是高速铁路融资的重要渠道之一。中国高速铁路建设的主要资金来源之一是银行贷款，但高负债会导致巨大的财务风险，不利于高速铁路的经济可持续发展。应考虑扩大股权融资，将负债规模控制在一定水平，形成合理的资本结构。中国资本市场由 20 世纪 90 年代发展至今，已经初步构建了主板、中小板、创业板（俗称二板）、全国中小企业股份转让系统（新三板）、区域性股权交易市场以及证券公司主导的柜台市场共存的多层级资本市场体系。2019 年年初中国又推出了科创版，为科技创业融资打开了绿灯。截止到 2018 年年底，中国 A 股上市公司已超过 3 583 家，总市值近 50 万亿元，新三板挂牌企业已突破一万家。中国资本市场的不断完善与发展为高速铁路谋求上市融资提供了平台。可能的机会选择是可以将部分优质高速铁路资产注入上市公司的平台，如已在主板挂牌的上市公司，铁路物流（600125）、大秦铁路（601006）、广深铁路（601333）均是盈利状况良好的中国铁路公司。通过上市融资，为高速铁路开拓了股权融资渠道，盘活其流动性较差的资产，改善资本结构，降低还本付息压力，有利于提高高速铁路的经济可持续发展能力。然而，这还只是期盼。期盼背后需要斟酌审视的是，什么样的高速铁路资产可供入选为上市公司的注入资产？进入人们期盼视野的当数中国当今高速铁路的佼佼者——京沪高速铁路。京沪高速铁路连接北京和上海两个特大城市，途径环渤海经济圈及长三角经济圈，贯穿津、冀、鲁、皖、苏 5 省市，其旅客输送量自开通以来一直居高不下。京沪高铁 2011—2014 年按统计的日均运送旅客量分别是 13.4 万人次、17.8 万人次、23 万人次以及 29.4 万人次[①]，客流量的不断增长使其在 2014 年实现扭亏为盈，2014—2017 年 4 年时间京沪高铁获利 311.7 亿元。

---

① 王稳凯、寇辉、黄危、乔渊、王振："'十三五'期间我国高铁资产证券化研究"，《中国市场》，2016 年第 16 期，第 23—27 + 30 页。

行业人士判断此类优质高速铁路资产可以具备单独上市融资的条件要求。据财新网报道，京沪高速铁路上市事宜即将进入实际操作层面，中国铁路总公司目前已着手上市前期的准备工作。

随着中国高速铁路运营机制的改革以及全世界范围高速铁路需求的扩张，中国高速铁路事业正面临着前所未有的发展机遇。针对财务困境，高速铁路应该在以政府为主导进行融资的前提下，拓展融资渠道，吸引社会资本参与，充分利用各种资源高效率地助力中国高速铁路事业，为社会带来便捷的同时实现中国经济持续增长。

第八章　高速铁路定价机制：成本—时间—社会效益三维视角

影响高速铁路票价的因素十分复杂，且不同因素之间存在相互关联的关系。传统的普速铁路需要承担福利性及公益性的诉求，其公益性较为明显，定价机制受限于政府相关政策的监管。相比之下，高速铁路呈现混合经济属性，在为大众提供快速便捷的公共交通的同时，使旅客因节省时间而享有时间价值。因此，高速铁路的定价影响因素、决策机制及测算方法等都与传统普速铁路存在较大差异，一直受到理论界和业界的关注。如何思考中国高速铁路的定价，也是收益最大化管理模式需要解决的问题。就影响高速铁路定价的经济因素而言，成本、旅行时间和社会效益三者成为首选。这是因为，一方面，速度提升在带来时间节省的同时还会带来成本的增加。另一方面，高速铁路因其正外部性带来巨大的社会效益理应得到回馈，用于弥补其运营亏损。为此，结合中国客运市场的实际和高速铁路建设、运营及经济正外部性特点，从速度—成本增量关系、速度—时间价值增量和速度—社会经济效益增量三维视角，认知中国高速铁路定价的形成机理和定价策略，具有其内在逻辑基础，且与业界对此的感知相吻合。

高速铁路定价影响要素

高速铁路客票定价主要受高速铁路的建设及运营成本的影响，由于提速导致的成本提升需要得到补偿，更何况速度提升为旅客带来时间价值，高铁票价高于普速铁路票价也在常理之中。同时，高速铁路还带来了巨大的社会经济效益，用于回馈其增加的成本也无可非议。然而，再认知思维逻辑上需要厘清的是，高速铁路相对于普速铁路提高票价，旅客在多大程度上会有支付意愿，两者之间的内在逻辑关系是怎样的？高速铁路的定价机制与定价策略应当遵循什么样的逻辑机理是需要澄清的问题。

一、高速铁路的成本

高速铁路制定票价的基础之一是需要准确获得高速铁路建设及运营成本的信息。高速铁路工程具有投资巨大、回收期长的特点，因此计算高速铁路的成本对于制定票价及评价经济效益具有重要的基础性地位。高速铁路成本的构成如图8-1所示。

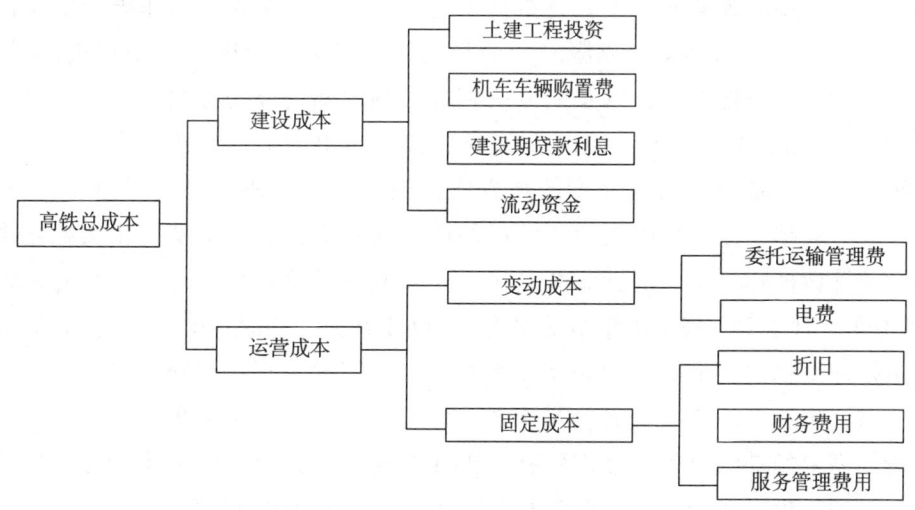

图8-1 高速铁路的成本构成

高速铁路建设成本是指高速铁路建设期间投入的总成本，主要包括土建工程投资、机车车辆购置费、建设期贷款利息及流动资金等，其中建设期贷款利息是指高速铁路项目在建设过程中使用投资贷款，在建设期内应归还的贷款利息，建设期贷款利息计入项目固定资产投资总额。

按照成本的经济要素构成，高速铁路运营成本包括：电费、人工、折旧、财务费用、服务费用、委托运输管理费用等要素，按此分类能够清晰的区分并归集高速铁路运营所产生的成本。其中财务费用主要包括利息费用，服务管理费用主要包括车站旅客服务费、付线路使用费和付接触网使用费，委托运输管理费用是指高速铁路公司（甲方）委托铁路运输局（乙方）对高速铁路的运输设备设施维修维护、运输组织调度指挥和安全管理等业务实施运输管理而支付的费用。

高速铁路速度与成本的关系主要是考虑速度提升对建设成本和运营成本的影响。具体来说，设计速度在很大程度上决定了高速铁路的建设成本。速度越快，建造成本中的建设工程投资和机车车辆造价会随之增加越多。运营成本中的维修费和电费与列车运行速度紧密相关，其成本大小在很大程度上受运行速度的影响。就维修费而言，高速铁路运营期间，固定设备维修费包括对通信、土建、供电等固定设备的维护费用。列车速度越高，一方面对既有设备的磨损程度会越高，另一方面对安全保障要求更趋严格，对设备的无故障运行状态要求也会越高，同时对设备状态的监控要求也越严密。因此，固定设备维修费中受列车运行速度影响最显著的是线路维护费。电费属于高速铁路的直接能源消耗，主要是指行车过程中的电力消耗。行车电力能源消耗主要有 4 个影响因素：克服阻力消耗能源、牵引系统因低效率损失能耗、列车车厢温控消耗能源，以及变电所到接触网之间的能源损失，其中以克服阻力为能源消耗的主要影响因素。高速铁路通过电力驱动克服阻力来驱动动车组运行，而阻力与运行速度的平方成正比，可见高速铁路运行速度越快，所受阻力会越大，为克服阻力所消耗的电量就越大，致使电费支出大幅度增加。统计数据则显示，时速 350 公里动车组功率为 8 800 千瓦，一小时耗电 8 800 度，时速 250 公里动车组功率为 4 800 千瓦，一小时耗电 4 800 度，这表明运行速度越快，电费支出越多。由此可见，速度与高速铁路成本存在正相关关系，也就是说速度提升会带来成本增加。从经营决策者的角度来看，成本增加需要额外的收入来予以弥补，因此由速度提升导致的成本增加会驱使经营者通过提高票价的方式来增加收入，用于弥补成本的上升。

高速铁路速度提升导致成本增加的同时，也会节约出行时间而带来时间价值。成本的增加可以通过提高票价进行部分弥补，然而票价的上升幅度并不能完全依据成本的增加幅度来定，还取决于旅客为速度提升带来的时间价值买单的意愿。旅客为获得的时间价值需要支付一定的成本，即为高速铁路速度提升导致的成本增加来买单，其支付意愿在很大程度上决定了高速铁路提价的空间。另外，市场具有竞争性的可替代产品也限制了高速铁路提价的幅度，其中最具竞争力的是民航票价。因此，票价的提升空间由成本、时间价值、可替代竞争性产品等因素左右。

二、社会效益

高速铁路通过客票收入获取直接经济效益，同时也为社会带来了巨大效益。从城市发展、区域经济、产业结构等多维视角看,高速铁路明显地促进了国民经济的发展,所带来的宏观社会效应被喻为"高铁经济"——泛指依托高速铁路的综合优势,促使资本、技术、人力等生产要素,以及消费群体、消费资料等消费要素,在高速铁路沿线实现优化配置和集聚发展的一种新型经济形态。高速铁路作为快速规模化客运交通的有效方式,已成为世界各国未来铁路发展的主要方向,但同时又具有投资规模大、成本回收期长的特点。目前,中国已开通的高速铁路的运营收入尚难以弥补其建设成本,基本处于亏损状态,这引发了对高速铁路经济可持续性的疑虑。然而,已有研究大多是从运营收益能否回收投资成本等会计角度出发,对于高速铁路的经济属性与其带来的巨大外部经济效益认识不足。毋庸置疑,高速铁路的开通为国家及沿线区域带来了巨大的正外部性效益,为此,区域经济的增长应当反哺高速铁路的建设和运营。在高速铁路提价后仍难以弥补高额成本利息的境况下,中央及地方政府应当通过财政补贴等方式对高速铁路予以扶持。

三、旅客时间价值

任何生产经营活动都需要消耗时间,时间是一种资源,能够产生经济价值,具有其独特的机会成本。对于旅客出行来说,快速出行所节省的时间可以用来创造其他价值,单位出行时间的货币化表现为其时间价值。在理性经济人的假定下,旅客选择出行工具时会综合考虑出行目的、旅途时间、自身收入、便捷舒适性等多种因素,判断做出最合适的出行方式选择。为便于更全面的对比分析高速铁路与其他出行方式(如普速铁路)的时间价值,将旅客出行时间划分成不同时间段,如图8-2所示。

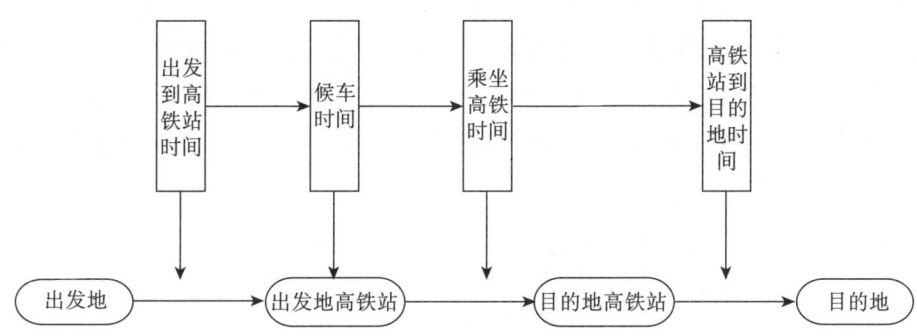

图8-2 高速铁路出行总时耗构成

高速铁路出行总时耗主要包括四个部分:出门到高速铁路车站的时间,

站内候车时间，乘坐高速铁路时间，以及所抵达城市高铁车站到最终目的地的时间。

（一）旅客乘坐普速铁路出行时间结构

以北京西站到广州站的 Z97 普速列车为例，对旅客门到门出行旅途时间进行测算。利用铁路时刻表数据测算旅客在乘车旅途时间，并依据经验判断旅客出门至出发站和到达车站至目的地所用的时间。北京城区到北京西站耗时约 30 分钟到 1 小时不等，取 50 分钟为常见的情境，候车大概 20 分钟，普速铁路运行约 21.3 小时，广州东站到广州市区约 50 分钟，如表 8 - 1 所示。可以看出，出门到北京西站时间占总耗时的 3.58%，平均候车时间占总耗时的 1.43%，乘坐普速铁路时间占总耗时的 91.77%，由抵达城市广州东站到目的地时间占总耗时的 3.22%。其中耗时占比最大的是普速铁路运行时间，其他时间段占比为总旅途时间的 8% 左右。

表 8 - 1　　北京到广州的出行旅途总耗时（乘坐普速铁路）

	出门到北京西站时间	候车时间	乘坐 Z97 旅途时间	广州东站到目的地时间	总耗时
平均时间（分钟）	50	20	1 280	45	1 395
占比（%）	3.58	1.43	91.77	3.22	100

（二）旅客乘坐高速铁路出行时间结构

以北京西站到广州南站的 G79 为例，测算旅客门到门出行旅途时间的构成。北京城区到北京西站耗时与上述相同，候车按 20 分钟估算，高速铁路运行约 8 小时，广州南站到广州市区约 55 分钟，如表 8 - 2 所示。可以看出，出门到高铁车站时间占总耗时的 8.26%，平均候车时间占总耗时的 3.31%，乘坐高速铁路时间占总耗时的 79.34%，由抵达城市高速铁路车站到目的地时间占总耗时的 9.09%。耗时占比最大的是高速铁路运行时间，其他时间段占比为总旅途时间的 20% 左右。

表 8 - 2　　北京到广州的出行总耗时（乘坐高速铁路）

	出门到北京西站时间	候车时间	乘坐 G79 旅途时间	广州南站到目的地时间	总耗时
平均时间（分钟）	50	20	480	55	605
占比（%）	8.26	3.31	79.34	9.09	100

（三）旅客乘坐飞机出行时间结构

以首都机场到白云机场的飞机航班（国航 CA1365）空客 A321 经济舱为例，对旅客门到门出行耗时进行测算。北京城区到首都机场时耗约 1 小时到 1.5 小时，从出门到首都机场时间预计平均为 1.25 小时左右。首都机场候车时间一般认为提前一个半小时为宜，但是具体时间还需旅客自行判断，在此按 90 分钟估计。乘坐航班在途时间约 3.25 小时，广州白云机场到广州市区约 1 小时，如表 8-3 所示。可以看出，出门到首都机场时间约占总耗时的 17.86%，平均候机时间占总耗时的 21.43%，乘坐飞机时间占总耗时的 46.43%。由广州白云机场到目的地时间占总耗时的 14.28%。耗时占比最大的是乘坐飞机的时间，但是其他时间段占比为总旅途时间的 54% 左右，超过了乘坐飞机的时间。

表 8-3　　　　　　北京到广州的出行总耗时（乘坐飞机）

	出门到机场时间	候车时间	乘坐飞机时间	机场到目的地时间	总耗时
平均时间（分钟）	75	90	195	60	420
占比（%）	17.86	21.43	46.43	14.28	100

（四）不同出行方式旅途时间差异对比

将上述出行总旅途时间（门到门）汇总如表 8-4 所示。

表 8-4　　　　北京到广州不同方式出行总旅途时间　　　　单位：分钟

	高速铁路（G97）	飞机（空客 A321）	普速铁路（Z97）
出行总旅途时间（门到门）	605	420	1 395

通过上表测算对比可知，从北京到广州不同出行方式的总旅途时间，高速铁路出行时间比飞机多 185 分钟（即 3.08 小时），比普速铁路少 790 分钟（即 13.2 小时）。对于旅客来说，时间价值的创造源于出行时间的节省，同时还体现在高速铁路节省时间占总旅途时间的比重，占比越高，为旅客带来的时间价值越明显，会提高旅客对高速铁路票价的接受程度。

四、高速铁路定价影响要素综合效用

众所周知，随着速度的提升，一方面高速铁路的建设成本及运营成本都会随之提高，从而相应地增加了高速铁路的总成本，为此需要通过提高票价来覆盖增加的成本。另一方面，速度提升同时也带来了旅客时间价值和社会效益，相应地提高了社会及旅客对较高票价的接受程度。普速铁路的票价组成主要包括旅客负担和政府补贴，高速铁路的票价组成要复杂一些，可分为普速铁路票价和提价部分，其中提价部分对应高速铁路带来的时间价值，由旅客买单；票价提价不能覆盖的成本增加部分由政府予以补贴，如图8-3所示。

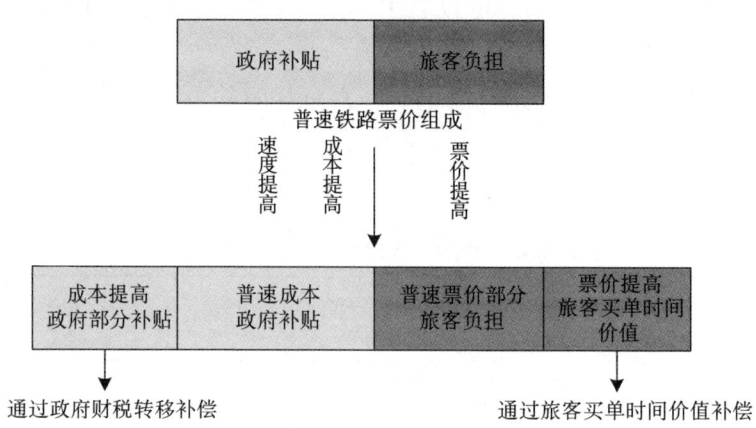

图8-3 高速铁路票价组成

由图8-3可知，高速铁路提速后，票价随之增长，但旅客只为享有时间价值买单，而不会为增加的成本买单，因而票价的涨幅不一定能够覆盖高速铁路因提速导致的成本增加。但由于高速铁路还具有能耗环保效益、产业结构优化效益、区域经济带动效益及促进社会就业等优势，从而拉动了产业增长，提高了政府财政税收，为此基于高速铁路产生的社会效益，政府应对其提供财税转移支付和补贴。同时，旅客为乘坐高速铁路所享有的时间价值支付额外票价，两者共同补偿高速铁路的高速度所带来的成本增加。

高速铁路净现值盈亏分析

高速铁路较之普速铁路有如下特点：一是客货分开，高度专业化。二是满足的公共交通需求趋于中高端化，呈现公益性与商品性并存的混合经济属性。三是所在区域的客运市场具有相对竞争性，运能满足运量需求。与之相对应，高速铁路投资的特点表现为：一是投资方向明确，投向快速出行需求且能具有规模运量的铁路客运市场。二是投资的经济性，即盈亏平衡。三是回收投资时间长。就经济可持续而言，高速铁路项目应能够达到在一定期间内实现基于资产保值的盈亏平衡水平。

基于对高速铁路混合经济属性特征的认知，从经济性角度而言，高速铁路定价主要受成本、时间以及社会效益三个因素的影响。如何认知高速铁路的盈亏境况则成为摆在我们面前亟待澄清的问题。高速铁路的盈亏判断需要基于其财务状况的判断，这是个复杂问题。因其与世瞩目的地位，对高速铁路的财务可持续问题也成为众人眼球聚集的热点，诸多媒体多有报道。对于高速铁路的盈亏水平判断，可以考虑从单一的高速铁路项目入手，采用经典的项目投资净现值方法对高速铁路的直接经济效益进行测算，考量其财务绩效。但是，传统的项目投资净现值方法仅适用于以赢利为目的的投资项目，并没有考虑非营利因素所代表的诉求，比如具有公益性成分或非完全市场竞争性（混合经济属性）特征的投资项目，而对这类项目如何进行经济评价仍在探索当中。因高速铁路具有混合经济属性特征，其投资项目究竟如何进行合理评价，理论界和业界尚未达成共识。这里有一点需要明确的是，传统的项目投资净现值方法因其固有的缺陷，即没有考虑非市场化因素，故不适用于对高速铁路这类具有混合经济属性特征的项目进行经济评价，必须予以修正使其符合经济逻辑规律。

一、高速铁路项目净现值理论模型

净现值是指高速铁路建设项目（含建设期和运营期）各年现金流入的现值总和与现金流出的现值总和之差，也就是高速铁路建设项目的经济效果计算期内各年净现金流量的现值的代数和。使用净现值法评价高速铁路项目直接经济效益的意义在于，通过统计项目周期内各年度产生的现金流入和流出量来考量项目在什么情况下能够实现盈亏平衡，衡量在整个项目周期内，在投资者要求的必要报酬率下项目投资的内在价值。

高速铁路投资现金流的特点表现为：项目初始阶段（建设期）发生巨额投资成本支出，项目资金来源于权益资本和负债资本。项目建成后进入运营阶段，伴随运营成本的支出开始有客票收入进账，视两者之差判断高速铁路项目的现金流收支平衡状况。自运营阶段开始就需要偿还项目建设期因借贷形成的债务利息，高速铁路通常是巨额负债，由此背负了沉重的付息压力。债务利息构成了项目债权人的投资回报，权益资本投资能否有回报则看高速铁路项目是否年度分红,这取决于项目的现金流收益水平。至于出资人投资高铁项目的本金是否要求回收,取决于出资人的意愿。按出资人的经济属性区分,可分为政府、国有企业、社会资本、债权人四大类。前文对出资人的经济属性与其是否要求回收资本投资从理论上阐明了内在的经济逻辑,即债券人(如银行)必须要求利息回报及回收贷款,社会资本出于赢利动机同样要求资本回报及全额回收其投资,国有企业因其资产保值的职责也要求资本回报并回收投资。只是对于政府而言,因其用于出资的财税资金取之于民,现投资于高速铁路的公益属性部分,可谓用之于民,理应不能要求资本回报,也不应考虑收回其资本投入。不同出资人获取资本回报的顺序是债权人利息优先,权益资本分红劣后。采用净现值方法对高速铁路项目的经济效益进行评价,使用投资资本在整个项目周期中产生的现金流净现值更能体现资本的投入和产出及投资价值,一方面包含了投资的时间价值和风险报酬,另一方面考察了投资项目在整个寿命周期内的全部经济数据,使评价结果区域全面、合理和科学。

二、高速铁路投资净现值测算逻辑

由于高速铁路兼具公益性和商品性,因此对其进行项目投资的评价需要区分不同经济属性的产权资本对投资回报要求的差异。高速铁路产权资本的经济属性源自于所投入资本的属性构成,而这又取决于所投资的高速铁路的经济属性。这是因为投向高速铁路的各类资本,如公共资本(国家财政投资、地方政府投入)、国有企业资本(包括国有控股公司、财团投资)、社会资本(私人机构投资)、债权资本等,对投资回报的要求存在着本质上的差异。如前所述,政府财政资金属于国家财政税收的二次分配,属于非盈利资本,对投资回报可不作要求,甚至部分原始资本投入可以不进行回收,仅作为公益支出。而国有企业具有企业性质,在回收全部原始资本的基础上,对高速铁路项目要求一定的投资回报。因此,高速铁路的净现值模型要根据项目中不同资本的性质计算其资本成本和净现值。

基于高速铁路的混合经济属性理论,我们对传统的项目投资净现值方法提出改进和修正,就兼具公益性和商品性的项目投资经济评价给出一种新的更趋合理的净现值方法。[①]按照国际通用净现值模型及高速铁路的混合经济属

---

① 丁慧平、孙长松、徐敏青:"基于资本属性及回报的高速铁路客运投资分析",《同济大学学报(自然科学版)》,2012年第10期,第1582—1588页。

性特点，引入产权经济属性细分对高速铁路项目投资净现值及资本成本的测算进行了修正，建立符合高速铁路特征的净现值评价模型。修正后的净现值模型如下，适用于对高速铁路的经济性评价：

$$NPV = -[I_P + aI_G(1-d_G) + I_G d_G] + \sum_{t=1}^{n} \frac{NCF_t}{(1+K)^t}(0 < t \leq n)$$

上式中：

I——高速铁路项目初始投资；

I_P——初始投资中非政府资本投入部分；

a——政府权益资本投入中非公益部分占比；

I_G——初始投资中政府资金投入部分；

d_G——政府资金投入中债务资金比率；

NCF_t——高速铁路第 t 年的运营税后净现金流；

n——高速铁路项目寿命（年）；

K——高速铁路项目贴现率，即出资人要求的必要回报率。本书采用项目融资的资本成本来测算项目的贴现率。

考虑政府财税资金（权益资本）投入对回收投资可不作要求，或针对高速铁路的非公益性成分按一定比例要求回收部分投资。假设高速铁路的非公益性成分比例为 a（<1），则政府权益资本（财税资金）投入对资本回收有一定要求，可表示为 $aI_G(1-d_G)$。同样，在考虑项目资本投入经济属性的情况下，修正后的项目资本成本计算如下：

$$K = \frac{(I_G d_G r_G + I_P d_P r_P)(1-T) + I_P(1-d_P)i_P}{aI_G(1-d_G) + I_G d_G + I_P}$$

上式中：

r_G——政府资本的负债资本成本（利率）；

d_P——非政府资本投入中的债务资金比率；

r_P——非政府资本的负债资本成本（利率）；

T——高速铁路项目承担的所得税税率；

i_P——非政府装备投入中的权益资本成本（要求的必要回报率）。

以国际现有高速铁路经验数据作为参考，以中国高速铁路近年来的营运数据为基础，对高速铁路的生命周期进行划分，进而根据不同生命周期的特点，测算出各阶段的客运量、收入、成本等基本财务数据，以收入和成本数据为依据对未来若干年高速铁路项目的现金流进行预测，并假设高速铁路项目生命周期为永续，由此可以测算出高速铁路项目净现值。修正后的高速铁路项目净现值测算逻辑如图8-4所示。

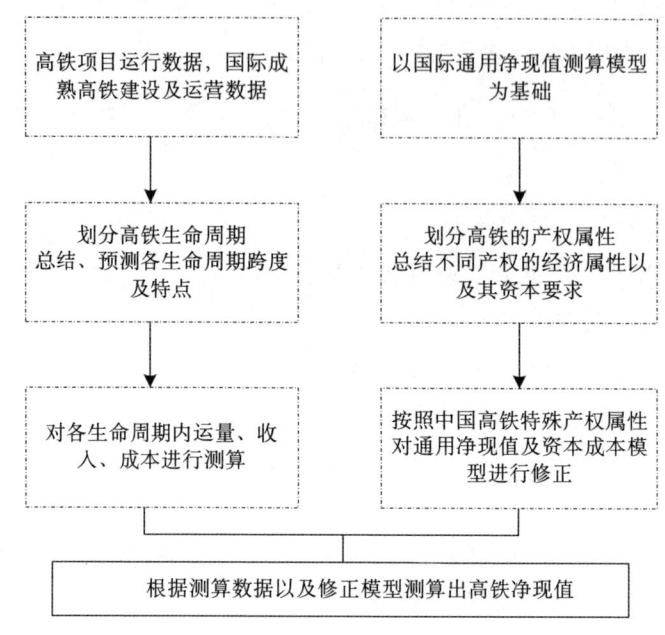

图8-4 高速铁路项目净现值测算逻辑

三、高速铁路补贴机理

高速铁路的运营实践表明，前期运营阶段高速铁路经济效益较差，政府补贴对于高速铁路是必要的。而政府如何对高速铁路进行补贴，具体补贴数额如何确定，仍是需要探究的问题。高速铁路建设时需要大量资金支付，中国高铁建设的融资结构中大量采用了债务融资，致使高速铁路形成高负债结构，运营过程中需要承担巨额利息成本。高速铁路在运营初期阶段，对于初始建设资金投入的借贷部分，不仅要支付债务利息，同时还要面对债务本金的逐步偿还。而对于多数高速铁路线路的收支状况和现金流表现来看，支付利息尚存困难，偿还本金则更加难以实现。因此，对于高速铁路来说，可以采用"借新还旧"的模式来支持其现金流，即在旧的举债偿还的同时，通过进行新的借贷获得资金，来抵补旧债的本金。对于高速铁路而言，拥有相对稳定的客票收入，且有国家的扶持，信用风险较小。从银行角度来看，贷款金额巨大，虽预期贷款利息丰厚，但高额利息能否按期收回，仍需要权衡。因此，高速铁路的主要债务压力集中于利息费用，本金的偿还可通过"借新还旧"得以融通。何况银行也需要放贷以获取利息收入,如果对高速铁路的放贷利息有保障,通过"借新还旧"可谋求持续稳定的利息收入,这正是银行所期盼的。

综上可知,政府在对高速铁路进行补贴时,首先要明确补贴的资金缺口由哪些部分构成,再确定补什么和补多少。基于对高速铁路的认知,其资金缺口构成按缺口的大小可划分为三个层次,即最大缺口、中等缺口和较小缺口,如图8-5所示。

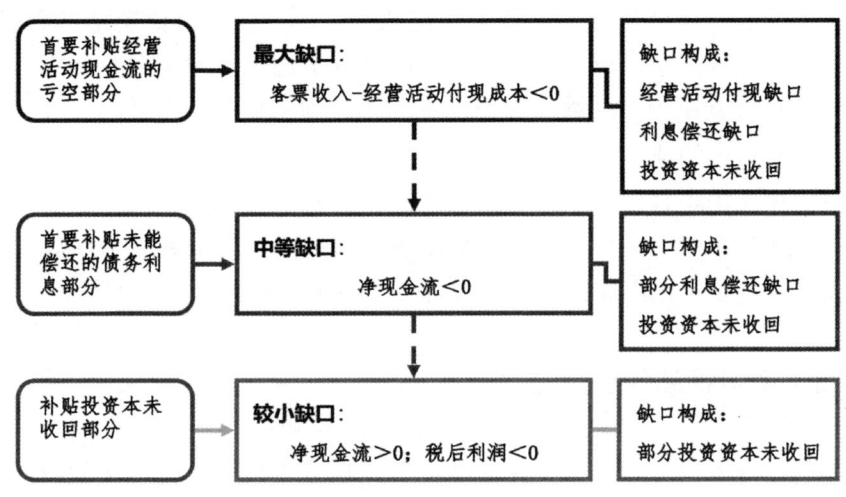

图8-5 政府补贴高速铁路资金缺口构成

图8-5描述了高速铁路三个层次资金缺口的具体含义以及所对应的资金缺口构成和补贴对象。

高速铁路第一层次的资金缺口即为最大缺口。在此境况下,客票收入无法覆盖经营活动的付现成本,即:客票收入尚不足以覆盖经营活动付现成本。其中,经营活动的付现成本是指不包括折旧和利息费用的运营成本,仅包括与日常经营活动有关的付现支出。经营活动的付现缺口意味着日常运营的现金流不足,资金周转存在重大问题。在此种情形下,资金缺口最大,包括经营活动付现缺口、利息偿还缺口以及投资资本未收回。此时,政府补贴是十分必要的,首要补贴的部分是经营活动付现的缺口,其次关注利息费用缺口,对于初始投资资本中的负债部分,可由高速铁路通过"借新还旧"得以延续。

高速铁路第二层次的资金缺口即为中等缺口,小于第一层次的缺口。在这一层次中,年度净现金流为负,即年度税后利润与折旧之和为负,这意味着高速铁路的净现金流和税后利润均为负,处于运营亏损状态。高速铁路项目用息税前利润仅仅只能偿还部分利息费用，税前利润为负（亏损状态无所得税交纳，税前与税后利润一致），即使再用提取折旧回收的现金流也不足以偿还尚未偿付的利息费用，净现金流仍为负。此种情形下的缺口比第一层次略小，资金缺口包括部分利息未偿还和投资资本未收回。针对这部分缺口，首要补贴的是未偿还的利息费用，其次是未收回的投资资本。

高速铁路第三层次的资金缺口是三个层次中最小的。在该层次下，净现金流为正，即年度税后利润与折旧之和为正，但税后利润仍为负。该境况下，通过折旧回收的现金流可以覆盖未偿付利息，即年度的负债利息可以偿还，但投资资本减少，是因为投资资本减少的部分被用于偿付了利息费用。此种情形下的缺口表现为：只有部分投资资本未收回，如若政府补贴，也只是针对该资金缺口中的债务本金部分。

现阶段中国多数高速铁路尚处在前期的客流培育期，经营现金流难以支付这些巨额利息费用，处于运营亏损阶段，因此需要政府财政补贴等方式予以补偿，尤其是补偿高速铁路因贷款而发生的利息成本。

四、高速铁路综合效益评价

通过净现值盈亏测算可以评估高速铁路运营带来的直接经济效益，但高速铁路的综合效益评价则需要直接经济效益结合社会经济效益进行考量。以京广线高速铁路为例，通过成本和收益分析，预测京广高速铁路的净现金流。参考已有的研究报告[①]，预测 G71 次列车在 2019—2023 年期间，税后利润一直为负，这表明在这期间其运营处于亏损状态，其中主要原因是债务利息费用占较大比重，超过营业收入的 33%。在预测期内 G71 次列车的净现金流均大于零，貌似不存在资金缺口，但注意到在 2019—2023 年期间，其税后利润为负呈亏损状态，这意味着亏损部分是通过年折旧收回的投资现金流来弥补的。随着收入的逐渐增加，需要弥补的亏损缺口会逐渐减小，根据其现金流预测，预期 2024 年可以开始实现盈利。尽管高速铁路直接经济效益的获取举步维艰，但其带来的社会经济效益是巨大的。京广高速铁路的开通，有效地拉动了沿线省市的经济发展。京广线沿途各省 2011—2017 年的 GDP 的增长变化趋势如图 8-6 所示。

---

① 《高铁定价机制研究—成本、社会经济效益、旅客时间价值三维视角》研究报告，北京交通大学，2017。

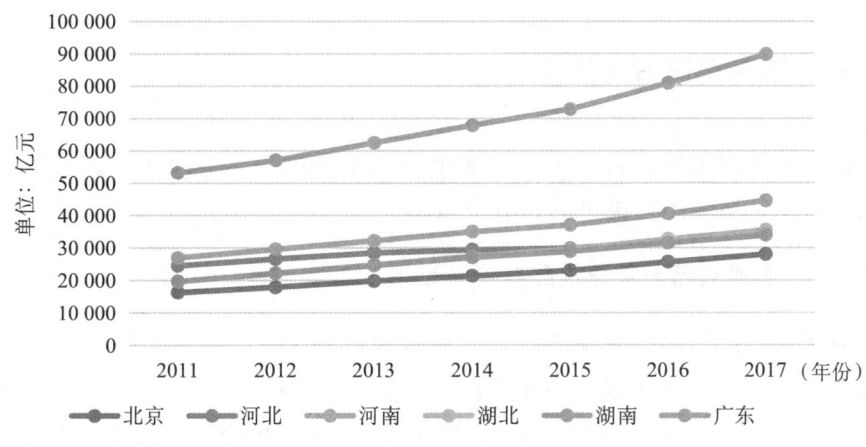

图 8-6　2011—2017 年京广线沿途各省 GDP

数据来源：各省市统计年鉴，数据选取各个省市的 GDP。

可以看出，京广线的开通有效地促进了沿途各省 GDP 的增长。除此之外，沿线省市第三产业增加值增幅显著提高，这在一定程度上可以看出京广高速铁路对该区域产业结构调整的促进作用，有力地带动了区域产业结构的优化升级。

高速铁路的综合效益还表现在其快速发展推动了中国相关产业的自主创新能力的提高，催生了一批新型的高科技企业，高速铁路产业已发展成为初具规模、潜力巨大的新兴产业，很多地区已经形成了相对完整的研发制造产业链。再者，高速铁路还具有提高旅客时间价值、节能环保、拉动旅游业发展，提高沿线城市就业水平等诸多社会经济效益。基于高速铁路产生正外部效益，考虑到高速铁路的建设资金大部分都来源于负债资本，需要付息还贷，从社会经济效用补偿高速铁路运营亏损的思维角度看，高速铁路资金缺口寻求政府补贴和支撑有其经济逻辑基础。

高速铁路定价决策机制

前文对高速铁路的票价影响因素及其盈亏状况进行了阐释，基于此可对比分析高速铁路与普速铁路及航空飞机之间的票价差异，探寻中国高速铁路的定价机制，为高速铁路经济可持续发展提供支撑。

一、不同交通方式票价对比

就高速铁路定价而言,需要考虑市场竞争环境,与不同交通方式的优劣势进行对比,明晰票价策略的相对空间。

(一) 高速铁路与普速铁路票价对比

以武汉到广州的高速铁路 G1145 和普速铁路 Z137 的票价为例进行对比,考察高速铁路的定价策略。高速铁路 G1145 票价一等座为 738.5 元,二等座为 463.5 元;普速铁路 Z137 软卧票价为 425.5 元,硬卧票价为 238.5 元。高速铁路 G1145 一等座和二等座票价分别是普速铁路 Z137 软卧票价和硬卧票价的 1.74 倍和 1.94 倍。再以北京到广州的高速铁路 G79 及普速铁路 Z97 票价为例进行对比,高速铁路 G79 票价一等座和二等座分别为 1 380 元和 862 元;普速铁路 Z97 软卧票价和硬卧票价分别为 750 元和 456 元。高速铁路 G79 的一等座和二等座票价分别是普速铁路 Z97 软卧票价和硬卧票价的 1.84 倍和 1.89 倍。高速铁路与普速铁路票价对比和旅途时间对比如表 8-5 所示。

表 8-5　　高速铁路与普速铁路票价对比和旅途时间对比

比较项目	线路	京广线 (北京—广州)	武广线 (武汉—广州)
	里程(公里)	2 298	1 069
旅途时间	高速铁路	8 小时 1 分 (G79)	4 小时 26 分 (G1145)
	普速铁路	21 小时 21 分 (Z97)	11 小时 25 分 (Z137)
	高速铁路节省时间	13 小时 20 分	7 小时
普速铁路	硬卧票价	456 元 (Z97)	238.5 元 (Z137)
	软卧票价	750 元 (Z97)	425.5 元 (Z137)
高速铁路 一等座	票价	1 380 元	738.5 元
	高速铁路一等座与普速铁路软卧票价比值	1.84	1.74
高速铁路 二等座	票价	862 元	463.5 元
	高速铁路二等座与普速铁路硬卧票价比值	1.89	1.94

数据来源:12306 官网。

从武汉至广州 G1145 的行程时间为 4 小时 26 分,Z137 为 11 小时 25 分,

G1145 比 Z137 节省时间 7 小时；从北京至广州 G79 的行程时间为 8 小时 1 分，Z97 为 21 小时 21 分，G79 比 Z97 节省时间 13 小时 20 分。显然，相比于普速铁路，高速铁路为旅客节省了超过一半的时间，现行高速铁路票价不到普速铁路票价的 2 倍，就其性价比而言，似乎旅客超值享用了高速铁路提供的时间价值。就旅途时间相比而言，武广高速铁路的旅客因乘座时间短于 5 个小时（经验统计）也许会更有黏性，对票价的接受程度会更乐观一些，但这也只是感知而已。

（二）高速铁路与飞机票价对比

在长远行程距离上，航空被认为是高速铁路强有力的竞争对手，尤其是在飞机票大幅打折销售的情况下，对高速铁路形成较大的冲击。仍以北京—广州及武汉—广州为例，对高速铁路与飞机的票价进行对比，从北京至广州的高速铁路仍选择 G79，航班选择 CA1365，从武汉至广州的高速铁路仍选择 G1145，航班选择 CA8231。高速铁路与飞机航班的票价、时间等数据如表 8-6 所示。从表 8-6 中可以看出，与飞机相比，高速铁路已经丧失了时间优势，但高速铁路二等座票价相对飞机票价而言具有一定的竞争优势，即价格较低且价格稳定。但是，由于采用收益最大化规律模式，飞机票价会根据不同的时间段进行打折优惠，尤其是在淡季优惠幅度大，对高速铁路形成较大的竞争威胁。

表 8-6　　　　　高速铁路与飞机的票价比较情况

比较项目	线路	京广线（北京—广州）	武广线（武汉—广州）
里程（公里）		2 298	1 069
时间	高速铁路	8 小时 1 分（G79）	4 小时 26 分（G1145）
	飞机	3 小时 15 分（CA1365）	1 小时 45 分（CA8231）
	高速铁路比飞机多出时间	4 小时 46 分	2 小时 41 分
飞机	经济舱票价	1 598 元（全价 1 910 元打 8 折 1 528 + 机建 50 + 保险 20）	1 478 元（全价 1 760 元打 8 折 1 408 + 机建 50 + 保险 20）
	头等舱票价	4 678 元（全价 5 760 元的 8 折 4 608 + 机建 50 + 保险 20）	4 041 元（全价 4 930 元的 8 折 3 944 + 机建 50 + 保险 20）

续表

比较项目	线路	京广线 （北京—广州）	武广线 （武汉—广州）
高速铁路 一等座	票价	1 380 元	738.5 元
	高速铁路（一等座） 与飞机（头等舱） 票价比值	0.295	0.183
高速铁路 二等座	票价	862 元	463.5 元
	高速铁路（二等座） 与飞机（经济舱） 票价比值	0.539	0.367

数据来源：12306 官网及携程网。

通过对比可以看出，京广线高速铁路（一等座）与飞机（头等舱）票价比是 0.295，高速铁路（二等座）与飞机（经济舱）票价比是 0.539，前者大约是后者的一半，并且武广线的票价比也类似，看似相互参照定价也不得而知。就高速铁路（一等座）与飞机（头等舱）票价比值进行对比，显示出发地与目的地距离越近（武广线），高速铁路与飞机票价相比越具有竞争优势，并且高速铁路二等座具有类似结果。说明在中长距离范围，旅途行程偏短时，高速铁路相对航空具有更高的性价比，且路程越近，高速铁路的优势更加明显。

（三）高速铁路、飞机与普速铁路的票价—速度比

票价—速度比是指不同交通方式票价与速度的比值，即单位速度所支付的成本，票价—速度比越高意味着旅客为每单位时速，即每小时公里，支付的票价越高。仍以京广线为例就高速铁路、飞机与普速铁路的票价—速度比进行对比，如表 8-7 所示。

表 8-7 高速铁路、飞机与普速铁路的票价—速度比（仅限乘坐时间）

对比科目	高速铁路 （一等座）	飞机 （头等舱）	高速铁路 （二等座）	飞机 （经济舱）	普速铁路
速度（km/h）	287	707	287	707	108
票价（元）	1 380	4 678	862	1 598	456
票价—速度比	4.81	6.62	3.00	2.26	4.22

通过对高速铁路、飞机和普速铁路的票价—速度比进行对比可以看出，票价—速度比排序为飞机（头等舱）＞高速铁路（一等座）＞普铁＞高速铁路（二等座）＞飞机（经济舱），飞机（经济舱）的票价—速度比最低，说明飞机（经济舱）单位时速的成本最低；高速铁路（二等座）的票价—速度比介于普速铁路和飞机（经济舱）之间，说明乘坐高速铁路（二等座）的单位时速花费的成本在普速铁路和飞机中间。值得注意的是，以上估算仅考虑了航空飞行时间，并未参考旅客乘坐飞机所需的门到门旅程时间。考虑门到门的旅程时间，估算结果如表8-8所示。

表8-8　高速铁路、飞机与普速铁路的票价—速度比（门到门时间）

对比科目	高速铁路（一等座）	飞机（头等舱）	高速铁路（二等座）	飞机（经济舱）	普速铁路
平均速度（km/h）	227.5	328.3	227.5	328.3	98.8
票价（元）	1 380	4 678	862	1 598	456
票价速度比	6.07	14.25	3.79	4.87	4.62

从表8-8可以看出，如果出行时间按门到门的总时间测算，票价—速度比排序为飞机（头等舱）＞高速铁路（一等座）＞飞机（经济舱）＞普铁＞高速铁路（二等座），飞机（头等舱）的票价—速度比最高为6.07，高速铁路（二等座）票价—速度比最低为3.79。说明当按门到门时间来估算出行总时间时，高速铁路（二等座）在旅程的票价与速度性价比方面优于普速铁路和飞机，也就是说每单位时速普速铁路和飞机花费的人民币高于高速铁路（二等座）的花费。并且出发地到目的地（门到门）距离越近，这种效果越明显。但是这并不意味着由于普速铁路的票价—速度比低于飞机，普速铁路就优于飞机，而是仅就单位时速所支付的票价而言，普速铁路花费比飞机少。但需要说明的是，就这两者的优劣势进行对比似乎并无意义，因为他们处于基本相互分隔的市场，拥有完全不同的目标旅客，他们或者对价格敏感，或者对时间敏感。

二、高速铁路定价策略

高速铁路定价必须采用收益最大化管理模式，作为参与市场竞争的主体角色，改革高速铁路客票定价机制，顺应旅客出行需求偏好，兼顾客流量的变动，采用灵活的票价定价策略，充分发挥高速铁路的竞争优势，适应市场竞争潮流。

(一) 高铁定价兼顾旅客对时间价值的敏感度

高速铁路定价需要考虑旅客对提价幅度接受的程度,换言之,旅客是否接受提价需要与其感知的时间价值增加相比较。根据对旅客时间价值测算的相关调查可知,①一等座旅客对提价接受程度平均约为基础价格上浮11.11%,二等座旅客对提价接受程度平均约为基础价格上浮8.67%。另外,对比高速铁路与飞机的旅客时间价值分析,高速铁路一等座与飞机头等舱相比可提价范围为(153.3,315.2);高速铁路二等座与飞机经济舱相比可提价范围为(74.7,315.2)。总之,高速铁路的定价决策应该综合考虑旅客对高速铁路票价的接受程度以及旅客的时间价值。

(二) 高铁票价浮动兼顾客流量

高速铁路收入靠运量,运量受运价影响。由于旅客对高速铁路票价变动具有一定敏感性,若票价提升较大将会影响旅客对乘坐高速铁路出行的选择。因此,定价时必须依据市场客流的现状,考虑适度采用"薄利多销"的方式,争取最大客流量的同时谋求收益最大化。通过对高速铁路和飞机票价—速度比的分析可以发现,在中长距离范围,高速铁路(二等座)与飞机(经济舱)相比在每单位时速票价上并无明显速度优势,在搭乘的便捷性、准点率和安全性等方面则优势明显。因此,在考虑定价策略时,不能以牺牲搭乘高速铁路的高效性、舒适性和安全性为代价,应适度采取"保质降价"的方式,与其他交通工具展开良性竞争,扬长避短发挥高速铁路的优势。

(三) 高铁票价上浮参考民航定价

高速铁路与民航相比具有价格和便捷方面的优势,与普速铁路相比具有速度和舒适度优势,具有价格调整空间。随着高速铁路的普及和社会公众对乘坐高速铁路出行认可度的提升,高速铁路票价调整也具备了可行性。但高速铁路票价上调还应参考民航定价,控制涨幅。航空具有速度优势,高速铁路具有价格优势,如果高速铁路定价过高,将会失去竞争优势。因此,高速铁路在进行调价时,其票价上浮后的票价—速度比不宜超过民航定价,以免

---

① 《高铁定价机制研究——成本、社会经济效益、旅客时间价值三维视角》研究报告,北京交通大学,2017年。

流失客流量。但因民航定价考虑多种因素影响，如特价机票因素等，难以固定，高速铁路定价可主要参考民航机票的正常价格。

（四）实行差异化定价策略

调价的目的是获得与价格匹配的最佳客流量。高速铁路旅客构成复杂，具有差异化明显的特征，因此在定价上也应选择差异化的定价策略。完善差异化的高速铁路票价定价机制，可以根据不同车次、席别客流量的不同，以及旅客不同的需求实行差异化定价策略，谋求收益最大化的客流量。可从旅客需求差异和服务供给差异视角，寻求适配两者差异的具体定价策略，谋求客票收入最大化。

1. 旅客差异化定价。不同特征的旅客群体，感知的时间价值会有所不同，会影响其消费意愿，再加上支付能力的不同，对高速铁路价格的敏感性也会因此而不同。在考虑定价策略时，可以根据高铁线路的客座率，即考虑区域经济欠发达程度，在区段内面向较低收入群体给予一定的票价优惠。随着城际交通的发展，一些旅客将高速铁路看作通勤工具，短时间内多次乘坐某车次高速铁路，可以考虑针对这类旅客推出往返组合票或高速铁路季度、年度优惠票，满足这类旅客的需求，同时可稳定客座率。

2. 服务差异化定价。目前中国高速铁路基本分为商务座、一等座和二等座。其中商务座和一等座主要面向高端商务旅客，这类旅客对价格的敏感性较弱，对高品质服务的需求则更强，可以为其开设 VIP 车厢，提供航空式的豪华服务，增强这类旅客对于高速铁路的认可度与忠诚度。二等座占据的车厢比例大，面向大多数高速铁路旅客，他们对价格的敏感性相对较强，可以在二等座内部采取更细化的价格差异化策略，设置多个不同档次的座位，比如靠窗和过道座位价格可比中间座位高一些；还可考虑为带孩子的旅客提供相应的席位服务，提高服务品质。

总而言之，高速铁路的定价策略必须遵循收益最大化管理模式，打破僵化的定价机制，通过辨识旅客的差异化需求，针对客流量相对大的特定需求采取相应的定价策略，并适配相应的服务供给来满足这类需求，实现针对旅客差异化需求供给差异化服务的定价策略，拓展高速铁路的竞争优势空间。

第九章　中国高铁创新驱动：创新科技与创新人文之旅

高速铁路是国之重器，标志着中国现代装备业"成建制"国产化、从"中国制造"迈向"中国创造"。自 2004 年国家批复《中长期铁路网规划》以来，中国高速铁路用了十几年的历程走过了"引进、消化、吸收、再创新"的科技创造之路，孕育了具有中国特色理念的创新人文内核，实现了从跟跑到并跑，再到领跑。而在这逆风翻盘的背后，是中国高铁硬实力与软实力共同作用的效果，缺一不可。

中国高铁硬实力：中国高铁的钢骨脊梁

中国高速铁路的硬实力是指中国高速铁路的基础产业、生产设备、资本规模、人力资源、产业链结构等以物化形式呈现技术装备水平。随着中国高铁"走出去"战略的推进，中国也愈发意识到"中国创造"和"中国标准"的重要性，在开拓国际市场的同时，通过理念创新、技术创新、模式创新进一步提升优化中国高铁硬实力，面对和参与国际市场竞争。

一、高铁科技发展是硬道理

"发展才是硬道理"是邓小平同志在"南方谈话"中提出的一个重大理论逻辑。马克思主义哲学观认为，客观事物的发展是不以人的意志为转移的客观必然。任何客观事物总是在朝着前进的方向发展着，倒退则预示着衰败与消亡。事物呈周期性波动向前发展，周而复始，前一周期为下一周期向着更高阶段的前行做好铺垫和储备。世界高速铁路科学技术的发展历程也正是遵循着这样的规律不断进取、不断创新发展。中国高速铁路也不例外，正是因为有了中国的改革开放，坚定地走科技发展的道路，践行着"发展才是硬道理"这一真理，才得以目睹如今中国高铁举世瞩目的成就。

发展才是硬道理，不仅仅适用于某一社会经济制度，而是普遍适用的发展逻辑。无论是中国高速铁路，还是日本、德国、法国等其他发达国家的高速铁路，其科技发展都是向阳指南。在高速铁路的国际竞争中，不进取便意味着倒退，各个国家都在为高速铁路的快速性、安全性、舒适性以及智能性等方面竭力创新，对于起步较晚的中国高铁而言，科技发展更是硬道理。

高铁科技的发展观应遵循可持续发展的理念，即科学技术发展与自然环境、经济、社会可持续相协调。随着新科技革命对于社会经济的深远影响，高铁科技发展也愈发重视新一代信息技术、新能源技术和新材料技术的发展和应用。就可持续发展观而言，高铁科技不仅关注对外部生态环境的影响，同时应注重内源科技要素对可持续发展的支撑能力。创新作为科技发展的源泉，对高铁硬实力的影响不言而喻，保障健康的硬实力内生环境与营建适合高铁科技创新发展的机制是相辅相成的。无论是从创新管理的角度去完善科技创新的体制与机制、营造良好的创新生态和创新文化，还是从提升人文价值的角度去加强科技创新人才队伍和基础平台的建设、深化国际科技交流与合作，都是在践行高铁科技发展是硬道理之理念，对提升高铁硬实力产生积极的助推效用。

二、中国高铁科技车轮披荆斩棘

创新是引领发展的第一动力。随着高速铁路国际竞争日趋激烈，科技发展在服务国家经济社会大局和引领支撑中国高铁发展的地位和作用也愈发突出。推进中国高铁科技创新，不仅助推中国高铁的产业链发展，还有助于加快构筑和提升中国高铁的国际竞争力、影响力和世界领跑地位，有助于深化实施创新驱动科技发展、建设科技强国和交通强国的国家重大战略，满足民众日益增长的交通需求。纵观中国高铁沿着两条钢轨车轮滚滚疾驰向前，正是中国高铁的科技车轮产生的巨大动力驱使着高铁长龙披荆斩棘，建树了一个又一个的里程碑。

中国高铁的科技车轮可以理解为是硬实力的象征，主要由四个轮辐构成，包括铁道工程、装备制造、电气化和信息化，如图 9-1 所示。而在其背后，是高铁全产业链支撑的结果，是全产业链的集成创新孕育出高铁科技车轮的滚滚向前。

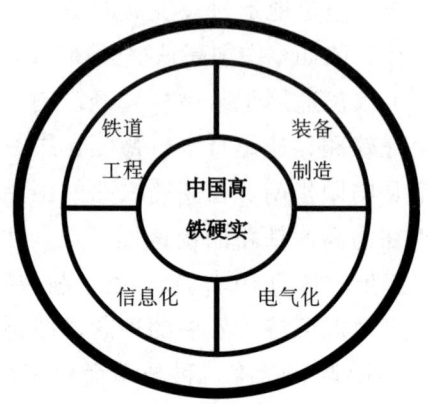

图 9-1 中国高铁硬实力车轮

（一）铁道工程

铁道工程是指高速铁路的土建工程建设，包括路基轨道基础建设的计划、建造和维修。在高铁建设中，铁道工程项目主要包括轨道、桥梁、隧道、路基和站房等。轨道建设技术的科技创新主要是以安全性和耐用性为考量标准，致力于轨道新技术、新工艺和新设备的研发。针对更高时速的行车要求，轨道工程也面临着更严峻的挑战。桥梁建设技术的科技创新主要包括不同地理环境下的桥梁建设技术以及桥梁稳定性的保障。由于高铁建设过程中不乏跨海铁路桥梁、艰险山区桥梁、特大型基础及深水基础的设计和制造技术研究，在这些环境条件下的架桥设计、施工和安装都存在巨大风险，技术含量要求高。隧道建设技术的科技创新主要是针对隧道建设环境和支撑体系的突破。其中，隧道建设环境包括地理环境，如水下隧道、高原隧道等，以及地质环境，如不同土质下的隧道工程建设技术等。路基建设技术的科技创新突破口是复杂条件下特殊土路基建造关键技术，重点攻克受地质活动和外部环境影响下路基稳定性的难题。站房建设技术的科技创新更为强调建筑物内部空间的设计布局、机电系统一体化和多专业集成的标准化。高铁站房建设技术的科技难点在于进行装配式轨道交通站房在施工及运营阶段以及极端灾害条件下装配式关键节点的建筑功能和结构受力性能。

（二）装备制造

网络热传的一段视频，证明了中国高铁列车运行之稳：京沪高铁上，列车时速指向300公里，一位乘客将一枚硬币竖立在列车窗台上，竟然做到8分钟不倒。而这也证明在衡量高铁车辆运行稳定性的3个指标中，即纵向稳定性、横向稳定性、垂向稳定性，中国高铁都取得了优异表现。其实，除了大家所知的高铁车辆以外，装备制造还包括了大型养路机械等。

目前，"复兴号"动车组列车是代表中国，乃至世界最先进水平的动车组列车，是中国具有完全自主知识产权的高速铁路动车组。相比先前的动车组列车，复兴号的突破在于：一是实现全面自主化。其软件、硬件全部实现自主设计、制造或选型，拥有完全自主知识产权。二是性能提升。动车组运行阻力、能耗、噪声等指标更优，安全监测更全面，车辆使用寿命更长，列车整体和关键系统性达到世界先进水平。三是更加智能。实现动车组智能化状态监控、维修、服务。四是系统采用中国标准。结合中国铁路运用环境、运用需求，实现列车操纵、运用及检修维修的统一，不同厂家动车组可以重联运营，有利于降低运用维修成本[①]。

大型养路机械的科技创新点主要包括新型养路机械和综合作业车，以及智能化的养路机械。前者力求弥补大型养路机械的部分作业盲区，以提高其工作效率和与人配合作业的效果为己任。后者则是利用计算机视觉、机器人、自动驾驶等智能技术在养护维修装备领域发挥效用，通过机械化、小型化的工务养护系列设备提升智能化水平。

（三）电气化

电气化泛指国民经济各部门和人民生活广泛使用电力，而对于高速铁路主要是指牵引电和能耗。相较于普速铁路，高速铁路作为一种更高端的电气化铁路，对电气化提出了更高的要求。相比较前两者的技术发展，电气化的创新则更依赖于新技术革命[②]。一是无人值守智慧化牵引变电站，通过运用BIM、物联网等技术手段和智慧化牵引变电站，实现全天候对站内的一切指标、设备和零配件的实时监测，对变电站设施安全和周界安全的自动监控，提高牵引变电站的整体功能和管理水平。二是基于能源互联网的新一代轨道交通能源技术研究，开展牵引供电系统全生命周期服役能力保持与运行品质提升的体系化技术研究，发展智能、绿色、柔性的新一代牵引供电系统关键

---

① 时速250公里"复兴号"中国标准动车组研制工作启动 http://finance.sina.com.cn/roll/2017-10-25/doc-ifynffnz2372103.shtml。

② 李永东："我国高铁未来的发展方向——兼谈顶层设计和底层技术革命相辅相成"，《变频器世界》，2017年第12期，第1—2页。

技术。

（四）信息化

纵观上述科技发展方向，信息化的运用无处不在。信息化除了在上述科技创新中的功能体现，更为重要的创新则是体现在通信信号技术和信息化平台建设。通信信号技术的创新包括列控系统、移动通信技术、信息系统设备技术。在给予更加安全、精准、系统化的通信服务的同时，也通过车地控制信息双向交互，实现多列车、多地的同步协调调度指挥，提成运输效率，降低通信成本。而信息化平台的建设除了包括基础建设以外，还增加了铁路安全管理平台和网络安全信息化技术，通过大数据提升铁路安全管理水平的同时，也保障了铁路系统的网络安全和工作效率[①]。

正是中国高铁的硬实力才能强有力地支撑着中国高铁的科技车轮滚滚向前，披荆斩棘，继往开来，勇往直前。

三、技术创新是中国高铁硬实力的象征

2017年9月21日，全国铁路再次调整运行图，这次运行图调整最大的亮点在于中国自主研发的动车组列车——复兴号正式加入运输行列。"复兴号"动车组在试运行期间，为动车组列车旅客带来了"速度更快、乘坐更加舒适、安全系数更高"的出行体验。350公里的运营时速，也成为全世界高铁最高的运营速度。而中国高铁让世界惊艳的不仅是速度的突破，还有其制造水平和技术创新实力。

十几年前，高速铁路技术还掌握在少数几个发达国家手中，在这样的背景下，中国高铁集中了国人的智慧和勤劳，攻坚克难，突破了一道又一道的技术难关，实现弯道超车，后来者居上。从车辆到线路，从制动到通信信号，没有技术，就通过从国外引进、消化、吸收，实现再创新。核心技术是买不到的，中国高铁人下决心奋力攻关，就是这样一步一个台阶，通过自主技术创新，实现了国人高铁产业腾飞的梦想，树立起"高铁中国品牌"的良好形象。

在中国高铁参与国际市场的竞争中，常常会听到欧洲标准、美国标准等发达国家的标准。众所周知，往往能够制定标准者则是其领域的领跑者，目

---

① 谢斯："基于移动终端的信息化系统在高铁工务上线作业中的应用"，《科技创新与应用》，2017年第15期，第10—11页。

前中国在高铁领域已成为标准的制定国之一。中国自主研发的"复兴号"高铁就大量采用了中国国家标准,在254项重要标准中,中国标准占84%,是真正的"中国创造"。这足以证明中国在高铁领域已开始掌握了主动权和话语权。现如今,中国高铁以先进的技术、完善的设备及全球互利共赢的理念得到了世界的广泛认可。在中国高铁未来的发展中,推进技术创新能力的发展仍是提升硬实力的重要任务。随着新科技革命和动态发展的国际市场,中国高铁的科技创新发展应主动把握新一轮的科技革命发展趋势,巩固和提升中国高铁在世界的影响力和领先优势。同时,高速铁路创新的突破还有利于深入实施创新驱动发展战略,实现"交通强国、高铁先行"。

中国高铁的技术创新实力象征着中国高铁的硬实力,中国高铁的科技车轮是其技术创新的载体,展现了中国的智慧、毅力和梦想。技术创新不仅是中国高速铁路提升硬实力、实现自主产权的标志,更是中国工业由"中国制造"向"中国创造"转变迈出的更为坚实的一步。

中国高铁软实力:人文价值融合创新精神

中国高铁硬实力是其软实力存在的基础和载体,随着硬实力的积累和提升,可以为软实力的溢出拓展空间。作为中国高铁的另一驱动轮,中国高铁软实力表征了其生态氛围所蕴含的人文价值内涵。

一、中国高铁软实力的内涵

通过对中国软实力内涵的理解以及概念的认知,认为中国高铁软实力是指高速铁路在建设、运营、管理实践中逐渐形成的,以路网、技术装备等高铁硬实力为载体,以中国的文化制度、创新精神为核心理念,以满足快速、规模化交通需求为使命,凝聚整合行业内外人才、知识、技术、供应链等各种内源要素,形成的一种增进中国高铁内生发展、外界认同、国际导向、推动国家经济社会可持续发展的非物质力量。它既是国家软实力的典型缩影,又是产业软实力的重要标志,还是中国铁路高端制造软实力的集中体现。

相较于其他交通工具,高速铁路兼顾了时效性、舒适性和安全性,所具有的普惠价值是不可比拟的。为此,在思考中国高铁软实力内涵时,可从四个方面认知其内涵要素,即核心理念、满足交通需求之使命、内源要素、影响力。

（一）核心理念

中国高铁软实力在依托文化制度、创新精神等核心理念的基础上，进一步凝聚和整合行业内各生态要素，以此提升中国高铁整体竞争优势和影响力。习近平同志在党的十九大报告中指出："文化是一个国家、一个民族的灵魂。文化兴国运兴，文化强民族强。"文化乃国家和民族复兴之本，文化能为人民提供坚强的思想理念、强大的精神力量、丰润的道德滋养。对于中国高铁来说，不仅承载着中国文化，而且需具备文化融合的能力。它在承载古老的东方文化背景的中国消费者交通出行理念的同时，也需要得到来自不同国家或地区的文化差异背景的消费者的认同。中国高铁文化，作为软实力的内核要素之一，是在高铁技术、装备等硬实力载体之上的一种加载，要呈现出人文价值融合的理念和感召力，以期得到其他国家或地区的认可，通过人文价值溢出效应助推实施中国高铁"走出去"的发展战略。制度因素同样是助推中国高铁发展的软实力要素之一，是一个国家的重要无形资产。国家制度具有一种传递政策信息、影响个体行为、整合社会资源、传递文化价值的功能，对高铁的建设历程和软实力的生态形成会产生重要的影响。全球化是当今时代各个国家和地区共同发展的趋势。中国提出"一带一路"倡议，倡导共商共建共享，启动了为全球化"通路通道"的巨大工程。同时，"命运共同体"之理念体现了中国高铁"走出去"的人文价值观，体现了中国高铁软实力的核心内涵。

（二）满足交通需求之使命

近些年来，中国经济社会的蓬勃发展在不断提高人民生活水平的同时也推动着交通运输格局的转变，塑造了人们新的出行文化。现如今，人们更多关注于各类交通工具所带来的出行体验，在追求出行效率的同时，更趋向于注重出行的舒适度和安全性。而高速铁路兼具快速便捷、舒适度高的鲜明特征和轨道交通安全性高的固有特点，体现了其之所以能存在的实质，即以更好的方式满足快速规模化的交通出行需求，给旅客带来更舒适、更温馨的出行体验，这也正是高速铁路的使命所在，也是中国高铁软实力所具有的使命感。根据交通运输部 2019 年 4 月 12 日发布的交通运输行业发展统计公报，2018 年，中国高铁动车组发送旅客共达 20.05 亿人次，同比增长 16.8%。可见，高速铁路所提供的便捷出行方式广受民众欢迎，为民众带来了普惠价值，为中国实现"交通强国"的目标提供了重要的支撑。

(三) 内源要素

中国高铁软实力还体现在其对于内源要素，即行业内外资源、人才、知识、技术等各种生产要素的凝聚和供应链整合上。一方面，高铁软实力可以促使各类基础产业资源借助高速铁路这个巨大的平台进行产业链整合，形成互利共赢的一体化生态产业链。另一方面，内源要素和创新精神驱动了技术创新、产品创新、服务创新，由此带动关联产业转型升级，形成高铁产业集群，提升了中国相关产业在全球价值链中的地位。

中国高铁的不断发展对专业人才需求也提出了更高的要求。人才是内源要素的核心，是高铁软实力内涵的实质体现。中国高铁的竞争能力来源于能动型的人才资源作用于非能动型的有形资源而产生和焕发出的创造力。为此，专业化、复合型人才的系统培养、使用、发展机制的优化是提高人才队伍素质的重中之重。

自中国第一条高速铁路诞生以来，中国高铁实现了跨跃式发展，这与中国高铁的技术创新密不可分。目前，中国已成为世界上少数几个能够提供包括基础设施、移动装备、运营管理等高速铁路成套技术的国家之一，拥有了自主创新的专利技术，所形成的无形资产也为提升中国高铁软实力的影响力提供了重要支撑。中国高铁已经成为中国自主创新的一张亮丽的名片。

(四) 影响力

中国高铁软实力依托文化制度、创新精神的核心理念，凝聚和整合资源要素，通过人文价值融合创新精神，引领和扩散技术创新溢出效应，促进中国高铁影响力的扩散和演进。高铁的影响力基于高铁的硬实力，同时，高铁的软实力推助高铁的影响力。中国高铁的影响力主要体现在高速铁路的产业引领、国际话语权和社会经济增长三个方面。(1) 中国高铁的影响力作用于产业引领，通过凝聚和整合行业内外资源、人才、知识、技术等产业链生态要素，打造一个融合技术、服务创新与产业转型升级的高铁供应链，带动产业结构调整，推动产业技术变革和整体发展。(2) 国际话语权则是中国高铁通过将文化制度、创新精神、人文价值与高铁产业链要素进行融合，从而形成承载品牌和技术、产品与服务创新的价值理念，将其向外传播，得到国际社会的关注和认可。在当今全球化进程中，中国高铁需要积极建树自己的品牌形象，获得各界文化认同，真正参与到国际竞争当中，向外传输自身的人文价值理念，提升国际影响力。(3) 中国高铁的影响力体现为推动社会经济的增长。中国高铁的建设、完善和向海外市场拓展，不仅依靠的是高新技术和制造装备等硬实力，而且需要制度文化基石、创新精神与人文价值理念、资源凝聚整合所形成的有影响的软实力渗透。通过软硬实力相辅相成，形成双轮驱动，打造高铁全产业链模式，提升国际竞争能力，实现中国高铁的社会、经济可持续发展。交通运输是一个国家和地区的社会、经济可持续发展必不可少的流通大动脉。高速铁路作为新时代的交通工具，具有快速、规模化、便捷、舒适和安全多重优势，在满足市场需求的同时，通过其服务功能提供了加速社会文化、创新知识、人文价值交流的媒介功能，是社会经济可持续的重要助力。

二、中国高铁软实力象征着什么？

中国高铁软实力是以硬实力为载体，形成的内核驱动源，通过文化体制、创新精神、服务理念等作用于高速铁路的工程建设、装备制造和旅客服务创新，展现了中国高铁的核心人文价值，体现了文化感召力和品牌影响力。中国高铁软实力是对高铁硬实力的人文价值升华，是对高铁影响力的生态氛围重塑，是对高铁创新精神的诠释。

（一）中国高铁软实力以硬实力为载体

将软实力和硬实力归结于非可物化要素和可物化要素，两者之间存在既相互独立又相互支撑的关系。软实力作为无形力量，需要依托硬实力作为载体支撑才得以发挥作用。如有影响力的世界大国或发达国家都在依靠其政治、经济和军事力量，将其语言、文化、价值观传播和影响到其他国家。中国高铁在不断提升硬实力的同时，也为软实力夯实了基础，支撑软实力的展现和表展。再者，软实力对硬实力具有助推和价值升华作用。文化软实力对硬实力的提升作用，表现在软实力能够增强硬实力的感召力和影响力。如美国好莱坞的影视作品和生活饮食习惯通过在国际市场的扩大，既强化了世界对其的认同感，也为自身带来了更多的发展资源。中国高铁软实力旨在通过文化和传统人文特色元素的传播，在向世界展现中国高铁的同时，也努力推广中华文化的内涵，得到了广泛认同和更多的发展资源。

（二）中国高铁软实力是国家文化制度的表达

一条条海外高铁，一次次画下世界交通史上浓墨重彩，响应"一带一路"

的时代倡议,将中国高铁推上了世界舞台。肯尼亚蒙内铁路的开通,是整个非洲铁路发展史上的里程碑,它被誉为"肯尼亚未来繁荣的承诺"。古丝绸之路"使者相望于道,商旅不绝于途"的情境,在当今蒙内铁路上有了崭新呈现。中国高铁的影响力为肯尼亚经济发展按下了"快进键",在为两国架起友谊桥梁的同时,通过两条钢轨展现了中国的人文价值理念,也践行着"一带一路"倡议的精神与发展决心。这种在谋求本国发展的同时促进各国共同发展的行为,也在向世界展示着"人类命运共同体"的愿景。人类只有一个地球,各国共处一个世界,相互依存的国际权力观、共同利益观、可持续发展观和全球治理观正是中国所憧憬的"天下大同",而中国高铁将肩负联通"一带一路"的重任,在所及之处留下中国高铁人文价值车轮的轨迹。

中国高速铁路,改变的不仅仅是出行体验和生活方式,更让全世界看到了中国的文化理念精髓与"互利共赢"的价值观。从"道法自然""天人合一"的发展理念,到"协和万邦""讲信修睦"的世界想象,再到"同舟共济""休戚与共"的命运共同体意识,这些由中华优秀传统文化不断滋养润泽的优秀品质和深邃理念,在世界各地激发更多共鸣,再现了中国人文价值的文化感召力,这也是中国高铁软实力传承的人文价值精髓。

(三) 中国高铁软实力是实现高品质发展的理念指引

高铁硬实力和软实力有机结合,不仅提升高铁交通的市场能力,做到系统最优、效率最高、优质服务,提供安全可靠、便捷畅通、节能环保的"民众满意交通",还促使其向多方联动、文明守信、绿色智慧、智能服务的"现代交通"发展。中国高铁软实力从"上层建筑"的视角,对高速铁路可持续发展的生态环境提供先导性理念指引,引导高速铁路针对国家现代化强国对交通的需求提供基础性、支撑性、引领性和战略性的功能服务。

三、人文价值车轮普惠与民

高速铁路作为由政府主导建设、面向全社会服务的快速、规模化的交通工具,兼具公益属性和商品属性,具有其他交通工具所不可比拟的特殊意义。就中国高铁软实力而言,人文价值是其核心内涵的体现。中国高铁的人文价值车轮可以理解为是软实力的象征,其主要内核构成包括:使命感、传播普惠价值、融合人文理念和倡导创新精神,如图 9-2 所示。

图 9-2　中国高铁软实力车轮

（一）使命感

中国高铁快速发展映照出的是中国不断提升的国家实力，代表的是中华民族在复兴强国之路上的速度，肩负着交通强国的使命。自 2008 年 8 月中国第一条高速铁路京津城际开通以来，中国高铁在短短 10 年的时间里取得了跨越式发展。伴随着 6 次大提速，中国铁路通过不断的改革提升服务品质，最大程度地为旅客出行提供便利。从最初缓慢拥挤的绿皮火车，到现今已随处可见的"和谐号"，再到具有完全自主知识产权的"复兴号"，短短数年间，高速铁路带来的巨大变革已深刻地改变了人们的出行和生活方式。在满足快速规模化的旅客出行需求的同时，给旅客带来更舒适、更安全的出行体验，这一切的一切无不体现着中国高铁软实力的使命感，交通强国，铁路先行，满足交通需求。如今，中国高铁已驶出国门，声名远播。中国高铁的安全可靠、快速舒适以及绿色环保，在助力人们便捷出行的同时，也在助力国际社会共同繁荣发展。

（二）传播普惠价值

如前所述，高速铁路的普惠价值体现在它兼顾公益价值与时间价值，两者价值重叠交融提升了旅客服务价值。同时，所产生的巨大社会效益使广大民众受益，由此印证了高速铁路普惠价值的传播，这也正是中国高铁软实力的理念所在。高速铁路提供快速规模化的交通出行服务，贴切地体现了时间价值和公益价值，通过与人文价值融合，提升了高铁服务的理念，在向人们传播着这样的意念，即这是优质的交通出行服务，广大民众都能享用，从而使众多旅客感受到了高铁的普惠价值。

（三）倡导创新精神

在国人的记忆中，詹天佑主持修建的京张铁路不仅仅是中国铁路史上的里程碑，更是触摸灵魂的精神遗产。而在100年后的今天，中国高铁的建设发展继承了詹天佑精神，冲破桎梏，不断学习、不断创新、坚持奋斗，书写了全新的中国铁路史。高铁工程建设创新之举，展现了银色长龙横穿黄土高原，贯通吐鲁番盆地，疾驰青藏高原，一条条世界之最的铁路、桥梁和隧道，无不折射着中国高铁人的创新精神。高铁装备技术走出了独具中国特色的创新发展之路，在"复兴号"前行的轰鸣声中，又何不聆听来自中国高铁人源自创新精神的呐喊。创新精神是中国高铁软实力的精神脊柱，与人文价值的融合塑造了中国高铁的生态氛围。正是源于创新精神，通过一点一滴聚集的创新成果，最终凝聚成为中国高铁向世界输出的"中国标准"。

（四）融合人文理念

一直以来，中国高铁都在践行"以人为本"的服务准则，不断拓展服务边界。从网络订票到在线点餐，从交通网络联运建设到列车娱乐服务，无不以便民利民为出发点。在高铁旅途中融入文化精神也是中国高铁软实力的体现。中国高铁通过融合传统文化，宏扬中华民族人文理念，更具人文色彩。2017年，中国高铁为发扬中国传统文化先后于端午节、七夕节和中秋节开启特色之旅。先是由沈阳开往延吉西的"端午祭旅游列车"让旅客们体验到最地道的朝鲜族"端午祭"，在七夕节又于京沪两地开行"爱情专列"吸引300对情侣开启"寻爱之旅"，而中秋节甚至开通了"赏月班列"[①]。5000年的灿烂文化，5000年的古老文明，博大精深的中华文化一直是我们要竭尽全力继承与发扬的。而先进的高铁技术，特色的文化专列，无疑是最好的载体。当"特色专列"成为一种新常态，这不仅仅是继承与发扬传统文化，传递人文价值，更是一种新文化的创造。

---

① 传统之风潜入高铁，中国铁路更快具人文色彩，http://www.sohu.com/a/196896458_100028054。

中国高铁双轮驱动：科技创新与普惠价值创新并驾齐驱

一、科技创新带动普惠价值创新

中国高铁的科技车轮是由技术创新驱动，人文价值车轮是由普惠价值驱动，前者为填补交通需求空白创造了条件，后者则通过满足该需求增值了普惠价值，实现了价值创新。让我们发挥想象力来形象化地描述高铁双轮驱动的情境：科技创新是主动轮，普惠价值为从动轮，前者提供动力与速度并带动后者并进前行。科技主动轮的速度产生了时间价值，进而将时间价值传递给从动轮，与普速铁路相比，速度产生的时间价值丰富了普惠价值的内涵，即在公益价值的基础上叠加了时间价值，实现了普惠价值的创新，由此科技主动轮带动普惠价值从动轮并驾齐驱，进而丰富了高铁人文价值。在主动轮的不断创新推进下，从动轮协同并进，双轮实力耦合共同推进高速铁路可持续发展能力的演进和提升。在演进过程中，创新价值逐渐积累从量变到质变，通向新的、更高的水平。正如中国高铁软实力车轮所刻画的，以技术创新所提供的速度满足交通需求为使命，通过价值增值及创新传播普惠价值，倡导创新精神乃中国高铁之魂，融合人文理念传承文化精髓、传导人文价值。

二、新时代"一带一路"倡议助力中国高铁双轮驱动之旅

与软硬实力为伍，双轮驱动的高速铁路在中国广域的疆土上驰骋无阻，然而，中国高铁"走出去"在国际市场参与竞争并非易事。走出国门之旅需要跨越国界，面临着诸多障碍与挑战。纵然科技硬实力具有竞争优势，也需要人文软实力予以帮衬。面对东西方文化、不同国度之间人文观价值观千差万别，中国高铁走出国门，亮相世界舞台，需要呈现什么样的软实力才易于为国际社会所接纳、所认可？这不是一个简单的问题，但值得中国高速铁路深思。纵观世界经济发展史，互通有无、互惠互利、合作共赢的理念无不渗透在每一条世界经济走廊的延伸路上。中国倡议"一带一路"，倡导共商共建共享，这为中国高铁软实力丰富内涵，坚持普惠价值创新，融入国际人文价

值社会提供了理念指引。

"一带一路"是中国国家主席习近平 2013 年 9 月和 10 月在访问哈萨克斯坦和印度尼西亚期间先后提出的共同建设"丝绸之路经济带"和"21 世纪海上丝绸之路"的简称，得到了沿线国家的广泛支持和国际社会的高度关注，它是中国顺应大势做出的高瞻远瞩的重大战略决策，是承贯古今、连接中外、互惠沿途各国的伟大事业。"一带一路"倡导利益共同体与命运共同体的理念，主张共同打造开放、包容、均衡、普惠的区域经济合作架构，推动铁路、公路、水路、空路、管路和信息高速路互联互通。当今世界风云变幻，世界政治经济格局发生了复杂深刻的变化，但是随着世界多极化、经济全球化深入发展和文化多元化、社会信息化的持续推进，今天人类社会比以往任何时候都更有条件朝和平与发展的目标迈进，而合作共赢就是实现这一目标的现实途径。世界经济已经形成了相通则共进、相悖则俱损、相互依赖则更加紧密的命运共同体。"一带一路"倡议顺时而生，符合沿线各国人民乃至世界人民共同的根本利益和诉求，是时代发展对共同体价值取向的内在呼唤。

共建"一带一路"倡议致力于亚欧非大陆的互联互通，建立和加强沿线各国互联互通伙伴关系，构建全方位、多层次、复合型的互联互通网络，实现沿线各国多元、自主、平衡和可持续发展。"一带一路"倡议引领和推动沿线国家设施联通的建设与发展，由此，也为中国高铁"走出去"提供了机遇，"命运共同体"的理念则体现了中国高铁"走出去"的人文价值观，"一带一路"的理念为中国高铁软实力提供了精神食粮，为中国高铁"走出去"融入国际社会提供了构建利益共同体的空间，是中国高铁双轮驱动之旅的助推器。中国高铁面对机遇，要充分利用"一带一路"合作机制，在积极参与沿线国高铁设施建设的同时，面向国际市场，软硬实力齐头并进，传播普惠价值，融合人文理念，提升影响力和话语权，注重打造品牌优势，传导人文价值，推动"一带一路"中国高铁双轮驱动之旅。

第十章　绿色·智慧高速铁路
——时代的呼唤

中国高速铁路的建设对整个国民经济可持续发展有着深远意义，高速铁路的跨越式发展必须走可持续的道路，而实现经济可持续发展是增强高速铁路可持续发展能力的基础，"绿色"和"智慧"是高速铁路未来发展的方向，中国高速铁路的发展必须适应经济可持续，与环境相协调，与社会相协调。

中国高速铁路可持续发展

中国高速铁路极大地推动了交通运输的现代化发展，填补了国民交通出行需求的空白，对促进国民经济可持续发展有着史无前例的重要意义。随着中国经济的不断发展，可持续发展的理念已经深入到各行各业。中国高速铁路虽实现了跨越式发展，但要走的路还很漫长，走可持续发展之路是必然的选择。然而，可持续发展之路没有平坦道路可走，中国高速铁路要继续坚持不断创新，勇于探索，努力进取，才能不负使命，走向智慧，走向绿色，开辟可持续路发展之路，走向永恒。

一、经济可持续发展是基础

对可持续发展理念的认知，人们提出了三维视角，即经济、环境、社会三方面要协同互动、和谐共处，方能实现可持续发展。这同样适用于高速铁路，对于中国高速铁路也不例外。可持续发展的理念内涵还在继续扩展，可持续发展的支撑要素也在不断更新，表现为经济、环境、社会、绿色化、智慧化等多角化特点。其中，经济是可持续发展的基础，为人们所共识。

高速铁路具有显著的正外部性，作为交通基础设施不仅满足公众的出行需求，更多的是对沿线区域经济整体的拉动作用和产生的巨大社会效益，不仅为人们的快速便捷出行提供了新的选择，还有效地促进了沿线区域之间的互通互利，带动了经济增长。然而，由于高速铁路投资规模大、回收周期长、高负债融资结构等特点，致使其经济可持续面临的不确定性成为人们关注的焦点。毋庸质疑，经济可持续既是高速铁路支撑自身持续发展能力的重要基础，又是高速铁路产业稳定、健康发展的必然要求。中国高速铁路的经济可持续发展意义重大，关乎国家和民生大计。

由于高速铁路自身的投资经济性特点，其财务可持续所面临的不确定性是不容回避的关键问题。就高速铁路的经济可持续而言，要求高速铁路在其运营活动中所产生的净现金流能够满足既定财务结构下的资本投资回报，即财务可持续，财务可持续是经济可持续发展的保障。财务可持续可表述为三个层面，分别为运营可持续、偿债可持续和发展可持续。运营可持续是考察高速铁路自身日常经营活动能否维持现金流的平衡，偿债可持续是考察高速铁路还本付息的能力，发展可持续是考察高速铁路是否具有投资的吸引力，是否具备产业可持续发展的财务基础。

中国铁路融资是以负债为主导的融资模式，就高速铁路发展而言，面临的重要问题之一是迫切需要拓宽融资渠道。然而，中国高速铁路融资结构单一、高负债结构的现状阻碍其健康、稳定的发展。在高速铁路的建设资金中负债占一半以上，但由于高速铁路无法回避亏损经营的魔咒，尤其是在其投入运营的前期阶段，高额的负债不仅不能够发挥杠杆作用，还带来了沉重的债务负担。如何有效改善其资本结构是亟待解决的一个难题。要促进高速铁路经济可持续发展，就必须关注高速铁路自身的经济效益，高速铁路前期发展所面临的经济可持续困境，并非高速铁路自身所能解困，无疑需要从制度和政策层面帮助高速铁路摆脱经济窘境。

二、高速铁路可持续发展的路径

随着中国高速铁路飞速发展，在未来的一段时间内中国高速铁路将进入全面建设的收获期，高速铁路网逐渐具备规模并完善，城市间形成便利的交通圈，覆盖越来越多的人口区域，在向"人便其行，货畅其流"的目标趋近。近些年来，中国高速铁路科技创新取得了巨大成就，研制出中国标准动车组"复兴号"，并实现了完全自主化建造，在节能、安全、降噪等方面引领世界先进技术。高速铁路的可持续发展在面向 21 世纪的中国可持续发展战略中，将产生深远的意义和影响。中国高速铁路的可持续发展将沿着什么样的路径前行？这是一个非常具有挑战性的命题。未来中国高速铁路的发展方向将依然围绕着可持续发展的核心，本着环境友好、智能化出行、融合社会的理念，定位于"经济可持续""绿色""智慧""三位一体"的发展模式支撑高速铁路的可持续发展，引领中国高铁经济走向世界。如图 10-1 所示，我们可以形象地描述中国高速铁路的可持续发展路径：中国高速铁路如同一辆双轮战车，其底盘是"经济可持续"，两个车轮分别为"绿色"和"智慧"。"绿色"与"智慧"双轮驱动，相辅相成，打造出绿色与智慧融为一体的中国高速铁路，肩负使命，一路奔驰向前，沿途载客，提供快速、便捷、舒适、安全的交通服务，满足源源不断、规模化客流的旅客出行需求，驰向可持续发展的尽头。

图 10-1　高速铁路可持续发展路径

"绿色高铁""智慧高铁"将是践行高速铁路可持续发展的代名词。当前对环境及生态的保护和改善，是实现整个人类社会可持续发展的紧迫而艰巨的任务。保护环境是实现可持续发展的前提，确保人与自然的和谐也是进一步发展经济的前提。就中国目前的资源及环境情况而言，构建新时期有中国特色、可持续发展的交通运输结构实有必要。高速铁路作为低能耗、低污染、高效率、规模化的交通工具，应发挥其陆路运输和助力可持续发展的骨干作用，让未来的高速铁路更加"绿色"，从绿色建设、绿色研发、绿色服务三维视角提升高速铁路的可持续发展水平，创新规划设计理念，发掘绿色创新技术,创新绿色服务理念,逐步提升中国高速铁路的绿色化水平。"绿色高铁"在向我们招手,呼唤我们夯实前进的步伐,通向"绿色"自由之路。

当今科学技术高速发展,智能化技术层出不穷,大数据的到来引发的巨变令人目不暇接,这对高速铁路的发展也起到了推波助澜的作用,助推高速铁路"智慧化"创新。"智慧高铁"也在向人类招手,引导中国高速铁路的智慧化发展。随着互联网技术的发展与时俱进,国家对"互联网+"战略的推进,物联网、云计算、移动互联和大数据等新兴热点技术在各行业逐渐得到了广泛的应用。城市信息化提升,智慧城市发展成为当今世界不可逆转的历史潮流。在此背景下,未来的高速铁路将融入智慧发展的大方向,创新性地引入相关信息技术,从多维度立体化的格局改进和完善智慧化建设,以更快更适宜的速度、更便捷的出行、更舒适的体验、更可靠的安全保障满足更加多样化的旅客出行需求。同时,与"绿色高速铁路"相契合,共同助力中国高速铁路的可持续发展。

打造中国绿色高速铁路

高速铁路因其运行速度高、运载能力大、舒适、安全、低能耗、低污染等优势,被誉为绿色工程。从高速铁路的建造到运营,绿色的发展理念一直贯穿其中,成为高速铁路可持续发展的必然要求。

一、绿色化:高速铁路的生态发展理念

绿色化是中国交通发展的必然趋势,也是践行中国高铁绿色发展的核心理念。绿色高铁是指在高速铁路的整个生命周期内,最大限度地采取节约土地资源等措施,减少对环境的影响并保护生态,给人类提供舒适、健康、高效的生活空间,成为能够与自然协调相处、和谐共生的高速铁路。纵观中国高速铁路的发展历程,环保理念与绿色化发展无处不在。从生命周期来看,高速铁路的设计、施工、运营过程中都采取了绿色化措施。在设计中,增加适时绿化率、水土流失量、动植物保护率等与生态环境密切相关的控制目标,力求达到环境保护、资源利用及满足城市需求三者的平衡。在工程建造施工中,对于噪声污染、振动污染、大气污染、水污染及固体废弃物污染等方面,国家提出了相关标准并拟定了具体定量的环保目标及检测指标,在车站设计

上注重节能,充分利用太阳能和可再生资源。在运营中,国家同样致力于将高速列车的噪声及电磁辐射降到最低,并做好对运营过程中产生的污水、垃圾等废弃物的处理。

就高速铁路绿色技术创新而言,中国系统性地做了很多努力,并发展绿色技术。在列车与轨道建设等方面,中国运用安全监测对道路的铺设进行监测,运用服务质量监测来对整体系统创新进行监测。在体制上,中国也一直在追求绿色技术创新制度体系等方面的创新,联合研究机构、高校及运输企业形成"三位一体"的绿色技术创新发展模式。然而,达到什么标准才是绿色高铁,世界上目前尚无统一认知。就国内外学者的大多数观点来看,绿色高铁的标准应按全生命周期的环境成本占全生命周期的造价比重来衡量,中国高速铁路环境成本平均为5%—6%,而国外高速铁路为12%—15%。针对目前中国生态环境退化且在某些地区更趋严重的现状,高速铁路在发展道路上的环境成本付出理应高于国际平均成本水平,因此中国的绿色高铁之路还很漫长。强化绿色意识,坚持可持续发展理念,探寻低碳绿色创新发展之路,是中国高速铁路发展的必由之路。

二、生态和谐:高速铁路的环境优势

相对于其他交通工具,高速铁路"以电代油"的特色具有明显的环保优势。除此之外,中国高速铁路在贯穿于整个系统的建设和运营中,从减少土地占用、提升新能源利用水平、降低能耗等方面发挥了极大的绿色优势。

(一)减少土地占用

与公路相比,高速铁路可以大大减少对土地的占用。在设计选线时充分考虑到对环境的影响,减少对原有生态的破坏。高速铁路在运送同样数量旅客的情况下,其基础设施对土地的占用只是公路的25%,并且在其建设中多为"以桥代路",更是大大减少了土地的占用。据统计,铁路路基平均1公里占用土地约70亩,而1公里桥梁占用土地仅为27亩,相当于前者的1/3。[1]

(二)提升新能源利用率

高速铁路车站在设计上多采用绿色环保材料,例如,京津城际高速连接

---

[1] 高铁出行仅仅是为我们带来便利吗 http://www.chnrailway.com/html/20150527/1072208.shtml。

的北京南站和天津站采用了大面积玻璃穹顶设计，地面也做了透光处理，这样可以充分利用太阳能资源。此外，北京南站采用污水源热泵和热电冷三联供技术，实现能源梯级利用，系统的发电量可以满足站房49%的用电负荷，每年可节省运营成本约600万元。①

（三）降低能源消耗

高速铁路是可以完全依靠电力驱动的运输方式，不消耗石油、天然气等燃料，而相比之下其他运输方式对石油的消耗将加剧能源供给的结构性矛盾。高速铁路的出现提升了整个铁路的电气化水平，由于高速铁路运行密度大、效率高，相对而言，一节等长的列车比普速列车运送次数要高数倍，这在很大程度上提升了电力在铁路运输中的占比，优化了高速铁路的能耗结构。

对比其他交通工具，高速铁路在能耗上具有很大优势。全球公认的对比数字是，如果将普速铁路每人每公里的能耗指数定为1，那么高速铁路每人每公里的能耗指数为1.42，汽车为8.2，飞机为7.44。以京沪高速铁路为例，从北京南站出发到上海虹桥站需要5个小时的车程，在乘坐CRH380AL型动车组列车的情况下，其人均百公里耗电量是3.64千瓦时，全程人均耗电为48千瓦时，其能源消耗量是飞机的1/12。在京沪高铁线路上的另一款车型——CRH380BL，在300公里时速下，人均百公里能耗小于5.2千瓦时。②因此，高速铁路是快速规模化的陆路运输方式中最节能的。

三、低碳经济视角：高速铁路绿色技术创新

在全球绿色低碳理念的倡导下，各国均开始从基础产业着手进行绿色技术创新，发展低碳经济。高速铁路作为基本的交通工具之一，成为发展低碳经济关注的重要领域，需要将高速铁路建设和运营引领到节能环保的方向上，满足低碳经济发展要求。

绿色技术创新支撑低碳经济发展。低碳经济是倡导低能耗、低污染、低排放理念的经济模式，产生于全球气候变暖的背景下，最早出现在英国2003年发布的《我们能源的未来——创建低碳经济》白皮书中。学术界对"低碳经济"的概念虽然存在多种表述，但其内涵是一致的，即在可持续发展理念

---

① 高铁陷环保争议 http://news.gaotie.cn/x/2013—01-08/56600.html。
② 铁道耗能 http://bbs.railcn.net/thread-1587562-1-1.html。

的指导下,通过技术和制度创新、产业转型、新能源开发等多种手段,尽量减少煤炭、石油等高碳能源消耗,减少温室气体排放,达到经济社会发展与生态环境保护双赢的一种新型经济发展形态。低碳经济的发展在中国依靠政策的支持和技术创新,而绿色技术创新是重要手段。

绿色技术创新就是具有绿色工艺、绿色产品以及绿色意识的生态技术创新,通常将以保护环境为目标的经济技术创新统称为绿色技术创新。[①]在绿色技术创新的理论体系中,绿色技术创新要满足节约、回收、循环三个绿色要素的要求。绿色技术创新与传播紧密相连,包含从思想形成到市场推广再到及时反馈的全过程。绿色技术创新在低碳经济中的发展是必然的趋势,引领着整个产业的健康发展和经济、环境、社会和谐相处,共同发展。

高速铁路绿色技术创新乃绿色高铁的基石。中国的绿色高铁技术创新取得了一定的成就,但高速铁路技术发展的空间相当广阔,高速铁路发展低碳经济关键在于绿色技术创新及其应用。基于高速铁路建设的特点,中国高速铁路的绿色技术创新关注于高铁线路施工技术、高铁车站设计与施工技术、高铁运营服务技术等方面。

(一) 创新高速铁路线路施工技术

保护生物生态,理念为先。行为受理念的驱使,绿色理念引导绿色行为。绿色理念指导和要求高速铁路项目合理规划施工技术和前期准备,从源头上避免对动植物的污染与破坏。制定科学合理的施工方案,最大程度减少对动植物的影响。通过"以桥代路"、增大路基段涵洞比例等方式,减少对动物迁徙的负面影响。增强对生态保护意识的建树和传递,避免滥杀野生动物、砍伐稀有植被的行为发生。

1. 保护水环境,落到实处。水是万物之源,对水资源和水环境的保护乃人类生存之本。本着对水环境保护的理念,高速铁路项目注重优化对桥梁孔跨的设计,尽可能地减少水域中桥墩的数量,对桥墩施工进行合理安排,如安排在枯水期进行施工。在施工中采用钢围堰来减少对泥沙的使用,施工产生的废水、固体垃圾等分类后进行回收。施工中挖出的淤泥、废渣等物不应直接排入水中,应运送到沉淀池进行干化处理后再统一弃置。

2. 减少噪声、振动及电磁辐射污染,设计理念先导。就高速铁路造成的

[①] 赵丽缦、崔沪:"低碳经济视角下高铁的绿色技术创新",《管理观察》,2013 年第 33 期,第 138—140 页。

噪声、振动及电磁辐射污染而言，其影响主要取决于环境敏感点和工程线位的位置关系，最佳保护措施即为在设计线路时尽可能避开敏感目标。本着降低环境影响的设计理念，高速铁路项目提前识别路线廊带环境敏感目标，结合区域环境功能规划，论证运营期间的污染程度和保护措施的可行性，从环保角度对路线设计方案提出合理化建议。例如，沪宁城际高速铁路采用的平板式无砟轨道、铜镁合金接触网、无螺栓孔钢轨等新型工艺能够有效减少辐射的影响，同时其道床轨道的材质结构、轨道减震器等设计措施旨在尽可能从源头上控制环境污染和避免生态破坏。

3. 沿线绿化，高速铁路建设与自然生态互融。由于在建设高速铁路的过程中占用土地、阻断地表水系等境况，高速铁路项目通过在沿线荒地进行人工造林实施绿化补偿和环境修复。尤其是在路基两侧种植降噪林种，既能有效降低噪音污染，又能起到美化作用，同时强化路基植被。

（二）创新高速铁路客站设计施工技术

在低碳经济理念的引导下，高速铁路车站的站房设计力求宽敞通透，客流的流线简洁顺畅。站区设施全部采用导向示引导，咨询系统和垂直电梯、自动扶梯和自动代步梯等均采用较为先进的绿色技术装备，实现无障碍行走。整个客站建筑结构全部采用大跨度钢架结构，悬垂架构无柱雨棚，冷热电三联供等先进技术和建造工艺，使其客站的设计更加环保和节能。所有新建的高铁大型客站都为旅客提供"零换乘"的绿色低碳环境。

（三）服务创新提升低碳经济理念

在高速铁路的绿色创新中，服务创新直接影响旅客的感知和体验。减少换乘可以方便旅客，有效提高服务质量。通过将高铁车站与航空站、公交站对接，衔接客流，用网络信息技术将换乘信息及时共享给广大旅客，便于引导交通与客流的衔接。同时，利用远程系统对站点画面进行实时监控，把控整体客流运行境况，及时发现隐患，保障旅客安全。此外，通过整合各站点的信息，减少不必要的进出站环节，提高服务品质，减少环境污染，有助于加强低碳环保意识，提升低碳经济理念。

（四）加强与国际先进技术合作

先进的高速铁路绿色技术创新能够降低因线路不合理而带来的经济损失及环境破坏。中国高铁应寻求与国际先进技术的合作，将线路设计纳入绿色经济效益范畴,促进中国高速铁路与世界接轨,达到国际高速铁路低碳经济的要求,降低因高速铁路设计及建造的不合理而带来的对生态环境的长期风险。

高速铁路的低碳发展不能只限于自身的创新发展,还要结合各个相关领域的发展进行协同创新,强化绿色技术创新的意识,将绿色、环保、低碳理念贯穿于各个相关领域的发展中,才能有效地促进高速铁路的绿色创新发展。

案例10-1 西成高速铁路"生态选线"

西成高速铁路,又名西成客运专线,是一条连接中国陕西省西安市和四川省成都市的高速铁路,是2016年修订的《中长期铁路网规划》中"八纵八横"高速铁路主通道之一,也是中国首条穿越秦岭的高速铁路。这条高速铁路途中经过秦岭金丝猴、大熊猫、羚牛、红豆杉等国家一级保护动植物的栖息地,因此如何与国家级保护动物和谐共处成为建设这条穿越连片自然保护区的高速铁路的一大挑战性难题。

西成高速铁路在建设初期,就秉持"生态选线"的原则,在工程设计和施工技术上采用了一系列自然保护措施,经环保论证,最大限度地避开自然保护区、水源保护区,最终打造出一条环保型"绿色通道",也创造了世界上首条大面积安装高铁鸟类防护网等多项自然保护措施的高速铁路。

一、第一条高铁鸟类防护网

在汉中,人们经过对朱鹮的长期保护使得当初仅存的7只已经繁育至如今的上千只,栖息地也在不断扩大。汉中盆地是西成高速铁路的必经之地,朱鹮在飞行中一旦撞上高速铁路,不仅朱鹮会死亡,对高速铁路也存在极大的安全隐患。为保护朱鹮,陕西省动物研究所、陕西汉中朱鹮国家级自然保护区管理局等单位成立项目组,开展西安至成都客运专线朱鹮防护措施试验段研究。经过长期研究,陕西省动物研究所做出设计保护网的决定:在朱鹮保护区内的高速铁路沿线两侧装上特殊的防护网,高速铁路在此地区也以高架桥的形式通过,下方设置宽大的桥洞,不仅是鸟类,其他动物也可以自由通过。最终,在25台红外相机、28台高清超宽动态网络摄像机,400多天的持续监测下,一道特制的"绿色保护屏"——长达数十公里的橘色柔性鸟类防护网建成。试验期间,没有发生一例朱鹮撞网事件,西成高速铁路真正成为一条重视生态环境保护的"绿色高速铁路"。

二、"生态"选线设计维护秦岭原生态

由于秦岭段特殊的生态环境，西成高速铁路在建设中的生态保护问题受到社会普遍关注。在设计之初，西成高铁充分贯彻"生态选线"的原则。高铁设计人员在设计选线过程中，分析秦岭地区区域生态环境现状、敏感性及影响因素，全方位把握秦岭自然生态与环境空间分异和特点，秉持"人—水—生态—环境—发展—社会"的可持续发展理念和原则，最终选择了避开秦岭山区集中、连片、整体性较强的保护区域，引线及越岭隧道工程涉及生态敏感区少，对秦岭生态环境影响最小的线路方案。西成高速铁路的线路主要以桥隧相连的方式断续穿越菜子坪大熊猫走廊带、天华山国家级自然保护区实验区，以特大桥形式跨越朱鹮国家级保护区滑水河段，大大减少了高速铁路建设对重点保护野生动植物生存环境以及对秦岭整体生态功能的影响。

三、绿水青山就是金山银山

秦岭是中国南北气候分界线，地跨陕西、四川、重庆、河南、湖北、甘肃，生态资源极为丰富，具有重要的生态地位和文化传承功能。早在西成高速铁路建造之前，就有人表达了担忧，对秦岭保护区内的经济增长动力与生态环境保护压力的矛盾，秦岭沿线地区开发建设可能造成新的环境破坏等产生了质疑。为更好地贯彻"绿水青山就是金山银山"的理念，西成高速铁路建设者们采取绿色环保措施，保障当地绿水青山原貌不变。除了做好前期设计，西成高速铁路在建设过程中也不断优化噪声防治措施，加强穿越饮用水水源保护区和地表河流路段的环保措施，做好隧道施工过程中的水文地质勘查及环境风险防范等措施。[①]

西成高速铁路在中国西部地区开启了建造绿色高铁的先河，也为中国在高速铁路建设中如何保护好生态环境、践行绿色理念提供了宝贵的实践经验，是中国高速铁路通向"绿色高铁"的里程碑。未来中国在西部地区还可能建设更多的高速铁路、高速公路。在建设过程中，如何保护好沿途生态，尽可能减少对野生动植物的扰动，是一个不可回避的问题。顺应中国高速铁路可持续发展的理念，建设"绿色高铁"必然成为未来高速铁路的发展方向。从

---

① 王杰、吴波、曾诚、罗春晓："西成高速铁路——千古蜀道变通途"，《铁道知识》，2018年第2期，第14—21页。

西成高速铁路的实践可以看出，中国的高速铁路不仅在工程建设上领先世界，更有着世界一流的生态建设方案。

案例10-2 京张高速铁路官厅水库特大桥绿色工程

作为2022年北京冬奥会的交通保障线、京津冀一体化发展的经济服务线，连接北京与张家口的京张高速铁路正在加紧施工，将于2019年年底建成通车。在京张高铁线路中，官厅水库特大桥是重要一环，该工程不仅以技术革新实现了绿色施工，还提前完成了主体工程。

作为京张高速铁路全线的控制性工程之一，官厅水库特大桥全长9077米，跨越官厅水库，是国内首例适用于350公里时速有砟轨道高速铁路的钢桁梁铁路桥，于2016年3月开工建设，在2017年11月实现主桥主体工程完工，相比计划工期大大提前。官厅水库特大桥由八个造型优美的曲弦桁梁组成，给湖面增添了一道亮丽风景。

官厅水库是北京市备用水源地，属于国家一级水源保护区。京张高铁官厅水库特大桥项目工程穿越官厅湖水库水资源保护区，环保要求高。为保证施工过程中水质不受污染，项目坚持生态优先、绿色施工的原则，在施工过程中创新多种高科技手段实现环保目标。为减少钢梁施工期间对库区水资源的污染，官厅水库特大桥采用"顶推法"施工，钢梁先在岸上像"搭积木"一样拼装好，再从岸边向湖心顶推就位。整个施工过程涉水工程少，最大限度减少水上施工，有效降低对库区水资源的污染。此外，为保证工期，工程项目部采取技术革新，改双边顶推为单边顶推，不用等到枯水期时才开始作业，从而节约了近10个月的工期，做到主体工程提前完工。施工期间，官厅水库管理处委托第三方水质监测单位对水库水质进行实时监测。检测数据显示，施工期间水库水质无变化，施工未对水库造成污染。京张高速铁路官厅水库特大桥绿色施工的成功实践，为中国高速铁路在通向"绿色高铁"之路的进程中添加了浓重的一笔。①

案例10-3 京沪高速铁路虹桥站——绿色枢纽

备受关注的京沪高速铁路上海虹桥站工程，是虹桥综合交通枢纽的重要

---

① 京张高铁官厅水库特大桥以技术革新实现绿色施工 http://finance.ifeng.com/a/20180801/16421683_0.shtml。

组成部分，其多项"绿色"节能技术应用理念超前。

（1）太阳能发电和光伏发电技术。主站屋站厅办公用房、商业设施、列车员生活设施均采用由太阳能发电技术提供的太阳能热水器、太阳灶、太阳能电池组等，其中突出的是由光电转换的光伏发电应用系统。虹桥站利用建筑物屋面设置太阳能板，建设并网太阳能光伏发电系统，结合高铁客站建设一次建成。太阳能电池板23 910块，总装机容量6 688千瓦，年均发电630万度，可供1 200户居民使用，年减排二氧化碳6 600多吨，年节约标煤2 254吨。这标志着高铁客站引入光伏发电首次开始了大型化、商业化的建设。其节能减排、利用绿色能源的示范效应显著。

（2）地源热泵技术。这是一种利用浅层地热资源的既可供热又可制冷的高效节能的空调技术。虹桥站地源热泵设计以冬季采暖负荷为基准，在40 000平方米站台板下空间布置3台地源热泵机组。利用土层中较恒定的温度，与土壤进行热量交换，达到夏季制冷、冬季供热的目的。该技术是对可再生能源的利用开发，可减少城市热岛效应，环保节能效果明显。

（3）太阳光导照明技术。太阳光光纤导入照明系统是目前国际最先进的人工室内生态光源，是世界上集生态、绿色、节能、环保为一体，替代光能照明且制造成本最低的新能源装置。该技术首次运用在虹桥站中，通过在站台天棚里装置光导照明系统，室外的自然光线透过采光罩聚集入系统内，再经特殊制作的光导管高效传输到系统底部的漫射装置，均匀地照射到室内任何需要光线的地方。从黎明到黄昏，甚至是雨天和阴天，光导照明导入光线仍然可以满足站房内需要。这就解决了大规模地下空间的照明和采光问题，同时也为地下空间设置植物绿化创造了条件，极大地改善了地下空间的景观环境效果。[①]

四、中国未来绿色高铁

在"绿色高铁"可持续发展的交通运输理念和高新技术的推动下，高速铁路的发展日益迅速。高速铁路速度快、运能大、便捷、安全、舒适、节能等优势日益突出，其绿色发展趋势已成为世界共同关注的热点，现代化高速铁路的发展也将推动21世纪中国可持续发展战略的实施。2018年中国政府提出在铁路建设上，中国高速铁路要通过科技创新，发展绿色高铁，要

---

① 陈瑾："生态选线绿色高铁"，《陕西日报》2017年第5版。

研发更节能、更环保、噪音更小的动车组，使未来的高速铁路更舒适、更快捷。①建设绿色高铁需要运用绿色技术创新，最大限度地降低对土地和能源的消耗，既满足社会的出行需求，又减少对环境的负面影响，实现可持续发展。

新时期中国高速铁路将进一步向低碳、节能减排的方向发展。其一，高速铁路要深化列车再生能量利用、直供电、内燃机车节油等节能减排技术的研究与应用，拓展站区绿色照明、能源智能管控和新能源利用等低碳节能应用技术，研究能耗数据计量、能效管理技术、节能评价考核技术等综合节能技术，降低高速铁路交通运输能耗。其二，高速铁路要注重与生态环境和谐共处，研究车辆撒漏扬尘防治技术、列车空气净化技术，推动中小站区站段污水处理技术的应用；研究高铁建设工程临时用地水环境保护、生态修复和发生环境事故应急处理的技术，加强对高速铁路建设项目的环境监控，建立环境监测评价体系，推动高速铁路建设更加"绿色化"。

绿色发展是人类前进的方向，高速铁路的"绿色高铁"之旅将是漫长的。通过高速铁路的绿色发展意识及传播，提升沿线地区的绿色发展意识，将高速铁路的绿色理念注入地区发展理念中，诸如节约资源、减少排放、低碳环保、注重环境卫生等绿色理念的潜移默化，带动社区、企业及个人相融合，互相影响互相改进，共同培养绿色发展意识，促进社会向着更加健康和谐的方向发展。高速铁路作为中国闪亮的名片，在走出国门的同时，助力其他各国高速铁路建设，将绿色环保意识融入沿线各国，提升整体的绿色发展水平，共同构筑世界命运共同体。

智慧高铁：高速铁路的未来

什么是"智慧高铁"？其实这个词是根据"智慧城市"所带来的灵感而创造的。"智慧城市"是通过物联网基础设施、云计算基础设施、地理空间基础设施等新一代信息技术以及维基、社交网络、Fab Lab、Living Lab、综合集成法、网动全媒体融合通信终端等工具和方法的应用，实现全面透彻的感知、

---

① 绿色高铁点亮你我出行新期待 http://www.chnrailway.com/html/20180320/1821074.shtml。

"宽带泛在"① 的互联、智能融合的应用以及以用户创新、开放创新、大众创新、协同创新为特征的可持续创新。伴随网络帝国的崛起、移动技术的融合发展以及创新的民主化进程，知识社会环境下的智慧城市是继数字城市之后信息化城市发展的高级形态。

如何理解"智慧高铁"，"智慧"高铁的功能将是什么样的？由于诸多不确定性的存在使人们尚不能对其有较为全面和清晰的概念。从智能化的视角去延伸和拓展思维的话，也许可以认为"智慧高铁"旨在运用信息技术手段感测和认知高速铁路全网络、全轨道的各项关键信息，从而对高速铁路产品和服务的需求做出智能响应，以人性化的方式保障高铁服务的便捷性、安全性、舒适性、时效性、环保性，在满足旅客多样化需求的同时让旅客全方位的体验和感知高铁的"智慧"温度。

一、未来的大众交通出行

关于智慧高铁，发展的动因无疑来自填补市场的空白以满足旅客的需求。高速铁路广受欢迎的一个重要原因即旅客在中长途旅程中感受到的快速、便捷、安全和舒适的体验。可以预见，在未来，智慧高铁的发展轨迹所遵循的原则仍应当是持续适应旅客不断变化着的需求，但不限于此，还应当通过智慧思维结合智能技术来引领旅客的需求，在诱发旅客兴趣的同时顺应旅客的偏好，进而引发旅客的新需求。从高铁服务的供给角度看，一是保障旅客的安全需求，这是最为基本同时又是最重要的需求要素，通过运用智能技术将人防、物防与技防有机结合，共同保障安全。二是智能化导向，通过研究开发环境感知、自学习、自决策的智能技术，既能更好地适应旅客需求的变化，又能够引领旅客产生新的需求。三是绿色化导向，要提供更节能、更环保、噪音更小、环境友好的动车组。四是技术创新导向，研究发展高速磁悬浮列车、真空管道飞行列车。

（一）出行速度：更快更安全

随着当今高速铁路科技的飞速发展，技术创新水平日益提高，举世瞩目。

---

① 注：宽带泛在，即泛在网络，从字面上看就是广泛存在的，无所不在的网络。也就是人置身于无所不在的网络之中，实现人在任何时间、地点，使用任何网络与任何人与物的信息交换，基于个人和社会的需求，利用现有网络技术和新的网络技术，为个人和社会提供泛在的，无所不含的信息服务和应用。

高速铁路的世界领先科技已经在开展真空管道高温超导磁悬浮列车方面的研究，试图创造"超级高速铁路"，结合真空管道技术和高温超导磁悬浮技术，旨在将高速铁路速度提升三倍，时速突破千公里。两者技术结合欲创造陆路超级速度，但首先须考虑的便是安全性，其次是环保性。高温超导磁悬浮采用永磁轨道，采用封闭管道为其提供了一个良好的屏障。列车高速运行时与空气摩擦会产生较大噪音，而封闭的真空空间可以解决这个问题。[①]科学技术发展的动力势不可挡，科学技术发展的预见也是人类的期盼。

（二）出行体验：更便捷更舒适

高速铁路发展的智能化导向要求装备智能化，具有在高速行驶中能够做到自感知、运行故障自诊断、导向安全自决策的智能型动车组，同时高速列车降振动、降噪音的性能得到显著改善。在高速铁路智能运营方面，高速铁路系统将建成大数据中心，广泛运用大数据技术，动态分析掌握客流变化情况，实施更加精准的运力资源配置，完善高速铁路"一日一图"运输组织模式，使高速铁路调度指挥、运营组织更加智能，灵活高效。在高速铁路智能服务方面，将促进高速铁路网与互联网双网融合，提供旅客行程规划、综合交通信息共享服务，拓展完善网络购票、订餐、购物、宾馆预定和高速铁路+共享汽车一条龙服务，让旅客出行变得更加方便、快捷、温馨，并体验到高铁智能出行的享受。

此外，未来高速铁路的便捷出行也体现在无缝对接的联运系统。如上海虹桥高铁站，虹桥综合交通枢纽建成高速铁路、城际和城市轨道交通、公共汽车、出租车及航空港紧密衔接的国际一流的现代化大型综合交通枢纽。无论是乘飞机抵达虹桥机场，还是搭京沪高铁列车抵沪，都可以方便地换乘轨道交通、长途汽车、公交车或磁悬浮列车，期间步行换乘距离约为 200 米。上海虹桥站的建成为需要转运的旅客大大降低了转运成本和时间，达到了为旅客带来便捷出行的目的。

（三）在途感知：更创新更智慧

在科技日益进步的当代社会，人们对生活质量的要求普遍提高，最直观的表现之一是对"速度+"的追求，即快的同时还要求安全感、便捷感、舒

[①] 2018 年全国两会/中国工程院院士卢春房：将研制可自学的"智能高铁"，https://baijiahao.boidu.com/spid=15949694303909381968wfr=spider&for=pc

适感和愉悦感。高速铁路的时空速度满足了人们对节省时间的需求，而互联网的发展则给高铁旅客带来更便捷的生活方式，增添了更愉悦、更智慧的在途感知。互联网的出现给人类生活带来了翻天覆地的变化，改变了人们的生活习性，并催生了互联网经济，开启了互联网时代。自步入 21 世纪以来，受互联网的影响，人们的生活几乎每天都在发生着巨大的变化，电子产品和人工智能的兴起也使得人们的生活愈加便利，衣食住行乃至各个方面都可以寻求在人工智能终端得以解决。随着民众生活水平的提高，更加追求生活品质和个性化的产品与服务，进而促使服务型企业通过技术革新创新服务功能，"互联网＋"由此进入了人们的生活，也进入了高铁旅客的生活，通过"互联网＋"的创新功能逐步改善高速铁路在途旅行服务的环境和氛围。

"互联网＋"源于互联网经济与实体经济的相互融合，代表一种新的经济形态，即充分发挥互联网在生产要素配置中的优化和集成作用，将互联网的创新成果深度融合于经济社会各领域之中，提升实体经济的创新力和生产力，形成更广泛的以互联网为基础设施和实现工具的经济发展新形态。中国政府也在积极推动"互联网＋"的行动计划①，重点促进以云计算、物联网、大数据为代表的新一代信息技术与现代制造业、生产性服务业等的融合创新，发展壮大新兴业态，打造新的产业增长点，为大众创业、万众创新提供环境，为产业智能化提供支撑，增强新的经济发展动力，促进国民经济提质增效升级。

互联网的影响和作用是巨大的，尤其"互联网＋"对创造性的联想是无穷尽的。毫无例外，互联网也在推动高速铁路服务创新。高速铁路的使命即以最佳方式满足目标旅客的需求。通俗地讲，高速铁路要做的，就是让目标旅客的出行更加便捷、更加舒适，旅途上不再寂寞，感受温馨和愉悦，一路都有好心情。现如今，移动通信系统的使用已经逐步引入到高速铁路的运行之中，就中国高速铁路的建设和运行现状而言，互联网在高速铁路的安全运行中正发挥着越来越重要的作用，"互联网＋"的创新功能也在为高速铁路不断提升服务品质拓展着空间。利用现代互联网技术和信息技术，不断提高高速铁路运行的安全性和稳定性，提高高速铁路的服务品质，拓展高速铁路的服务功能，如世人所愿。

就旅途生活而言，旅途饮食是旅客的基本需求，方便旅客用餐，是高铁服务的品质体现。2016 年 10 月，北京京铁列车服务公司推出高铁服务软件

---

① 中国人大网：政府工作报告：http：//www.npc.gov.cn/zgrdw/npc/dbdhhy/12_3/2015—03/17/content_1930436.htm。

——"康之旅",集餐饮、旅行和娱乐为一体的线上服务,开创了中国高速铁路信息化服务的新局面。北京铁路局首开先河,为旅客研发专业出行的 APP 软件方便更多旅客能够直观的从软件中获取自己的乘车信息,乘车注意事项,方便旅客能够提前更细致的规划行程。在列车车厢里,旅客可以随时用手机来订餐,服务人员会随后送到座位上,既省去了在餐车排队等候的时间,又不用跨越几个车厢到餐车就餐,可以让就餐时的心情更加愉悦。

对于旅客而言,能吃上可口的热饭热菜是他们的共同期待,旅途饮食需求是旅客服务的关键要素。以往旅客只能在列车所提供的有限食谱中进行选择,对个性化饮食需求的满足不能有奢望。然而今非昔比,往日的奢望如今成为现实。2017 年 7 月,12306 系统开通了订餐服务功能,旅客在高铁动车上可以登陆网站或者手机 APP,订购列车路过地方的当地美食,美食做好将提前送达车站,列车一到站由工作人员送到车厢。也就是说,坐车经过西安站,乘务员可以送上旅客订好的肉夹馍,路过长沙,就能吃上毛家红烧肉。旅客通过 12306 系统订餐,可使用支付宝和微信支付餐费。在中国,首批开通网上订餐的车站就多达近 30 个。

除了订餐服务外,高速铁路动车上的网络服务也成为旅客迫切的需求。由于高铁轨道铺架于田园乡野间、穿越大山大河,旅客无法在旅途中保持网络通畅,对于商务人士及其他网络需求者十分不便。而随着高速铁路基础设施和车辆设备的发展,中国"复兴号"列车已实现无线网络的全覆盖,每节车厢可承载约百部移动终端。同时,高速铁路列车也在致力于提供除无线网络服务以外的其他体验,包括休闲文化娱乐、内容资讯、商旅办公、特色购物、联程出行等增值服务。未来,随着中国高铁的智能化建设以及云计算、物联网、大数据、北斗定位等技术的不断升级,高速铁路有望解决一站式需求的智慧出行,成为信息化潮流下"万物互联"的枢纽。

案例 10-4　高速铁路+互联网的进程——WIFI 实时接入[①]

将互联网引入高速铁路列车并实现 WIFI 实时接入是一项创举,这将给"高速铁路+互联网"注入全新的生命力。如图 10-2 所示,展现了"高速铁路+互联网"的场景。人们可以浮想联翩,畅想一下"高速铁路+互联网"未来将会给高铁旅客带来一个什么样的情境。

---

① 凤凰网科技 http://tech.ifeng.com/a/20180705/45049863_0.shtml。

图 10-2 高速铁路+互联网场景

2017年中国高速铁路客运人数已经突破 17 亿人次,而且高速铁路客运量正在以年均两位数增长,预计未来 10 年,中国高速铁路的年客运量将超过 30 亿人次。这么庞大的客流中蕴含的潜在商机等待着被发掘,随着 5G 的问世,将助力推动"高速铁路+互联网"的落地实施,这将为高铁旅客带来怎样的改变?

互联网思维的本质就是创新,一切皆有可能。将来,舒舒服服坐在高速铁路上,连着 Wi-Fi 看新闻、刷剧、打游戏,饿了随时微信点菜下单,随手买几件特产直接帮你送到座位,快到站时还有温馨提示、自动补票和智能接车服务……这些将是一些基本的功能。其实,近几年,互联网已经开始对高速铁路出行产生了深刻影响与改变。曾经,"铁路"让人想到的是排长队买票、是挤满人的车厢、磕磕绊绊的小推车……而自高速铁路开通以来,尤其是近年来随着互联网业务的快速发展,在线选座、互联网订餐、接续换乘、畅行会员、微信支付买票补票、微信乘车通知等贴心服务,让越来越多的旅客改变了对铁路的固有印象,变成了"高铁粉"。比如,通过"铁路 12306"微信公众号推送的行程通知,能为旅客提供形式更丰富的出行信息和服务。据铁路系统反馈,截至 2018 年 7 月,上线半年累计通知用户超过 5 000 万人次,让旅客出行更便捷。再比如,扫一扫火车票上的二维码就能进入"铁路 12306"小程序,体验查询、行程提醒、智能客服、投诉建议等服务。与此同时,小程序的累计用户突破了一千多万。

未来智慧高铁的发展,只有让信息和数据,跟随高速铁路的客流、车站的物流等一起快速流动起来,减少信息孤岛,才有助于发掘出"高速铁路+互联网"的无限商机。未来智慧高铁的发展,需要汇聚"三流"、融合"两网"、打造"一体"。"三流"指信息流需要跟上客流和物流的速度,打破数据壁垒,实现"三流"汇聚,创造商机。"两网"意为高速铁路网与互联网的融合,有可能催生出一个开放的数字经济服务平台,并提供服务平台接口,让各地的各类民生服务和商业服务都能够方便快捷地加载进来,让高速铁路成为各个城市"智慧交通""智慧旅游""智慧零售"的组成部分。"一体"则是表达了结果与希冀:如果高速铁路能够吸引各方参与者形成一个开放的高铁大生态,那么打造一个"高铁数字经济共同体",就有可能成为现实。

图 10-3　高速铁路列车实现电子支付

资料来源:中国铁路北京局集团有限公司融媒体中心。

图 10-4　高速铁路列车座位扫码订餐

资料来源:中国铁路北京局集团有限公司融媒体中心。

二、担当时代角色：嫁接新兴经济之载体

在 2017 年的中国政府工作报告中，新型能源、机械装备制造、海洋工程、电子信息、生物科技和高端服务业六大新兴经济产业被确定为今后 5 年加快转变经济发展方式，促进产业结构调整的重要举措之一。而"智慧高铁"所提出的智能化、绿色化的建造要求无不承载着新型能源、机械装备制造、电子信息等行业的发展推进。同时，高速铁路作为中长距离交通服务行业，对于服务的品质、水平和素质提出了更高要求。随着高速铁路网络的不断拓展覆盖，跨海铁路建设也将是高速铁路与海洋工程和生物科技相结合的产物。

"智慧高铁"的创新发展之路中，首先面对的就是工程建设技术的创新，这也是高速铁路技术创新之路的基石，直接联动机械装备制造业向高端转型发展。高速铁路在轨道、桥梁、隧道、路基等方面的建设技术发展对高铁施工装备技术提出了更高的要求。如中国铁建汉江重科攻关高端施工装备技术创新，制造的 SLJ900 型流动式架桥机在渝万铁路的复杂地形和沈丹高铁的隧道建设中大展神威，在助力中国高速铁路建设技术发展的同时，也成为中国机械装备制造业的名片向世界展现锋芒。同时，中国高铁关键装备的技术创新也推动了机械装备制造的高端化发展要求。从系列化复兴号动车组到新型机车车辆技术的研究，到大型轨道养路机械，都对机械装备制造业的创新和发展提出了更高的标准。

"智慧高铁"中最重要的一环是高铁自身的智能技术持续创新。联动电子信息新兴经济产业，围绕智能高铁核心技术创新，包括智能建造、智能装备、智能运营、智能化技术研究与应用，以及通信信号技术，最终体现为高端服务业的产品类目。比如在智能化技术研究与应用方面，包括了 5G 关键技术应用、铁路物联网关键技术及装备、铁路智联网关键技术及装备、"空天地"一体化高速铁路空间数据采集及应用服务，以及服务机器人的研究与应用。

在灾害预警、安全保障技术方面，"智慧高铁"不仅搭载机械装备制造业和电子信息等新兴经济产业科技，还加入了生物科技产业，尤其在灾害监测和预警技术方面与高铁通道安全保障形成互联互动。通过联合多家科技专业机构，开展对重大自然灾害的监测预警及防灾减灾技术研究，构建基于大数据、云计算和人工智能等技术深度融合的灾害预警平台，就高铁沿线天气监测技术、极端天气预报预警技术、复杂山区铁路地质灾害全过程风险评估技术及标准体系开展深入研究。

此外，在供应链与服务链向其他产业延伸拓展的同时，高速铁路产业也在向经济载体转型。2018年年初，重庆政府计划打造新兴高铁经济区，立足"站城一体化"，围绕成渝客专沙坪坝站和重庆西站建设商圈。从目前提出的规划来看，沙坪坝新兴高铁经济区将依托重庆西站、成渝客专沙坪坝站发达紧凑的综合交通体系，统筹规划建设类似于上海虹桥站换乘便捷、环境优美的城市综合功能空间。同时，在该新兴高铁经济区内，政府计划大力发展高端商务商贸、文化创意、信息技术咨询、旅游服务等产业，形成辐射范围广、产业集聚度高的城市发展核心区。在高铁车站打造体验式购物广场，沙坪坝铁路综合交通枢纽开创了全国利用高铁站场上盖构建城市空间的首例。无论是成渝客专沙坪坝站还是重庆西站，均有高速铁路、城市轨道接入，便捷的公共交通将大大促进新兴高铁经济区的基础设施建设，也将为沙坪坝区经济社会发展增添新引擎。中国高速铁路发展的实践证明，高速铁路通过融入城镇经济，形成高铁经济圈，担当了嫁接新兴经济载体的角色，成为推动区域经济快速发展的驱动力和催化剂。

三、大数据平台：拓展高速铁路的服务功能与空间

未来大众交通出行在提升速度和绿色发展的同时，还将伴随着科技智能化的进步。在未来，中国高速铁路将向智能化方向发展，通过云计算、物联网、大数据、北斗定位、5G通信、人工智能等先进技术手段感测、获取、分析高速铁路全轨道全要素的各类数据和关键信息，并给出智能化判断。智慧城市在其信息化和数字化建设过程中，通过积累海量的城市动态数据进行分析，从而做出智慧响应。在智慧高铁的设想中，可类比智慧城市的智慧路径，使高速铁路的信息化基础设施在提供信息服务功能的同时，通过运输网络动态数据的大量积累，对全轨道全要素数据进行分析，为高速铁路列车调度、轨道和车辆安全检测、实时票价调整等决策提供及时有效的信息和判断依据。

（一）大数据支撑高速铁路智能化发展空间

随着时代的不断进步以及科技的飞速发展，互联网、物联网、移动通讯、管理信息化、电子商务等技术不断相互渗透，并作用于国家、公共基础设施、企业和民生的方方面面，高速铁路也不例外。人们用"大数据"来描述和定义信息爆炸时代产生的海量数据，以及在合理时间内通过对海量数据进行发掘、摄取、管理、处理及整理得到的有价值的资讯与知识，通过大数据平台

帮助做出决策。在大数据时代，数字化建设变革了信息获取的来源和路经，为智能技术的发展提供了数字信息基础。高速铁路的智慧化发展同样需要有大数据平台的支撑，借助大数据技术和智能技术支撑来拓展高速铁路的服务功能和服务空间。基于高速铁路的服务功能特点，需要获取全轨道全要素的数字化信息，为高铁服务决策提供智能判断依据。

1. 地图与兴趣点数据。高速铁路线路是高速铁路网络发展的基本构架，地图数据是对运输网络进行描述的基本方式，而兴趣点（POI）数据则是介绍各条高速铁路线路和目的地城市的基本信息。因此，高速铁路网络地图和兴趣点数据是以数据为中心的"智慧高铁"的最基础数据，也是在对高速铁路其他类型数据进行融合时的空间锚点数据。

2. GPS 数据。安装有 GPS 接收芯片的移动设备可以收集高速铁路活动中的动车组、乘务人员以及旅客等移动物体的活动信息。例如，目前应用比较广泛的浮动车技术就是在出租车、公交车等公共交通工具上安装 GPS 设备，将其作为传感器对城市的交通情况信息进行采集。高速铁路也可以通过对动车组列车 GPS 数据的采集，对列车行车安全、旅客服务状态以及旅客偏好等进行数据收集，其目的是为高速铁路提升安全服务水平提供数字信息支撑。但由于个人隐私、安全等诸多问题，安装有 GPS 接收芯片的智能手机尚不宜作为规模化数字信息收集之用。

3. 客流数据。城市中市民采用不同交通工具进行日常通勤的数据称为客流数据。而高速铁路客流数据则包括联运交通方式、搭乘高速铁路信息、高速铁路支付方式、高速铁路乘坐偏好、旅客背景信息等，可用于高速铁路建设规划、区域功能分析、城市交通系统评估、多式交通工具换乘、人类行为辨识、交通经济研究等领域。

4. LBS 位置服务数据。LBS（Location Based Service）位置服务是移动互联网时代一种新兴的网络服务方式，通过 LBS 应用所收集到的数据具有明确的地理位置坐标并兼具传统 Web 服务的语义特性。LBS 数据是对兴趣点数据的一种深度描述和补充，与地图和兴趣点数据等简单的铁路地理数据相比，LBS 数据包含有大量的语义信息，可以帮助人们更加深刻地理解高速铁路的运行动态，有助于实现与旅客的互动交流。

5. 视频监控数据。视频监控技术已被广泛地应用在交通管理、车站安保、室内安防、娱乐、通信等高速铁路出行的各个方面。视频监控设备所采集的海量视频数据实时记录着车站和车辆内的分分秒秒，在数字空间中形成了对物理城市的虚拟"映像"。充分利用这些视频数据可以生动再现高速铁路发展的历史,再现一个个里程碑式的辉煌。

6. 环境与气象数据。气象数据很早便受到智慧城市科学研究的充分关注,但还未曾运用于高速铁路的出行服务。利用环境气象数据,通过提前预测天气突变的可能性并及时分析行车调度状况,力求避免再次出现中国2008年雪灾时旅客被困列车的困境。高速铁路线路的环境与气象数据的一个重要的特点是其地理与时间采样密度低,如何实现高精度的环境与天气数据收集和分析是该类数字信息建设面临的一个重要挑战。

7. 手机数据。如今手机已成为人们日常生活必不可少的通信工具乃至生活服务工具,其所能提供的数据类型很多,包括:通信相关数据、GPS定位信息、与基站间的信令记录、上网记录和APP使用记录等。手机微信的功能可以帮助这些数据反映高速铁路旅客活动的兴趣偏好、活动范围、规模频率、社交关系等内容,对辨识和提高高速铁路服务功能和水平具有非常巨大的应用潜力。

8. 社会活动数据。高速铁路的社会活动数据涉及参与高速铁路出行的人口户籍、金融物价、医疗卫生、能源消耗等各种动态数据。由于社会活动数据行业性较强,容易受行业条块分割的影响,往往彼此呈孤岛状态。打破行业条块分割、实现多源异构活动数据的融合,是深度利用社会活动数据的发展趋势,同时也是所面临的挑战。

案例 10-5 京张高速铁路——最临近的智慧高铁

京张高速铁路是从北京开往张家口的城际高速铁路,也是首次实现智能建造、智能装备和智能运营的高速铁路,开启了世界智能高铁的先河。京张高铁从蓝图到建成,直至高速铁路的整个生命周期,信息全记录。在建造期间,京张高铁实施数字化管理,做到工程施工精细化管理。在智能装备方面,京张高铁采用的动车组将是"复兴号"的智能型升级版,以现有"复兴号"CR400BF型动车组为基础,在智能化、安全舒适、绿色环保、综合节能等方面实现升级,升级后的京张高铁智能动车组将实现350公里时速的自动驾驶。虽然自动驾驶此前在城市地铁上有应用案例,但在高速铁路上还是世界首例。与城市地铁相比,高速铁路的速度更快、线路更加网络化、运行环境更趋复杂化。换言之,京张高铁实现了有人值守的无人驾驶。此外,京张高铁智能动车组首次采用了中国自主研发的北斗卫星导航系统,由北斗来为其保驾护航。

践行"绿色高铁"建设的理念,京张高铁智能动车组将采用可回收或降解的内装材料及废水回收再利用设备,使列车运营更绿色化。同时配备自动灯光调节系统、降震减噪技术来提高动车组的节能效果和舒适度。京张高铁智能化运营还体现在一证通行、刷脸进站。沿线高速铁路站内将配备各种智能机器人,像随行小秘书一样为你服务,既能帮你运行李,也能为你导航。后台运营方面,高铁车站配有环境舒适性监控系统、能源管控系统等各类系统将保障车站的高效运转,高速铁路周界安装有入侵报警系统、地震预警系统、自然灾害监测系统等,组成了动车组的智能调度指挥系统。此外,京张高铁作为 2022 年北京冬奥会的配套工程,智能动车组还配有滑雪板存放处,并开设了世界上最独特的移动新闻中心——媒体车厢,媒体车厢将实现高速互联网覆盖,实现奥运赛事直播。

(二)大数据技术拓展高速铁路服务功能

大数据的迅猛发展离不开互联网背景下信息数据的爆发式增长及数据特征的改变。互联网环境下数字信息交互的载体与通路表现为人与人、人与物体(机器)、物体与物体之间的互联互通路径,由此数字信息在互联网背景下呈现出感知化、物联化和智能化的特点。高速铁路作为人与物体的位移载体,与人—人、人—物、物—物之间的数字信息交换共享一个位移的空间,通过交互融合,运用感知化、物联化和智能化的数据以多样化的形式为旅客提供服务。

大数据技术的智能化特性表现为它能够将隐藏于海量数据中的信息挖掘出来,对信息的组成结构进行客观的认知,形成专门知识,如群体或个体的行为特征、行为关系、交互影响等,为人们的社会经济活动提供依据,从而提高各领域的运行效率,大大提高整个社会经济的集约化程度。大数据的应用越来越彰显其优势特点,它涉足的领域也越来越广泛,可以利用大数据协助高速铁路不断拓展服务领域,创新运营模式。有了大数据技术的助力,对于旅客的行为辨识、客流量的预测、精准的旅行服务营销等方面提供了有价值的信息支撑,使高速铁路服务更上一层楼。

随着信息科学和大数据技术的不断发展,高速铁路出行也被寄予厚望,以期在未来借助于大数据平台从软实力、服务能力、竞争力三方面得到大幅提升,向可持续发展目标迈进,并从服务功能、运营网络体系、协作模式创新、数字信息化、绿色环保等方面布局智慧高铁。高速铁路的服务功能要体现在服务智能化、运营智能化,客流引导和旅客服务更为人性化,实现动车组列车自动配载和跟踪,保证安全生产和服务水平的稳定性。高速铁路的运营网络体系要实现无缝衔接,优化联运网络,与高铁供应链相关方广泛建立战略合作伙伴关系,整合与集成高铁物流链资源,强化高铁物流价值链服务。高速铁路要通过构建互联互通的信息平台(PortNet),创新业务协作模式,打通高速铁路运行上下游环节的数据流,实现高速铁路与海关、公安、车站等相关机构的信息一体化,提高通关效率和车站服务水平。要创新思维,在高速铁路系统推行大数据运维的管理理念,整合基于大数据的信息资源,包括基础建设、运营管理、客流预测、旅客服务、高铁供应链服务创新等。打造良好的高铁生态圈,坚持贯穿绿色环保理念,突出以人为本、生态绿色、环保节能、铁城一体化和可持续发展,促进人文环境、城市发展与高铁战略的有机融合。大数据技术与智能技术相融合为"智慧高铁"提供了平台基础,开拓了"智慧高铁"的想象空间,"智慧高铁"呼之欲出,引领快速规模化的交通服务潮流,令其魅力无穷。

"春风杨柳万千条,六亿神州尽舜尧。"放眼当今中华大地,中国高速铁路的滚滚车轮推出了崭新的中国画面。这是中华民族智慧所燃亮的中国魅力,这更是伟大民族复兴所绽放出的缤纷色彩。科学技术是无边界的,作为科学技术创新的产物,高速铁路理应得到全人类的分享。只要有需求,高速铁路的位移距离可以延伸到世界各个国家。遵循"一带一路"的大经略理念,肩负互联互通、共享共治的使命,期待着高速铁路的普惠价值传遍沿线国家,乃至遍及世界的各个角落。抱有期待,拥有梦想,"智慧高铁"令人期盼,"智慧高铁"为人类许下一个美好的未来。当今的高铁时代、高铁速度、高铁大经略,引领着中国高铁践行"一带一路"互联互通倡议的理念,在复苏"丝绸之路"的征程上任重而道远。

参考文献

[1] 北京交通大学竞争力研究中心：《高铁定价机制研究——成本、社会经济效益、乘客时间价值三维视角》研究报告，北京交通大学，2017年。

[2] 陈恒：" '四纵四横'迈向'八纵八横'"，《光明日报》2017年。

[3] 陈瑾："生态选线绿色高铁"，《陕西日报》2017年。

[4] 陈万钧："高铁客运市场营销策略研究"，《上海铁道科技》2012年第2期，第5—6页。

[5] 陈喜春、张浩玮："基于出行目的的铁路旅客时间价值研究"，《计算机仿真》2013年第12期，第149—153页。

[6] 程武："长城润滑油给力'复兴号'"，《中华工商时报》2017年。

[7] 蔡梦婷："京沪高铁对沿线城市经济发展的影响——以苏州市为例"，《改革与开放》2011年第10期，第13—14页。

[8] 褚卫强："济青高铁融资模式研究"，《中外企业家》2016年第22期，第64—65页。

[9] 丁慧平、孙长松、徐敏青："基于资本属性及回报的高速铁路客运投资分析"，《同济大学学报（自然科学版）》2012年第10期，第1583—1588页。

[10] 丁慧平、何琳、李远慧、肖翔："我国高速铁路经济可持续及发展路径"，《北京交通大学学报》2016年第4期，第130—136页。

[11] 丁慧平、赵启兰、李远慧、张哲："高速铁路定价机制探析——成本、社会经济效益、乘客时间价值三维视角"，《北京交通大学学报（社会科学版）》2018年第1期，第33—40页。

[12] 段满珍、董博、李铮、曹会云："中国高铁发展阻力与必然趋势"，《现代城市研究》2012年第10期，第94—98页。

[13] 国家邮政局发展研究中心：《2017年邮政行业发展统计公报》，国家邮政局，2018年。

[14] 郭利田:"经济新常态下高铁建设的经济效应研究",《铁道经济研究》2016年第1期,第28—31页。

[15] 胡海晨、林汉川、陈廉:"中国高铁国际化发展的影响因素与对策",《企业经济》2017年第9期,第64—71页。

[16] 华星:"京沪高铁运营3年即盈利票价仅为日本新干线1/4",《金秋》2015年第7期,第8页。

[17] 黄喜:"借力高铁加快产业转型升级",《投资北京》2017年第3期,第27—29页。

[18] 贾俊芳、王莹玉:"基于竞争的高速铁路客运需求量预测",《北京交通大学学报》2013年第6期,第72—77页。

[19] 贾善铭、覃成林:"高铁的经济属性与我国高铁发展方式研究",《学习与实践》2012年第11期,第39—46页。

[20] 蒋吉德、彭峰、卢朝:"论我国高铁建设给区域经济带来的机遇与挑战",《广西大学学报(哲学社会科学版)》2011年第S1期,第8—9页。

[21] 蒋梦惟、林子:"混改新试点落地、民营控股高速铁路扩围",《北京商报》2017年。

[22] 矫月:"'一带一路'铁路项目刺激外贸、去年进出口总额达6.3万亿元",《证券日报》2017年。

[23] 李克强:《政府工作报告》,第十二届全国人民代表大会第三次会议、2015(03—05)。

[24] 罗庆中、常山:《世界铁路》,科学出版社2017年版。

[25] 雷莲桂:"高铁客流特征与客运市场分析",《物流技术》2015年第24期,第86—89页。

[26] 李永东:"我国高铁未来的发展方向——兼谈顶层设计和底层技术革命相辅相成",《变频器世界》2017年第12期,第1—2页。

[27] 李拉:"患上'巨人症'的中国高铁如何实现可持续发展",《产权导刊》2011年第10期,第14—16页。

[28] 李萍、贾博群:"反思中国高铁建设的指导理念",《北京科技大学学报(社会科学版)》2017年第1期,第56—62页。

[29] 李微晓:"高速铁路建设的效益分析和发展机遇——以杭温高铁项目为例",《浙江经济》2017年第8期,第54—55页。

[30] 林小昭:"中国高铁里程超全球六成改变国人时空认知",《第一财经》2017年。

［31］林仲洪、杨瑛、田亚明："从京沪高铁看高铁经济的重要作用"，《铁道经济研究》2017年第1期，第1—4页。

［32］刘继广、沈志群："高铁经济：城市转型的新动力"，《广东社会科学》2011年第3期，第20—26页。

［33］罗新剑："浅谈铁路车站经济圈的发展"，《中国电子商务》2012年第22期，第159页。

［34］吕忠扬、李文兴："国外高铁建设发展对我国高铁可持续发展的启示"，《物流技术》2013年第5期，第18—20页。

［35］孟丹丹、郭志永、赵娟娟："京沪高铁对枣庄市旅游业发展影响初探"，《枣庄学院学报》2017年第2期，第86—90页。

［36］乔英忍、曹国炳：《世界铁路综览》，中国铁道出版社2001年版。

［37］阙维中："高铁建设对国民经济发展的促进作用"，《中国集体经济》2017年第8期，第5—6页。

［38］任民："铁路建设项目经济效益评价理论与方法研究"，《铁道学报》2009年第1期，第8—14页。

［39］Roger Vickerman、王姣娥、焦敬娟、金凤君："欧洲高速铁路的发展历史与经济效应"，《世界地理研究》2013年第3期，第41—48页。

［40］萨缪尔森、诺德豪斯：《经济学》，华夏出版社1999年版，第263页。

［41］世界银行：《1994年世界发展报告、为发展提供基础设施》，中国财政经济出版社1994年版。

［42］沈满洪、何灵巧："外部性的分类及外部性理论的演化"，《浙江大学学报（人文社会科学版）》2002年第1期，第152—160页。

［43］时永庆："我国铁路网将升级为'八纵八横'"，《工程建设标准化》2016年第7期，第25页。

［44］孙长松、丁慧平："基于新制度经济学的铁路客运产权制度选择"，《综合运输》2009年第11期，第8—15页。

［45］田原、黄四民、李济坤："收益管理在欧美铁路的应用"，《中国铁路》2008年第6期，第63—66页。

［46］王雄：《中国速度：中国高速铁路发展纪实》，外文出版社2016年版。

［47］魏瑜："关于我国铁路六次大提速的若干思考"，《综合运输》2007年第5期，第34—37页。

[48] 文妮："跨武广高铁特大桥连续梁转体施工技术",《交通运输研究》2013年第2期,第81—84页。

[49] 王杰、吴波、曾诚、罗春晓："西成高速铁路——千古蜀道变通途",《铁道知识》2018年第2期,第14—21页。

[50] 王俊："我国交通基础设施市场化的演进与创新",《改革与战略》2015年第7期,第30—35页。

[51] 王楠、吴巍、胡细英："大型交通设施对房地产价格影响研究进展与评述",《城市发展研究》2018年第5期,第142—147页。

[52] 王鹏："浅析高速铁路与其他运输方式的比较",《成铁科技》2006年第2期,第6—7页。

[53] 王稳凯、寇辉、黄危、乔渊、王振："'十三五'期间我国高铁资产证券化研究",《中国市场》2016年第16期,第23—27+30页。

[54] 喜来："中国高铁：速度知多少",《交通与运输》2016年第4期,第32页。

[55] 谢泗薪、孟钊："中国高铁CBOT融资模式新探索",《铁路采购与物流》2014年第7期,第29—32页。

[56] 谢斯："基于移动终端的信息化系统在高铁工务上线作业中的应用",《科技创新与应用》2017年第15期,第10—11页。

[57] 徐飞："中国高铁的全球战略价值",《人民论坛·学术前沿》2016年第2期,第6—20页。

[58] 徐强："论我国高铁物流的发展",《经营管理者》2016年第24期,第228—229页。

[59] 杨策、吴成龙、刘冬洋："日本东海道新干线对我国高铁发展的启示",《规划师》2016年第12期,第136—141页。

[60] 杨瑜、王怀相："高速铁路运输综合成本测算研究",《铁道工程学报》2009年第1期,第102—106页。

[61] 袁嗣陶、黄福卫："高铁对贵阳房地产的影响研究",《赤峰学院学报（自然科学版）》2015年第21期,第89—91页。

[62] 岳阳、李溢春："京津城际铁路催生高速铁路'中国标准'",《经济日报》2018年8月2日,第7版。

[63] 张梦龙："基于公共物品属性视角的铁路改革结构特性研究",北京交通大学,2014年。

[64] 张巧玲："中国高铁技术标准体系日臻完善",《科学时报》

2010年。

［65］朱文晶："城市群空间演化视角下杭温高铁的必要性"，《湖南城市学院学报》2015年第6期，第37—43页。

［66］赵丽缦、崔沪："低碳经济视角下高铁的绿色技术创新"，《管理观察》2013年第33期，第138—140页。

［67］赵艳斌："'铁臂先锋'助高铁穿山越岭——石家庄铁道大学研制的流动式架桥机破解世界性造路难题"，《中国军转民》2013年第12期，第43—44页。

［68］周新军："车站经济圈：我国城市发展的新模式"，《综合运输》2012年第6期，第53—55页。